Bernhard Kaschek/Patrizia Kaschek

# Verkaufserfolg für Existenzgründer

Bernhard Kaschek/
Patrizia Kaschek

# Verkaufserfolg für Existenzgründer

## Von der Geschäftsidee zum Vertriebskonzept

GABLER

Bibliografische Information Der Deutschen Nationalbibliothek
Die Deutsche Nationalbibliothek verzeichnet diese Publikation in der Deutschen Nationalbibliografie; detaillierte bibliografische Daten sind im Internet über <http://dnb.d-nb.de> abrufbar.





1. Auflage September 2006



Lektorat: Manuela Eckstein

Der Gabler Verlag ist ein Unternehmen von Springer Science+Business Media.
www.gabler.de



Umschlaggestaltung: Nina Faber de.sign, Wiesbaden
Satz: ITS Text und Satz Anne Fuchs, Pfofeld-Langlau
Druck und buchbinderische Verarbeitung: Wilhelm & Adam, Heusenstamm
Gedruckt auf säurefreiem und chlorfrei gebleichtem Papier
Printed in Germany

ISBN-10 3-409-14276-2
ISBN-13 978-3-409-14276-2

# Vorwort

„Ich werde mein eigener Chef" – ein verlockender Gedanke. Dabei sollte sich jeder Gründer über die Chancen und Vorteile, aber auch die Risiken und Mühen, die eine berufliche Selbstständigkeit mit sich bringt, im Klaren seerstellen in. Um „Überlebenschancen" zu haben, muss das Vorhaben gründlich vorbereitet sein.

Selbstständige, ob Gewerbetreibende oder Freiberufler/innen, haben auf ihrem Weg zu einer erfolgreichen, dauerhaften Existenzgründung diverse Hürden zu überwinden. Am Anfang steht allein die Geschäftsidee. Das unternehmerische Umsetzen einer solchen beginnt mit der Motivation und den Rahmenbedingungen, die der angehende Selbstständige im Vorfeld der Neugründung zu beachten hat. Wer hier nachlässig vorgeht, wird schnell bestraft. Denn einer in Deutschland derzeit relativ hohen Zahl von Neugründungen pro Jahr – begünstigt durch staatliche Fördergelder wie Überbrückungsgeld und Existenzgründungszuschuss (Ich-AG) – steht leider auch eine hohe Quote von Firmeninsolvenzen gegenüber.

Dabei werden Fehler nicht nur in der Planungs- und Konzeptionsphase, sondern häufig auch oder erst in der Startphase, also bei der Umsetzung des geplanten Vorhabens, gemacht.

Wer sich selbstständig machen möchte, also sein eigenes Unternehmen gründen will, ist von Anfang an – und permanent – mit einer komplexen Materie beschäftigt: Sie reicht von der Erstellung des Businessplans über die Wahl der Rechtsform, über Steuerrecht, Finanzierung und Versicherungen bis hin zu Werbung, Vertrieb und Akquisition. Eine zentrale Rolle nimmt dabei die Organisation des Vertriebsprozesses ein. Die entscheidende Frage lautet: „Wie erreiche ich mit meinen Produkten/Dienstleistungen den Markt und meine Zielgruppe?"

Für viele Selbstständige ist Vertrieb häufig ausschließlich gleichbedeutend mit der Bereitstellung eines Angebots im Ladenlokal bzw. im Internet. Andere hoffen, über persönliche Kontakte und „Empfehlungen" von Beginn ihrer Tätigkeit an ausreichende Umsätze generieren zu können.

Akquisitions- und Verkaufsgespräche zu führen rangiert in der Liste der ungeliebten Tätigkeiten von Existenzgründer/innen gleich hinter der Erstellung von Steuererklärungen und dem Umgang mit der Bürokratie. Wie wichtig jedoch ein durchdachtes Marketing- und Vertriebskonzept für den Unternehmenserfolg ist, merken viele Existenzgründer/innen oftmals erst dann, wenn die tatsächlichen Geschäftsergebnisse weit hinter den Erwartungen und Planungszielen liegen.

Jeder Selbstständige verkauft Produkte und/oder Dienstleistungen. Hierbei genügt es aber nicht, nur das Angebot bereitzuhalten und auf Aufträge zu warten. Potenzielle Kunden (Zielgruppen) müssen bestimmt und die Wettbewerbssituation analysiert werden. Es gilt, marktfähige Preise zu ermitteln und eine Marketing- und Vertriebsstrategie zu planen und umzusetzen. Wer erfolgreich verkaufen will, muss Argumente vermitteln, die für seine Kunden zentrale Bedeutung haben. Das Angebot muss emotionale Anreize bewirken, um den Kauf auszulösen, und zudem rationale Argumente liefern, um den Kauf begründen zu können. Jede Entscheidung beruht auf Emotionen. Die Ratio dient dazu, die getroffene Entscheidung zu begründen, um für sich und/oder für seine Mitmenschen eine nachvollziehbare, weil vernünftige, Erklärung parat zu haben. Der Kauf muss einen Nutzen haben.

Für den Selbstständigen bedeutet dies: Die Auseinandersetzung mit Markt, Zielgruppe und Kundenbedürfnissen erfordert systematisches und strategisches Vorgehen.

Wer sich erfolgreich selbstständig machen will, muss darüber hinaus eine Reihe von persönlichen Voraussetzungen erfüllen: Entscheidungsfreude, Eigenmotivation, Ausdauer, Selbstvertrauen, Durchsetzungsvermögen, Kommunikationsfähigkeit und nicht zuletzt eine hohe Frustrationstoleranz sind die wichtigsten Eigenschaften, die Gründerinnen und Gründer mitbringen müssen. Zur konkreten Umsetzung der Geschäftsidee sind zudem ein intaktes soziales Umfeld und eine solide materielle Ausgangslage ebenso Voraussetzung wie die Erstellung eines schriftlichen Businessplans inklusive eines Marketing- und Vertriebskonzepts.

Das vorliegende Buch gibt wertvolle Hilfestellung, wie man Kunden gewinnen und behalten kann, welche typischen Fehler bei der Kundenakquisition gemacht werden und wie man sie vermeiden kann. Darüber hinaus informiert es über ganz praktische Vorgehensweisen bei allen wichtigen Vertriebs- und Marketingtechniken. Es zeigt Ihnen, wie Sie Ihren unternehmerischen Erfolg gestalten können.

Sie haben damit ein wertvolles Hilfsmittel, das Ihnen bei gründlicher Arbeit damit und Beachtung der Hinweise den Weg in eine schöne und erfüllte Zeit der Selbstständigkeit weist.

Ich wünsche allen Leserinnen und Lesern viel Glück und Erfolg.

München, im August 2006

*Hermann Steindl*
Geschäftsführer
BfE München Consult GmbH
Büro für Existenzgründungen

# Inhalt

## Teil II: Der Markt



## Teil III: Viele Wege zum einen Ziel

## Teil IV: Die Beherrschung von Raum und Zeit

# Einleitung

Sie wollen ein Unternehmen gründen? Eine gute Idee! Dieses Buch möchte Ihnen Mut zur Selbstständigkeit machen; es wird Ihnen sinnvolle Wege zeigen, wie Sie die Kenntnisse, die Sie in den vielen Jahren Ihrer Berufstätigkeit erworben haben, nutzen können. Es wird Ihnen auch zeigen, wie Sie Ihr wertvolles Erfahrungswissen schnell um diejenigen Kenntnisse erweitern können, die Sie für Ihre unternehmerische Arbeit noch brauchen. Im Wesentlichen sind dies vertriebliche und kommunikative Kenntnisse und Fertigkeiten.

Wir, die Autoren dieses Buches, haben selbst über mehrere Jahre Existenzgründer aller Branchen in eine erfolgreiche Selbstständigkeit geführt. Wir haben dies mit Seminaren und Coachings getan. Und wir haben selbst das Beratungsangebot des Büros für Existenzgründungen in München zur Gründung unseres eigenen Unternehmens, der Thetis-Akademie training | coaching | consulting, in Anspruch genommen sowie die Beratungseinrichtungen der IHK und einiger anderer Institutionen. Dies haben wir getan, obwohl wir damals schon viele Jahre Erfahrungen im Vertrieb auf Geschäftsleitungsebene als Angestellte in Unternehmen hatten. Ein Unternehmen zu gründen ist etwas anderes, als in einem Unternehmen angestellt zu sein. Dessen sollten Sie sich bewusst sein und sich lieber einmal mehr als einmal zu wenig beraten lassen.

Um von unserem eigenen Erfolg etwas zurückzugeben, haben wir dann an verschiedenen vertrieblichen Beratungs- und Weiterbildungsprojekten für Existenzgründer teilgenommen, haben etliche Start-ups ganz unterschiedlicher Branchen als Coaches begleitet.

Für wen ist dieses Buch? Dieses Buch wurde **genau für Sie** geschrieben – für alle, die es auf sich nehmen wollen, ein Unternehmen zu gründen und zu führen. Ganz gleich, ob Sie nun ein Ein-Mann-Unternehmen sind, ein Unternehmer mit mehreren Angestellten, ob Sie Ihr Geschäft mit Privatkunden oder Geschäftskunden machen, ob Sie im Nebenerwerb oder Vollerwerb Unternehmer sind, ob Sie Dienstleistungen oder Produkte herstellen und vertreiben wollen.

Das, was Sie dafür an Vertriebsarbeit leisten müssen, ist immer dasselbe, ganz unabhängig davon, in welcher Branche Sie sich selbstständig machen. Es gibt nur marginale Unterschiede: nämlich im Vertriebsprozess, bei der Zusammenstellung eines wirksamen Marketingmixes oder auch bei der Dauer Ihrer Vertriebsprojekte. Zu 98 Prozent funktioniert ein erfolgreicher Vertrieb immer auf dieselbe Weise, mit denselben Techniken und mit denselben Vorgehensweisen. Und was es dabei zu beherrschen gilt, werden Sie mit diesem Grundlagenwerk und Selbstlehrgang lernen.

Sie haben Ihren Businessplan schon erstellt? Darin gab es auch einen Marketingplan; dort haben Sie in groben Zügen entwickelt, wie Sie Ihre Unternehmensidee umsetzen wollen, mit welchen vertrieblichen Maßnahmen, mit welchen Kunden und mit welchen Produkten. Und genau an dieser Stelle setzt das vorliegende Buch ein. Nun wird es konkret für Sie; Sie gehen in die Umsetzung. Und hierbei unterstützt Sie dieses Buch mit allen seinen Inhalten, seinen erprobten Checklisten und Materialien, die Ihnen gestatten, das ganze gesammelte Wissen auf Ihr Unternehmen hin maßzuschneidern. Wenn Sie dieses Buch gründlich gelesen haben, wenn Sie die Checklisten bearbeitet, die Tipps beherzigt und für sich überprüft und angewendet haben, wird es Ihr persönliches Vertriebsbuch sein, Ihr persönlicher Schlüssel zum Erfolg.

Als Unternehmer betreten Sie bald ein völlig neues Arbeitsfeld, das ganz entscheidend davon bestimmt sein wird, wie es Ihnen gelingt, Ihre Produkte oder Dienstleistungen[1] zu vermarkten. Vielleicht waren Sie bislang abhängig beschäftigt, hatten gar nichts mit Vertrieb zu tun, waren ein angesehener Experte in Ihrem Unternehmen. Nun vertreten Sie Ihre eigene Firma; Vertrieb spielt jetzt eine große Rolle, sogar die Hauptrolle, denn nur Ihre vertrieblichen Leistungen bringen Ihre Produkte auch zum richtigen Markt.

**Ein Tipp:** Bei Neugründungen beträgt schon der Zeitanteil für den Vertrieb ca. 55 Prozent der zur Verfügung stehenden Gesamtzeit. Und 15 Prozent der Zeit sind für Kundenbindungsmaßnahmen einzukalkulieren. Zehn Prozent entfallen auf die Produktinnovation und 20 Prozent auf die Produktpflege. Sie sehen also: 70 Prozent Ihrer Zeit werden Sie am Anfang mit Vertriebstätigkeiten zubringen (müssen), um Ihr Unternehmen in Gang zu bekommen.[2]

Je professioneller Sie das tun, desto eher werden Sie Ihre unternehmerischen Ziele auch erreichen. Viele der in diesem Buch behandelten Themen sollten Sie auch in einem entsprechenden Rahmen üben, um darin sicherer zu werden. Dies sind alle diejenigen Themen, die mit Kommunikation zu tun haben: das Kundentelefonat, das Kundengespräch, die schriftliche Kommunikation; alle Themen, die mit Verkaufstechnik zu tun haben (Bedarfsermittlung, Fragetechniken, Verhandlungstechniken, Nutzenargumentation etc.). Suchen Sie nach solchen Übungs- und Trainingsmöglichkeiten, damit Sie „stark“ werden und Fehler vermeiden.

Nach einschlägigen Untersuchungen werden die folgenden Marketingfehler am häufigsten von Gründern begangen:

➤ **Keine Marktorientierung**

Existenzgründerinnen und -gründer sind zwar oft Spezialisten in ihrem Fach. Gleichzeitig wissen sie aber oft nicht, ob ihr Produkt oder ihre Dienstleistung auf dem Markt überhaupt erwünscht ist und wie diese auf dem Markt verkauft werden kann.

➤ **Verzettelter Verkauf**

Gründer haben sehr oft Probleme, ihre Werbung und Akquisition auf konkrete Zielgruppen hin zu planen und zu koordinieren. Die Folge ist: Sie verzetteln sich, haben hohe Kosten mit geringem Erfolg.

➤ **Fehlendes Unternehmensprofil**

Viele Gründer unterschätzen die Bedeutung des Firmenauftritts. Sie übersehen, dass sie vom Kunden als „komplexes Ganzes“ gesehen werden. Wichtig ist, dem Unternehmen so schnell wie möglich ein „Profil“ zu geben, um seine Identität einheitlich und systematisch zu kommunizieren.

➤ **Erlahmende Außendarstellung**

Mit einer einmaligen, wenn auch schwungvollen Eröffnungsaktion zum Unternehmensstart sind Ihre Aufgaben bei der Öffentlichkeitsarbeit keinesfalls erledigt. Ihre Firma bekannt zu machen und zu erhalten, ist Chefsache. Dies ist eine permanente Aufgabe, die Sie als Inhaber der jungen Firma ständig verfolgen sollten.

➤ **Werbekiller „Tagesgeschäft“**

Viele Jungunternehmer vernachlässigen ihren Außenauftritt und ihre Werbeanstrengungen nicht zuletzt deswegen, weil sie vom Tagesgeschäft viel zu stark beansprucht werden. Vergessen Sie über den Belastungen des Alltags nicht: Sie sollten einen klaren Vertriebsmaßnahmenplan und Werbeplan für (mindestens) das gesamte Geschäftsjahr aufstellen. Beide sollten Vorgabe für die einzelnen Verkaufs- und Werbemaßnahmen sein.

Dieses Buch enthält viele Tipps, Checklisten und Beispiele, die Sie vor diesen Fehlern bewahren sollen. Nun könnte man meinen, ein guter Unternehmer sei man bereits dann, wenn man möglichst viele Checklisten in der Hand hält, oder wenn man alles bedenkt, was auf irgendeiner Liste steht. Das ist natürlich eine etwas naive Betrachtungsweise. Sie vermittelt die gleiche Haltung, als würde ein Pilot glauben, sein Flugzeug perfekt fliegen können, wenn er vor dem Start alle Punkte seiner Checklisten abgehakt hat. Checklisten sind aber nicht das Fliegen selbst, sind nicht die Sache selbst!

Die **Tipps** wollen Sie vor allem dazu anregen, sich selbst über bestimmte Sachverhalte die richtigen Gedanken zu machen. Sie grenzen die einzelnen Gebiete voneinander ab. Die Struktur und die Materialien sind so konzipiert, dass Sie damit leicht den richtigen, das heißt Ihren eigenen Weg als Unternehmer finden können.

Um der Einfachheit willen ist in diesem Buch meist vom „Unternehmer" im Allgemeinen die Rede; überall, wo diese Formulierung verwendet wird, ist diese aber keinesfalls so zu verstehen, als sei nur von männlichen Personen die Rede. Gerade im Bereich der Unternehmensgründer ist die Zahl der Frauen mit ca. 28 Prozent ja erfreulich hoch und steigt tendenziell weiter.

Bei der Gewichtung der Themen haben wir versucht, ihrer Bedeutung gerecht zu werden. Daher sind einige Kapitel ausführlicher behandelt als andere. Ihnen kommt ein besonders aktueller oder im Gesamtzusammenhang der Vertriebsarbeit ein besonders hoher Stellenwert zu.

Dieses Buch will ein Praxisleitfaden für Ihre Vertriebsarbeit als Existenzgründer sein. Es soll damit eine Lücke schließen, die seit Jahren klafft: Zwar gibt es einige brauchbare Handbücher zum Thema Existenzgründung, aber das wichtigste Thema, nämlich das, das letztlich über den Erfolg eines Gründers entscheidet, kommt darin meist viel zu kurz. Bezogen auf das Umfeld der Unternehmensgründung mit all ihren Besonderheiten existiert bislang kein Grundlagenwerk zum Thema Vertrieb. Wir wollen Ihnen auf Ihre Vertriebsfragen praktisch verwertbare Antworten geben, Anregungen liefern und Ihnen zu den Fragen Ihrer Vertriebsarbeit die Richtung zeigen, in der sich ein fruchtbares und wirkungsvolles Arbeiten lohnt.

In Marketing und Verkauf liegen vielleicht die spannendsten und schönsten beruflichen Herausforderungen, die es gibt. Sie verlangen von Ihnen als Unternehmer großes technisches Know-how (verkäuferisches Fachwissen etc.), sehr gute Sachkenntnisse zu Ihren Produkten sowie ein besonderes Potenzial an Kreativität für besondere Lösungen und außerdem eine hochstehende soziale Persönlichkeit. Und weil die Herausforderungen ungewöhnlich sind, werden Sie auch eine ungewöhnliche Befriedigung in Ihrem Tun erreichen.

Wir wünschen allen Lesern eine interessante Lektüre und hoffen, dass dieses Buch Sie bei der Umsetzung im unternehmerischen Alltag unterstützen wird. Viel Erfolg!

München, im August 2006

*Patrizia Kaschek*
*Bernhard Kaschek*

# Einige Hinweise für die Arbeit mit diesem Buch

Wenn Sie dieses Buch lesen, können Sie nach verschiedenen Methoden vorgehen. Sie können es entweder von vorne nach hinten lesen, denn die einzelnen Teile sind logisch und systematisch miteinander verbunden. Oder Sie können auch die Teile zuerst lesen, die die meisten Antworten auf Ihre noch offen Fragen enthalten. In jedem Fall werden Sie viele neue Erkenntnisse gewinnen, neue Betrachtungsweisen, Tools und Techniken kennen lernen. Sie werden die Vorteile daraus schon nach einiger Beschäftigung damit selbst erleben. Hier einige Hinweise, wie Sie vom Erkannten und Gelernten am besten für Ihre tägliche Arbeit profitieren können:

- Lassen Sie sich von den ersten Versuchen, in denen Sie merken, was Sie noch verbessern können, nicht entmutigen. Sie zeigen Ihnen vielmehr den richtigen Weg, auf dem Sie weitermachen sollten.
- Suchen Sie das Gespräch über Themen aus diesem Buch mit Menschen, auf deren fachliches Urteil Sie sich in Vertriebsfragen verlassen können: Holen Sie sich, wo immer es geht, qualifizierten Rat.
- Nehmen Sie sich nicht zu viel auf einmal vor. Konzentrieren Sie sich bei den nächsten Schritten auf jeweils einen bestimmten, für Sie wichtigen Schwerpunkt aus dem Buch. Prüfen Sie immer kritisch, wie weit Sie Ihr Ziel dabei schon erreicht haben, und gehen Sie erst dann zur nächsten Herausforderung, wenn Sie sicher sind, alles Vorgenommene auch erreicht zu haben. Sie werden überrascht sein, wie schnell sich damit die ersten Erfolge einstellen!
- Betrachten Sie jede positive Entwicklung bei Ihrer Arbeit als verkaufender Unternehmer als Lohn für Ihren Einsatz und als Motivation, weiterzumachen.

# Teil I: Von der Geschäftsidee zum Vertriebskonzept

Vorbemerkung: In diesem ersten Teil werden Sie die grundlegenden Faktoren kennen lernen, die zum Erstellen eines tragfähigen Vertriebskonzepts notwendig sind. Im Grunde genommen ergibt es sich, wenn Sie die einzelnen Elemente der Checklisten zusammenführen.

Zur Verdeutlichung haben wir Ihnen ein Beispiel für ein gelungenes Vertriebskonzept mit Erläuterungen im Anhang des ersten Teils gegeben.

# 1. Wie Sie Unternehmer werden

## Grundanforderungen und Vorschläge zu einem Selbstverständnis

Als Unternehmer werden Sie künftig ein Unternehmen leiten – Ihr Unternehmen. Sie werden es in jeder Weise nach innen und außen hin repräsentieren. Auch wenn dieses Unternehmen zu Anfang nur aus Ihnen selbst bestehen sollte, Sie sind Unternehmer und haben damit im Wesentlichen Ihre Aufgaben definiert. Das heißt: „Sie kombinieren aus Eigeninitiative Produktionsfaktoren, um Güter und Dienste zu produzieren, die Sie mit Gewinn am Markt absetzen wollen. Dabei übernehmen Sie das volle Risiko und die volle Verantwortung.“[3] Schauen wir uns das im Einzelnen an.

## Ihre Rolle als verkaufender Unternehmer

Eigeninitiativ sein heißt, dass Sie künftig keine Arbeit, die jemand anderes ausgewählt und priorisiert hat, zugeteilt bekommen, sondern selbst auswählen und priorisieren müssen/dürfen. Ihre Produktionsfaktoren sind, je nachdem, ob Sie Produkte oder Dienstleistungen absetzen, unterschiedlich: Es gehört Ihre Arbeitsleistung dazu, die Betriebsmittel, Werkstoffe, aber auch die Geschäfts- und Betriebsleitung selbst, die Planung und die Organisation. Und: Als Unternehmer wollen Sie, was Sie produzieren, auch mit Gewinn am Markt absetzen.

Weil es dem einen oder anderen schwer fällt, das Thema „Verkaufen“ in einer förderlichen Weise für sich zu definieren, hier ein Vorschlag:

> **Verkaufen:** „Als verkaufender Unternehmer helfe ich meinen Geschäftspartnern zu ihrem eigenen Erfolg. Das tue ich, indem ich ihren Bedarf erkenne und ihnen Möglichkeiten zeige, wie sie mit mir und meiner Leistung einen nennenswerten Wettbewerbsvorsprung/Nutzen für sich und damit für Ihre Kunden erreichen.“

Achten Sie darauf, dass Sie das auch wirklich wollen, dass Sie mit sich in der Rolle des verkaufenden Unternehmers klar kommen. Sollte Ihnen diese neue Rolle nicht leicht fallen, überprüfen Sie noch einmal Ihr Verständnis dessen, was „Verkaufen“ für Sie heißt. Glauben Sie, dass „Verkaufen“ heißt, andere dazu zu bringen, etwas zu tun, was sie eigentlich gar nicht wollen? Das wäre eine für Sie und Ihre möglichen Kunden wenig förderliche Einstellung.

Zu Ihrer Rolle als verkaufender Unternehmer kommt hinzu, was der Begriff der „Selbstständigkeit“ auch noch beinhaltet, dass Sie nämlich selbst und ständig gefragt sind. Gerade zu Anfang werden Sie kaum Tätigkeiten mit anderen teilen oder an andere delegieren können. Und eine Haupttätigkeit werden Sie niemals fremd vergeben können: den Vertrieb. Gerade der Verkauf, die Neukundenakquisition und die Bestandskundenpflege sowie das Marketing für Ihr Unternehmen sind Ihre Kernfunktionen als Unternehmer. Ihr Unternehmen lebt nur durch die Kunden, die es hat.

Es ist offenbar gar nicht so einfach, Unternehmer zu sein. Oft ist es ein anstrengendes Unterfangen, bei dem es entscheidend darauf ankommt, die richtige innere Haltung und die geeigneten äußeren Bedingungen zu haben. Die persönlichen Voraussetzungen müssen also stimmen, und auch Ihre Familie sollte Ihnen den Rücken für Ihr Unterfangen stärken.

## Sind Sie ein Unternehmertyp?

Ob Sie ein Unternehmertyp sind, können Sie leicht selbst mithilfe der drei ersten, gleich folgenden Checklisten herausfinden.

Im Folgenden sehen Sie zuerst noch eine kurze Übersicht zu fünf wesentlichen Merkmalen eines Unternehmers. Sie wurde ähnlich im amerikanischen „Entrepreneurial Potential Questionnaire“ („Fragebogen zu Ihrem unternehmerischen Potenzial“), der 1987 von Albert King veröffentlicht wurde, verwendet. Die genannten Merkmale sind bei Ihnen sicherlich in unterschiedlicher Ausprägung vorhanden. Sie sollten jedoch über alle diese fünf Eigenschaften bis zu einem gewissen Grad verfügen.

**1. Leistungsmotivstärke:** Hierunter versteht man die Bereitschaft, Aufgaben zu übernehmen, um die eigenen Fähigkeiten und Kompetenzen unter Beweis zu stellen. Auch bei der Gründung selbst handelt es sich für Sie um eine Herausforderung, die möglichst gute Realisierungschancen besitzen sollte. Der Reiz besteht in der Bewältigung der Aufgabe selbst, die daher mit großem Engagement übernommen wird. Ihre Zufriedenheit erreichen Sie vor allem durch die erbrachte Leistung selbst. Honorierung und Anerkennung sind bei diesem Punkt dagegen zweitrangig.

**2. Selbstgewissheit:** Personen, die als so genannte „Initiatoren“ auftreten, zeichnen sich durch eine starke Machbarkeitsüberzeugung und Selbstgewissheit aus; dabei entsteht die Machbarkeit von Vorhaben im Wesentlichen durch sie selbst. Sie tendieren dazu, Vorgänge und Ergebnisse eher auf eigene Initiativen, Kompetenzen oder Fähigkeiten zurückzuführen als auf äußere

Umstände oder andere Personen. Menschen mit dieser Eigenschaft streben nach Selbstständigkeit, da sie sich bei der Arbeit ungern von anderen bevormunden lassen.

3. **Risikoneigung:** Diese Veranlagung bewegt sich zwischen zwei Extrempositionen. Eine Person mit sehr hoher Risikoneigung wird einen Weg wählen, der mit hohem Risiko, also eher geringer Wahrscheinlichkeit, zu einem viel versprechenden Ergebnis führen kann. Personen mit geringer Risikoneigung wählen dagegen einen Weg, der mit sehr niedrigem Risiko, also größerer Wahrscheinlichkeit, weniger gute Ergebnisse erwarten lässt. Wenn Sie ein Unternehmen gründen wollen, ist ängstliche Risikovermeidung ebenso von Nachteil wie extrem hohe Risikoneigung. Gehen Sie nur kalkulierbare Risiken ein, indem Sie immer genau die möglichen/wahrscheinlichen Szenarien Ihrer Handlungen untersuchen.

4. **Problemorientierung:** Personen mit einer starken Problemorientierung betrachten die Anforderungen des Berufslebens als prinzipiell lösbare Probleme und trauen sich auch zu, diese erfolgreich zu lösen. Eine gute Voraussetzung für einen Gründer, denn ausgeprägte Problemorientierung führt dazu, dass Sie an Problemlösungskompetenz gewinnen, weil Sie im Lauf der Zeit Kenntnisse, Erfahrungen und Fertigkeiten im Umgang mit neuen Arbeitsanforderungen erwerben.

Für Sie als Gründer ist eine ausgeprägte Problemorientierung deshalb vorteilhaft, weil diese Sie dazu befähigt, die zahlreichen „Nicht-Routine"-Aufgaben zu bewältigen, die eine berufliche Selbstständigkeit üblicherweise mit sich bringt.

5. **Durchsetzungsvermögen:** Wie bei der Risikobereitschaft ist auch bei diesem Merkmal eine Ausprägung am besten, die zwischen allzu defensiver und oft selbst und andere schädigender, offensiver Einflussnahme auf andere Menschen liegt. Als Unternehmer sollten Sie einerseits sozial unabhängig, dominant und unempfindlich sein, um sich mit Ihrer Geschäftsidee durchsetzen zu können. Andererseits dürfen Sie andere Personen auch nicht vor den Kopf stoßen, da für den erfolgreichen Umgang mit Mitarbeitern, Partnern und Kunden kooperatives Verhalten von Ihnen gefragt ist.

## Fachliche Qualifikation und Marktwahrnehmung

Dass Sie fachlich gut oder sogar sehr gut sind, davon werden Ihre Kunden wohl ausgehen dürfen. Oder? Ist das wirklich so selbstverständlich, dass alle Ihre künftigen Wettbewerber die gleiche gute Leistung bringen wie Sie?

Wenn das tatsächlich so ist, dann müssen Sie in jedem Fall bei Ihrer Strategieentwicklung besonders auf diesen Punkt achten: Ihre Leistung ist offenbar sehr leicht austauschbar. Stellen Sie sie besonders klar heraus, sodass der Markt Sie eindeutig als Hochleistung wahrnehmen kann. Denn die Marktwahrnehmung Ihrer guten, vielleicht sogar herausragenden Leistung ist durchaus nicht selbstverständlich und geschieht in keinem Fall von alleine. Die Marktwahrnehmung entscheidet über Ihren Erfolg, nicht Ihre Leistungsfähigkeit an sich. Sie müssen Einiges für eine optimale Wahrnehmung durch den Markt tun.

Wollen Sie Ihr Unternehmer- und Gründerprofil besser einschätzen? Dann beantworten Sie die folgenden drei Checklisten. Je öfter Sie mit „Ja" antworten können, desto eher erfüllen Sie die Voraussetzungen für eine erfolgreiche Existenzgründung.

| **Checkliste 1**<br>**Meine Einstellung zur beruflichen Selbstständigkeit** | Ja | Nein |
|---|---|---|
| 1. Ich bin sicher, dass ich nicht aus der Not heraus gründe, sondern weil ich davon überzeugt bin, dass die berufliche Selbstständigkeit genau das Richtige für mich ist. | | |
| 2. Die Ziele, die ich mit meiner beruflichen Selbstständigkeit erreichen will, sind realistisch. | | |
| 3. Ich habe meine Geschäftsidee gut durchdacht und bin fest von ihren Erfolgsaussichten überzeugt. | | |
| 4. Ich werde mich durch mein Angebot von den Wettbewerbern abheben. | | |
| 5. Ich werde mir ausreichend Zeit nehmen, um mich auf meine Gründung vorzubereiten. | | |
| 6. Ich bin in der Lage, mir ein realistisches Bild über meinen zukünftigen Unternehmer-Alltag zu machen. | | |
| 7. Ich kenne in bzw. durch meinen Bekannten- und Freundeskreis Unternehmerinnen oder Unternehmer. | | |

**Tipp:** Nachdem Sie die Checkliste 2 für sich alleine ausgefüllt haben, gehen Sie die einzelnen Punkte doch noch einmal mit Ihrem Partner durch. Vielleicht ergibt sich daraus ein interessantes Gespräch, und Sie entdecken neue Stärken und neue Verbesserungsmöglichkeiten. Außerdem involvieren Sie damit Ihr Umfeld; das ist wichtig, denn dieses Umfeld soll Sie ja in Ihrer Entscheidung, Unternehmer zu sein, mittragen.

| **Checkliste 2 Meine persönlichen Voraussetzungen** | Ja | Nein |
|---|---|---|
| 1. Ich bin gesund und körperlich fit. | | |
| 2. Ich bin seelisch ausgeglichen. | | |
| 3. Ich achte darauf, dass ich körperlich und seelisch gesund bleibe. | | |
| 4. Meine Familie stärkt mir den Rücken. | | |
| 5. Ich habe mit meiner Familie ausführlich darüber gesprochen, was sich durch die Selbstständigkeit für mich/für uns ändern wird. | | |
| 6. Ich bin bereit, vor allem in den ersten Jahren überdurchschnittlich viel zu arbeiten, auch abends und am Wochenende. | | |
| 7. Ich bin bereit, in den ersten Jahren auch auf meinen Urlaub zu verzichten. | | |
| 8. Ich bewahre meist einen kühlen Kopf, auch wenn es einmal hektisch zugeht. | | |
| 9. Nach Stresssituationen kann ich mich schnell wieder erholen und bin leistungsfähig. | | |
| 10. Meine selbst gesteckten Ziele setze ich auch planmäßig und systematisch um. | | |
| 11. Unangenehmen Themen weiche ich nicht aus. Ich versuche sie zu lösen. | | |

| **Fortsetzung Checkliste 2** | Ja | Nein |
|---|---|---|
| 12. Rückschläge und Enttäuschungen sind für mich Herausforderungen, es beim nächsten Mal besser zu machen. | | |
| 13. Ich habe den Eindruck, dass ich kontinuierlich an meinen Aufgaben wachse. | | |
| 14. Wenn ich ein bestimmtes Problem nicht selbst lösen kann, suche ich Hilfe. | | |
| 15. Ich nutze Kritik. Ich kann sie annehmen, ohne mich dadurch verunsichern zu lassen oder gekränkt zu sein. | | |
| 16. Ich habe die Erfahrung gemacht, dass ich aus meinen Fehlern Gutes lerne. | | |
| 17. Ich kenne meine persönlichen Grenzen und kann meine Leistungsfähigkeit gut einschätzen. | | |
| 18. Ich bin in der Lage, das Für und Wider von Risiken einzuschätzen und auf dieser Grundlage zu entscheiden. | | |
| 19. Ich verfüge über persönliche Kontakte, die ich auch für meine berufliche Selbstständigkeit nutzen kann. | | |
| 20. Ich gehe gerne auf Menschen zu. | | |
| 21. Ich habe den Eindruck, dass ich meine Gesprächspartner von meinen Argumenten überzeugen und von meinen Ideen begeistern kann. | | |
| 22. Ich kann mich gut in andere Menschen hineinversetzen. | | |

| **Checkliste 3 Meine Einstellung zum Thema Geld** | Ja | Nein |
|---|---|---|
| 1. Ich bin sicher, dass ich auch dann ruhig schlafen kann, wenn ich kein festes Einkommen habe. | | |
| 2. Ich bin bereit und in der Lage, mich in der ersten Zeit finanziell einzuschränken, wenn die Umstände es erforderlich machen. | | |
| 3. Ich kann diszipliniert mit Geld umgehen und Reserven (z.B. für Kredittilgung, Steuern) anlegen, auch wenn ich dabei auf einige Anschaffungen (z. B. neues Auto) zunächst verzichten muss. | | |
| 4. Ich bin bereit, auch wenn es nicht zu den angenehmen Aufgaben gehört, mich über Finanzierungsmöglichkeiten zu informieren. | | |
| 5. Ich habe bereits einen guten Kontakt zu dem Kundenbetreuer meiner Bank. | | |
| 6. Ich verfüge über ausreichende finanzielle Reserven, um eine erste Durststrecke (ca. 6 Monate) zu überbrücken. | | |
| 7. Mein Lebens-/Ehepartner würde in der ersten Phase für unseren gemeinsamen Lebensunterhalt aufkommen. | | |

## Unternehmerische Fähigkeiten und Grundhaltung

Wie lässt sich nun das Anforderungsprofil eines verkaufenden Unternehmers von seiner Grundhaltung her fassen? Als verkaufender Unternehmer sind Sie immer der Mittler zwischen dem Kunden und Ihrem Unternehmen. Daraus allein schon resultieren bestimmte Anforderungen bezüglich ganz konkreter Fähigkeiten und persönlicher Merkmale (s. o.). Die Kombination eines breiten Fach- und Sachwissens sowie ein fundiertes Vertriebswissens ermöglichen Ihnen erst eine erfolgreiche unternehmerische Arbeit. Schauen wir uns jetzt die vertrieblich relevanten Erfordernisse einmal genauer an. Man kann hierbei unterscheiden in

a) unternehmerische Grundhaltungen,
b) verkäuferische Grundanforderungen und
c) weitergehende vertriebliche Qualifikationen.

➤ **Tipp:** Schauen Sie sich die folgende Merkmalsammlung an. Sie gibt Ihnen Hinweise darauf, ob Sie Ihre unternehmerische Grundausstattung noch einmal prüfen sollten oder nicht. Sollten Sie Verbesserungs- oder Klärungsbedarf bei sich entdecken, so gibt es dafür drei gute und immer gangbare Wege: 1. Fachliteratur (lassen Sie sich aber eingehend dazu beraten, schauen Sie auch Titel Ihrer Stadtbibliothek dazu an, bevor Sie etwas kaufen). 2. Ein Training (schauen Sie hierzu auch einmal das Programm Ihrer Volkshochschule an – manche bieten Kommunikations- und Vertriebstrainings an). 3. Ein Coaching.

**Für eilige Leser**
**Die Grundausstattung für den verkaufenden Unternehmer**

■ Ein Gespür dafür, die Gefühle und den Standpunkt der Kunden anzuerkennen und darauf einzugehen. ■ Die Bereitschaft, Entscheidungen zu treffen und etwas zu unternehmen, um Kundenwünsche zu erfüllen. ■ Ein hoher Grad an Wachheit und Aufmerksamkeit im gesamten Interaktionsprozess. ■ Die Fähigkeit, den eigenen Stil entsprechend der jeweiligen Situation oder der Persönlichkeit der Kunden zu variieren. ■ Die Fähigkeit, eine zeitgerechte und adäquate Leistung entsprechend den gemachten Zusagen zu bieten. ■ Ein sauberes und ordentliches Auftreten mit positivem Eindruck auf Kunden. ■ Die Bereitschaft für eigene Aktivitäten, um Kundenerwartungen immer wieder voll zu erfüllen oder sogar zu übertreffen. ■ Die Einhaltung hoher sozialer und ethischer Standards im Umgang mit Ihren Kunden. ■ Vertiefte Kenntnisse Ihrer kundenbezogenen Leistungsprozesse. ■ Die Fähigkeit, verfügbare Informationen richtig zu beurteilen und zur Entwicklung von Problemlösungen zu nutzen. ■ Die Grundhaltung, Arbeitszufriedenheit aus dem Umgang mit Kunden, der Erfüllung ihrer Bedürfnisse und der Behandlung ihrer Probleme und Wünsche zu gewinnen. ■ Die Fähigkeit, mit Ideen und Problemlösungen bei Kunden Akzeptanz zu finden und sie vom Angebot Ihres Unternehmens zu überzeugen. ■ Die Fähigkeit, unerwartete Kundenprobleme, unvorhersehbaren Arbeitsanfall oder Arbeitsdruck während des Kundenkontakts auszuhalten. ■ Die Sammlung und logische Analyse von wichtigen Informationen über die Situation von Kunden.

## Vertriebsrelevante Fähigkeiten

Als verkaufender Unternehmer kommen Sie einer Kerntätigkeit Ihres Unternehmens immer und immer in erster Person nach. Das ist der Vertrieb.[4] Um hier die gleiche Leistungsfähigkeit wie im fachlich-sachlichen Arbeitsfeld zu erzielen, wo Sie bereits Experte sind, sollten Sie die folgenden Grundanforderungen erfüllen.

**Tipp:** Schauen Sie sich die folgende Merkmalsammlung an. Sie gibt Ihnen Hinweise darauf, ob Sie die vertriebsrelevanten Fähigkeiten als verkaufender Unternehmer noch einmal prüfen sollten oder nicht. Sollten Sie Verbesserungs- oder Klärungsbedarf bei sich entdecken, so gibt es dafür drei gute und immer gangbare Wege: 1. Fachliteratur (lassen Sie sich aber eingehend dazu beraten, schauen Sie auch Titel Ihrer Stadtbibliothek dazu an, bevor Sie etwas kaufen). 2. Ein Training (schauen Sie hierzu auch einmal das Programm Ihrer Volkshochschule an – manche bieten Kommunikations- und Vertriebstrainings an). 3. Ein Coaching.

**Für eilige Leser**
**Grundlegende vertriebsrelevante Fähigkeiten für verkaufende Unternehmer**

■ Ausgeprägte verkäuferische Fähigkeiten, das heißt Beherrschung der wichtigsten Verkaufstechniken[5], Konzeptionsstärke, Präsentationsstärke, Kommunikationsstärke etc. ■ Die Fähigkeit zu einer authentischen Partnerschaft mit Kunden, Lieferanten, Partnern und Kollegen. ■ Fähigkeit zur Erkennung und Lösung technischer/konzeptioneller Probleme und Aufgaben in Hinblick auf die ökonomischen Parameter Ihres Unternehmens. ■ Fundiertes Wissen über den Markt und alle seine Teilnehmer (Nachfrager, Wettbewerber). ■ Kaufmännische und vertriebsorganisatorische Kenntnisse. ■ Kenntnisse über die Wertschöpfungszusammenhänge Ihrer Kunden. ■ Kenntnisse über die Entscheidungswege Ihrer Kunden. ■ Ausgeprägte Fähigkeit zur Selbstorganisation. ■ Die Fähigkeit, sich in gesprochener und geschriebener Sprache einwandfrei auszudrücken.

## Verkäuferische Fähigkeiten

Der Verkaufsvorgang in den meisten Branchen erfordert im Allgemeinen eine intensive Kommunikation mit zuweilen ganz unterschiedlichen Entscheidungsträgern und -helfern, die über einen längeren Zeitraum aufrecht zu erhalten ist. Das gilt sowohl für den Geschäfts- als auch für den Privatkundenbereich. Dabei nimmt das persönliche Gespräch bei allen Kundengrößentypen eine bedeutende und bei mittleren und Großkunden eine sogar entscheidende Rolle ein. Je größer Ihre Kontaktfreudigkeit, das heißt Ihre Bereitschaft, besser noch Ihr Bedürfnis, ist, Kontakte anzubahnen, zu pflegen und zu vertiefen, desto leichter wird es Ihnen fallen, diese Gespräche wirksam zu führen. Hinzu kommen sollte eine besondere Fähigkeit, sich auf den jeweiligen Gesprächspartner, dessen Person und Funktion, einzustellen. Nur dann wird es Ihnen nämlich gelingen, Ihre Kunden individuell und bedarfsgerecht zu informieren, zu beraten und von der Zweckmäßigkeit und dem Nutzen Ihrer Lösungsvorschläge zu überzeugen sowie die notwendigen Verhandlungen erfolgreich abzuschließen.

## Fähigkeit zur echten Partnerschaft mit Ihren Kunden

Wenn Sie bereits Kundenkontakte haben, vielleicht sogar die ersten Aufträge erfolgreich abgeschlossen haben, dann möchten Sie sicherlich die profitablen Kundenbeziehungen zu einer möglichst engen und dauerhaften Partnerschaft ausbauen. Dieses Ziel können Sie – gerade als kleines Unternehmen, das sich seinen Markt erst noch erarbeiten muss – nur durch Ihre außergewöhnliche Einsatzbereitschaft, Stetigkeit, Zuverlässigkeit und Intelligenz in der Wahl Ihrer Strategien und Mittel erreichen. Einsatzbereitschaft, Stetigkeit und Zuverlässigkeit sind die Garanten dafür, dass es Ihnen gelingt, eine Vertrauensbasis zu Ihren Kunden aufzubauen und zu erhalten, die zu dem angestrebten kontinuierlichen Partnerschaftsverhältnis führt. Hier ein Vorschlag für eine Definition des Themas „Partnerschaft mit Ihren Kunden“:

**Partnerschaft mit Ihren Kunden.** „Als verkaufender Unternehmer will ich der kompetente und in allem vertrauenswürdige Partner meiner Kunden sein. Ich will daran arbeiten, dass unsere Partnerschaft lange erhalten bleibt und nicht so leicht durch andere (Wettbewerber) gestört werden kann – auch wenn ich ein wenig teurer bin als andere. Meine Kunden sollen immer wissen, was sie für dieses Geld an Mehrwert bekommen. Partner meiner Kunden sein heißt auch, dass wir immer gemeinsam an für beide fairen Übereinkünften arbeiten wollen."

Im Sinne einer seriösen Marktpositionierung Ihres Unternehmens ist es unerlässlich, dass diese vermeintlich „weichen Kriterien", die jedoch entscheidend sind für eine persönliche Beziehung, bei Ihrer Verkaufsarbeit immer eine zentrale Rolle spielen; Sie sollten klar definieren, was für Sie „Partnerschaft mit meinen Kunden" bedeutet. Damit erreichen Sie eine ausgesprochen wirksame Haltung bei allen Kontakten mit potenziellen und bestehenden Kunden. Und noch ein Hinweis: Die meisten Angebote kommen nicht deshalb nicht zustande, weil etwas am Angebot nicht stimmt, sondern weil keine tragfähige Beziehung zwischen den Personen besteht.

➤ **Tipp:** Schauen Sie sich die folgenden Aussagen an. Sie geben Ihnen Hinweise darauf, wie Sie Ihr unternehmerisches Leitbild formulieren können. Dieses Leitbild vermittelt sich auch Ihren Kunden und wird darüber entscheiden, welche Art von Beziehung Sie zu ihnen haben. Überlegen Sie sich einmal, ob Sie die folgenden Aussagen auf Ihr Unternehmen anwenden können. Haben Sie Ideen, wie Sie diese Sammlung verändern oder ergänzen könnten?

**Für eilige Leser**
**Ideen für Ihr Unternehmensleitbild – Kernaussagen zu Ihren Werten**

■ Ich tue, was ich sage. ■ Ich gestalte mein Handeln konsequent. ■ Ich vertraue auf meine eigenen Stärken. ■ Ich liefere meinen Kunden überzeugende Leistungen. ■ Ich bin stets offen für den notwendigen und gewollten Wandel. ■ Ich treffe Entscheidungen im Rahmen meiner Kompetenzen und Vollmachten. ■ Ich übernehme für mein Tun immer die Verantwortung.

Bei den oben aufgeführten Überlegungen stehen Sie mit Aussagen über sich und Ihr Unternehmen im Vordergrund. Der nächste Schritt zu einer Vorstellung davon, wie Ihre geschäftlichen Partnerschaften aussehen sollen, rückt nun den Kunden in den Fokus.

**Tipp:** Schauen Sie sich die folgenden Aussagen an. Sie geben Ihnen Hinweise darauf, wie Sie Ihr unternehmerisches Leitbild weiter formulieren können, indem Sie sich überlegen, was Sie für Ihre Kunden gerne sein wollen. Überlegen Sie einmal, wie Sie diese Sammlung verändern oder ergänzen würden, sodass sie für Sie stimmig wird. Die hier genannten Kernaussagen beziehen sich vor allem auf Gründer, die im Geschäftskundenbereich akquirieren.

**Für eilige Leser**
**Ideen für Ihr Unternehmensleitbild – Kernaussagen zum von Ihnen vermittelten Kundennutzen**

■ Ich gestalte meine Kundenbeziehungen aktiv, offen und partnerschaftlich. ■ Eine Partnerschaft ist dann erfolgreich, wenn langfristig beide Partner voneinander auf vielfältige Weise profitieren. ■ Ich verkaufe keine Produkte, sondern Lösungen, die meinen Kunden helfen, noch erfolgreicher zu werden. ■ Der Nutzen, den ich meinen Kunden gebe, ist entscheidend für alle meine beratenden Empfehlungen. ■ Ich kenne meine Kunden und meine Kunden kennen mich. ■ Ich biete meinen Kunden mein ganzes Engagement bei Freundlichkeit, Kompetenz, Kreativität und Know-how. ■ Zum Nutzen meiner Kunden bringe ich gerne meine gesamte Erfahrung ein. ■ Mein Wissen darf keinesfalls versickern, es muss in einer individuellen Kundenbeziehung zusammenfließen. ■ Ich richte meine Organisation und Systeme konsequent am Markt und an den Bedürfnissen meiner Kunden aus. ■ Ich schaffe Leistungen für meine Kunden, die für sie messbar und erlebbar sind. Somit haben meine Leistungen einen Wert und einen Preis.

## Probleme und Aufgaben Ihrer Kunden erkennen und lösen

Mit den ersten Kontakten zu Ihrem Kunden legen Sie in der Regel schon den Grundstein für Erfolg oder Misserfolg einer Geschäftsbeziehung. Das ist deshalb so, weil es gerade am Anfang darum geht, sich als kompetenter Partner und sympathischer Mensch zu profilieren oder es eben nicht zu tun. Entscheidend für den Eindruck, den Sie hinterlassen, ist der erst Kontakt. Ihm kommt in akquisitorischer Hinsicht deshalb eine besondere Bedeutung zu.

Bleiben wir aber zunächst bei der Sachkompetenz: Je deutlicher Sie auf die Probleme des Kunden eingehen, desto größer sind Ihre Aussichten für einen Abschluss. Aus diesem Grund ist es besonders wichtig, dass Sie in der Lage sind, die speziellen Probleme und die daraus resultierenden Bedürfnisse des Kunden klar zu erforschen und zu erkennen. Dafür müssen Sie über ausreichende technisch-sachliche, aber auch betriebswirtschaftliche und vor allem kommunikative Kenntnisse verfügen – wir sind mitten im Vertriebsgeschehen.

Im Einzelfall wird eine tief gehende Analyse nötig sein, um die Anforderungen an die Problemlösung richtig zu definieren, zu einer klar formulierten Aufgabenstellung zu kommen und letztendlich einen Vorschlag unterbreiten zu können, der von Ihrem Unternehmen auch realisiert werden kann. Im gesamten Interaktionsprozess mit Ihren Kunden werden Sie sich umso leichter tun, je mehr Sie in der Welt des Kunden zuhause sind und seine „Sprache" sprechen.

## Die Vorgehensweise

Probleme Ihrer Kunden erkennen, das könnte man auch so nennen: Sie definieren deren Bedarfsprofil. Um dies professionell zu machen, das heißt, um diejenigen Stellen im Bedarfsprofil Ihres Kunden zu erkennen, in die Sie Ihr Leistungsspektrum besonders gut einpassen können, sollten Sie sich strategisch sinnvoll aufstellen – vor allem bei Großkunden (A-Kunden). Das bedeutet, Sie sollten gerade in die *Vorbereitung Ihrer Kundengespräche* und in die *Bedarfsermittlung* bei Ihren Kunden Zeit und Klugheit stecken.

Je besser Ihre Handlungen und Gespräche dazu vorbereitet bzw. geplant sind, das heißt, je mehr Informationen Sie über Ihren Gesprächspartner/potenziellen Kunden haben, je mehr Sie über dessen Motivlage und wirtschaftliche Situation, seine Vorhaben und Maßnahmen wissen, desto erfolgreicher werden Ihre späteren Verkaufsgespräche sein.

Erst wenn Sie die Situation des Kunden und damit auch dessen Motivlage kennen, können Sie gezielt diese Motive ansprechen und die entsprechenden Argumente für Ihr Angebot in das Gespräch bringen, können Sie herausfinden, ob Sie zueinander passen.

Die dabei ermittelten Informationen über Gesprächspartner, Verkaufslage, Entscheidungsstrukturen, Einsatz von eigenen und Konkurrenzprodukten sind stets in der Kundendatenbank bzw. Kundendatei festzuhalten, um bei späteren Besuchen die erforderlichen Informationen abrufen zu können.

Hier eine Checkliste, die Sie dabei unterstützen wird, die Problemstellungen und den Bedarf Ihrer Kunden zu erkennen.

➤ **Tipp:** Schauen Sie sich die folgende Checkliste an. Sie gibt Ihnen Hinweise, worauf Sie bei Ihren den Kontakt vorbereitenden Tätigkeiten achten sollten. Die Beantwortung dieser Punkte wird Ihr Augenmerk automatisch auf den Kunden lenken und Sie damit eine gute Gesprächsvorbereitung erstellen lassen.

| **Checkliste 4**<br>**Bedarfserkennung \| Gesprächsvorbereitung** |
|---|
| 1. Welche genau sind meine **Ziele?** |
| 2. Was soll **Gegenstand des Gesprächs** sein? |
| 3. Wer ist (sind) der (die) **Gesprächspartner?**<br>➤ Name __________<br>➤ Funktion __________<br>➤ Kompetenz __________<br>➤ Besonderheiten __________<br>__________ |
| 4. Was genau möchte ich dort verkaufen (Produkte) und zu welchem Preis? |
| 5. Gesprächsort: |
| 6. Interessen, Probleme, Engpässe, Argumente (des Gesprächspartners). |

**Fortsetzung Checkliste 4**

7. **Gesprächsstrategie:** Wie sehen meinen Vorschläge genau aus, welche Argumente verwende ich? Und: Welche **Vorteile** + **Nutzen(!)** bringe ich nach vorne?
8. Eigene Stärken/eigene Schwächen:
9. Mögliche Einwände:
10. Wie möchte ich darauf reagieren?
11. Gesprächsdauer:
12. Ergebnis:
13. Was soll nach dem Gespräch geschehen?
    - Angebot
    - Auftrag
    - Informationsbeschaffung
    - Offene Fragen klären

Bitte bedenken Sie auch, dass die Fähigkeit, die Probleme Ihrer Kunden zu kennen und zu erkennen, es Ihnen überhaupt erst ermöglichen wird, ein Angebot zu erstellen, das sich inhaltlich von denen der Wettbewerber unterscheidet.

## Wissen über den Markt und alle seine Teilnehmer

### Systematische Marktbearbeitung

Als Unternehmensgründer, der vielleicht noch niemals im Vertrieb gearbeitet hat, stehen Sie vor vielen neuen Aufgaben. Eine der kreativsten dabei ist es, das Wissen, das Sie über Ihre potenziellen Kunden und Wettbewerber zusammentragen, so zusammenzufassen und zu bewerten, dass Sie daraus eine Strategie ableiten können.

Und so entwickeln Sie erfolgreich eine Unternehmensstrategie. Passen Sie die unten genannten Punkte an Ihr unternehmerisches Vorhaben an.

## Die drei Phasen einer unternehmerischen Strategieentwicklung

### 1 Analysephase

- Interne Analyse der Gesamtsituation Ihres Unternehmens sowie seiner strategischen Geschäftsfelder (u.a. Infrastruktur, Kosten, Prozesse, Produkte/Leistungen, Personal, Technologien ...)
- Externe Analyse des
  - Umfeldes (u.a. Marktregulierungen, demographische / topographische Daten ...)
  - Marktes (u.a. Volumen, Wachstum, Segmente, Kundenbedürfnisse ...)
  - Wettbewerbes (u.a. Profil, Strategien, Kennzahlen ...)
- Beurteilung der strategischen Entwicklungsmöglichkeiten

### 2 Gestaltungsphase

- Erarbeitung strategischer Optionen basierend auf Produkt-Markt-Kombinationen (u. a. Marktattraktivität, Wettbewerb, Eintritts-/Austrittsbarrieren, Profitablität, technologische Anforderungen ...); Partnerschaften; Möglichkeiten und Grenzen der eigenen Leistungserstellung.
- Erarbeitung notwendiger organisatorischer Anpassungen, sowie Stärken, Schwächen, Chancen und Risiken für jede einzelne strategische Option.
- Beurteilung der Strategiealternativen. Endgültige Entscheidung und Erarbeitung eines Maßnahmenplans.
- Empfängerorientierte Formulierung der Strategie.

### 3 Umsetzungsphase

- Effizienzorientierte Umsetzung der Strategie und der geplanten Maßnahmen.
- Kommunikation (intern/extern).
- Anpassung bzw. Aufsetzen des strategischen Maßnahmencontrollings und des Planungsprozesses (inkl. Budgetplanung).
- Bei Bedarf Anpassung der Maßnahmen sowie der zeitlichen Planung.
- Durchführung von Change-Management-Maßnahmen.

Eine erfolgreiche Vertriebstätigkeit setzt immer die gründliche Kenntnis des Verkaufsgebiets, dessen Kundenstruktur und deren Nachfragepotenzial[6] sowie der Wettbewerbssituation und möglicher Entwicklungstrends voraus. Aus diesem Grund sollten Sie bereit und fähig sein, sich ein fundiertes Wissen über alle Marktfaktoren zu verschaffen und dieses auch aktuell zu halten. Das liefert Ihnen wichtige Erkenntnisse und Argumente im Vertriebsprozess; und gerade zu Anfang hilft es Ihnen dabei, sich aussichtsreich zu positionieren.

Dieses aktuelle Wissen bildet eine solide Basis, damit Sie Ihre Tätigkeitsschwerpunkte immer wieder auf die aussichtsreichsten Branchen und Kunden fokussieren können. Sie können aus dieser Marktnähe selbst wichtige Impulse für seine Entwicklung erhalten.

Hinweis: Ihr Angebot an Produkten und Leistungen richtet sich eigentlich weniger nach dem, was Sie können, sondern nach dem, was der Markt beabsichtigt. Dieser Blick auf den Markt, also das marktorientierte Beobachten, Planen und Handeln sind wichtige Voraussetzungen für Ihren Erfolg – und wird schlicht „Marketing" genannt. Hier ein Vorschlag für eine einfache aber griffige Definition des Begriffs „Marketing":

**Marketing** ist alles, was Ihre Produkte und Leistungen an den Markt bringt.

Wozu dient Ihnen die Marktkenntnis? Sie dient Ihnen dazu, Ihr Angebot möglichst gut zu verkaufen. Jedes Element des Marketings soll Ihnen einen Vorsprung vor der Konkurrenz verschaffen. Die Frage des Marktes an Sie lautet: Welchen Nutzen haben Ihre Kunden von Ihrem Angebot? Sind Sie wirklich sicher, dass das, was Sie anzubieten haben, auf dem Markt auch Anklang findet? Gibt es einen Bedarf dafür? Wird irgend jemand sein Geld dafür ausgeben? Warum sollte er?

➤ **Tipp:** Schauen Sie sich die Checkliste 5 an. Damit können Sie sehen, was Sie schon über Ihr persönliches Marketing wissen. Sie brauchen, bevor Sie starten, in jedem Fall eine Antwort auf all diese Fragen.

## Checkliste 5
## Mein persönliches Marketing, erste Schritte

1. Haben Ihre Kunden einen klaren Nutzen von Ihrem Angebot? Denken Sie nach. Es gibt vor allem:
   - finanziellen Nutzen
   - Qualitäts-Nutzen
   - Zeit-Nutzen

   Und außerdem könnten Sie noch an diese Nutzen denken:
   - technischen Nutzen
   - Image-Nutzen
   - Umwelt-Nutzen
   - Gesundheits-Nutzen
   - Erlebnis-Nutzen

2. Ist Ihr Angebot neu? Können Sie damit eine Marktnische besetzen?

   Was ist das Besondere an Ihrem Angebot? Was unterscheidet es von dem der Konkurrenz?

   Woran kann man die Qualität Ihres Angebots erkennen?

   Was ist das Besondere an Ihrem Kundendienst oder Service?

   Ist Ihr Unternehmen besonders kundenfreundlich?

   Ist Ihr Unternehmen besonders kulant?

3. Wer sind Ihre Kunden?
   Beispiele für den Privatkundenbereich:
   - Wie alt sind Ihre Kunden?
   - Wie viel Geld verdienen Ihre Kunden?
   - Welche soziale Stellung haben Ihre Kunden?

   Hängt Ihr Unternehmen in Zukunft vorwiegend von genau einschätzbaren Einzelkunden ab?

   Haben Sie eine schwer einschätzbare Laufkundschaft?

   Welches Produkt oder welche Dienstleistung wünschen Ihre Kunden eigentlich? Was wissen Sie darüber? Oder umgekehrt: Welche Kunden kommen für Ihr Produkt bzw. Ihr Dienstleistungsangebot in Frage?

**Fortsetzung Checkliste 5**

4. Wer und wo sind Ihre Hauptkonkurrenten?
   Welche Produkte bieten diese Konkurrenten an?
   Welche Besonderheiten (Qualität, Verpackung, Service etc.) bieten sie?
   Welche Preise bietet die Konkurrenz an?
   Welche Konditionen bietet sie an?
   Welche Meinung haben Kunden von diesen Konkurrenten?
   Wie vertreibt Ihr Wettbewerb seine Produkte?
   Welche Werbemittel und Werbeträger benutzt die Konkurrenz?

## Kaufmännische und organisatorische Kenntnisse

Der Vollständigkeit halber seien hier auch die kaufmännischen und organisatorischen Kenntnisse erwähnt, die Sie zu einem erfolgreichen Unternehmer machen. Da es sich hierbei aber nicht um vertriebliche Fähigkeiten im engeren Sinne handelt, gehen wir nur kurz darauf ein. Es sei ausdrücklich erwähnt: Die Kürze der Behandlung bedeutet nicht, dass diese Kenntnisse und Fähigkeiten unwichtig seien; Sie benötigen sie sogar dringend. Nur ist hier nicht der richtige Platz, sie zu behandeln.

Um von Ihren Kunden als kompetenter und gern gesehener Partner akzeptiert zu werden, sollten Sie unbedingt auch über gutes kaufmännisches Wissen verfügen. Es befähigt Sie, neben fachlichen Fragen auch **kalkulatorische, vertragsrechtliche, betriebswirtschaftliche** und **abwicklungstechnische** Sachverhalte zu überblicken und im angemessenen Rahmen zu bearbeiten.

Die betriebswirtschaftliche Seite Ihrer Tätigkeit umfasst die Kostenrechnung im eigenen Unternehmen und die Angebotserstellung; darüber hinaus sollten Sie auch in der Lage sein, betriebswirtschaftlich gut für Ihr Produkt oder Ihre Lösung argumentieren zu können. Möglicherweise müssen Sie ja auch eine Wirtschaftlichkeitsrechnung Ihres Vorschlags erstellen und durchargumentieren können.

# 2. Die marktgerechte Definition Ihres Produkts/Ihrer Dienstleistung

## Entwickeln Sie eine klare Fokussierungsstrategie in Ihrem Marketing

Vermutlich werden Sie nicht der Einzige sein, der ein neues Unternehmen Ihrer Branche in diesem Monat an den Markt bringt. Und vermutlich gibt es auch schon einige andere Unternehmen, die seit Jahren am Markt sind und dies sogar sehr erfolgreich. Angesichts dieser Situation könnte man sich beinahe entmutigen lassen.

Aber ganz so schlimm ist es nicht. Jedenfalls dann nicht, wenn Sie sich so aufstellen, dass Sie dabei immer Ihre Kunden sehen können. Dazu ist vor allem ein eindeutiges Profil Ihres Unternehmens und seines Angebots notwendig. Diese Aufgabe ist Teil der Marketingkonzeption, die Sie zum Teil bereits in Ihrem Business-Plan erstellen. Diese Marketingkonzeption sollte möglichst stark fokussiert sein, das heißt, sie sollte möglichst eng und präzise Ihre Produkte fassen; ebenso sollten Sie bei Ihren Kunden verfahren. Auch Ihren Markt sollten Sie möglichst eng und präzise beschreiben können[7].

Das ist deshalb so wichtig, weil es zu einer Ökonomie Ihrer Kräfte beiträgt. Sie werden kaum überschüssige Ressourcen haben, um breit in den Markt einzutreten, also mit einem breiten Produktspektrum und einem breiten Marktsegment als Ziel. Eine saubere und wirksame Marktbearbeitung dieser Art ist nicht möglich, wenn Sie alles alleine machen müssen oder vielleicht nur ein oder zwei Partner haben.

| **Marketingplan, Grundlagen 1** |
|---|
| **Angebot**<br>➤ Welchen Nutzen hat Ihr Angebot für potenzielle Kunden?<br>➤ Was ist bei Ihnen besser im Vergleich zu dem Angebot der Wettbewerber? |
| **Preis**<br>➤ Welche Preisstrategie verfolgen Sie und warum?<br>➤ Zu welchem Preis wollen Sie Ihr Produkt/Ihre Leistung anbieten?<br>➤ Welche Kalkulation liegt diesem Preis zugrunde? |

| Marketingplan, Grundlagen 2 |
| --- |
| **Vertrieb**<br>➢ Welche Absatzgrößen steuern Sie in welchen Zeiträumen an?<br>➢ Welche Zielgebiete steuern Sie an?<br>➢ Welche Vertriebspartner werden Sie nutzen?<br>➢ Welche Kosten entstehen durch den Vertrieb? |
| **Werbung**<br>➢ Wie erfahren Ihre Kunden von Ihrem Produkt / Ihrer Dienstleistung?<br>➢ Welche Werbemaßnahmen planen Sie und wann? |

*Ihr persönlicher Marketingplan als Teil Ihres Business-Plans*

Schon der Gedanke der ökonomischen Kräfteeinteilung legt also eine Fokussierung nahe. Aber es gibt noch einen zweiten Grund. Er liegt ganz einfach in der besseren Wahrnehmung Ihrer potenziellen Kunden. Je eindeutiger nämlich Ihr eigenes Unternehmens- und Angebotsprofil ist, desto klarer wird dessen Wahrnehmung durch Ihre Kunden sein. Und das bedeutet, dass Sie im Meer Ihrer Wettbewerber nicht untergehen, sondern gesehen werden.

Wie können Sie nun Ihr Unternehmens- und Angebotsprofil schärfen?

## Situationsanalyse

Ein effizientes Marketing geht immer von einer umfassenden und differenzierten Situationsanalyse aus. Sie haben schon gesehen, dass zu einer vollständigen Marktanalyse sowohl eine differenzierte Nachfrageranalyse als auch eine detaillierte Konkurrenzanalyse gehört. Damit erfassen Sie die bestehenden und die zu erwartenden Wettbewerbsverhältnisse um Ihre Kunden. Sie brauchen diese beiden Analysen, um sich später im Markt richtig aufstellen zu können. Auf dieser Grundlage sowie einer Prognose der zukünftigen Marktsituation ist es Ihnen möglich, Ihre Marketingziele und Strategien sowie deren Umsetzung im Marketing-Mix[8] anzugehen. Als Unternehmer bewegen Sie sich in einem Wettbewerbsumfeld, das durch diese vier Faktoren geprägt wird. Um auf lange Sicht bestehen zu können, ist es notwendig, diese vier Faktoren immer wieder einer aktuellen Analyse zu unterziehen.

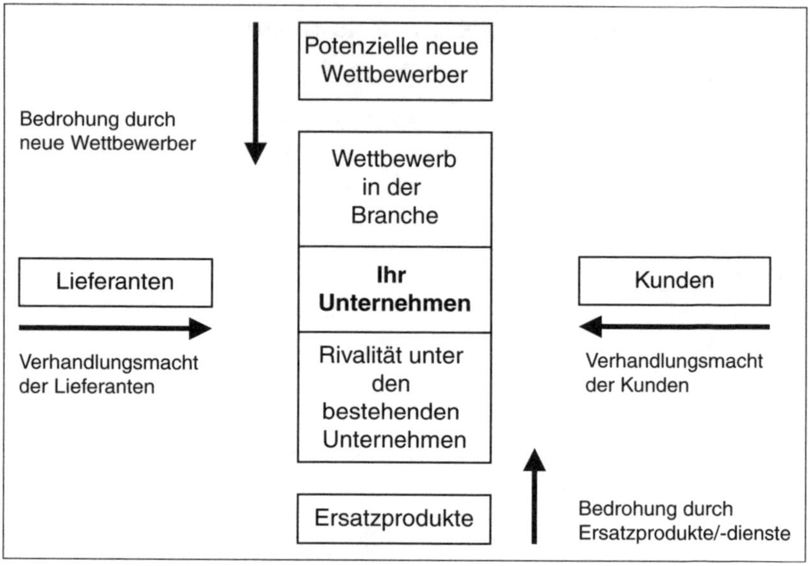


*Das Umfeld Ihrer persönlichen Konkurrenzanalyse*

## Ziele, Strategien und Maßnahmen

Jedes Unternehmen steckt sich eigene Ziele für seinen Erfolg. Ziele bilden den Ausgangspunkt aller unternehmerischen Überlegungen. In der Praxis geschieht es aber häufig (auch bei bereits etablierten Unternehmen), dass der vertriebliche Zielbildungsprozess vernachlässigt wird. Die Folge davon ist, dass geplante Strategien und Maßnahmen unkoordiniert und ineffizient durchgeführt werden. An die Stelle eines systematischen und konsequenten Vorgehens tritt ein vielleicht aktionsreiches, aber doch unprofessionelles Agieren. Unternehmerisches Handeln ohne klare Zielvorstellungen ist aber vergleichbar mit der Fahrt eines Schiffes auf dem Meer ohne eine vorher bestimmte Route, ohne Ziel.

Wenn Sie Ihre Ziele formulieren, sollten Sie dies in vierfacher Hinsicht tun.

**Tipp:** Die folgenden vier Kriterien helfen Ihnen, Ihre Ziele richtig zu formulieren. Die Marketingziele leiten sich aus den Oberzielen Ihrer Unternehmung ab. Sie bestimmen die angestrebten zukünftigen Sollzustände, die Sie durch die wirksame Nutzung von Marketinginstrumenten erreichen wollen.

**Für eilige Leser**
**Kurzer Leitfaden zur Zieldefinition im Marketing**

1. Definieren Sie den **Inhalt** Ihres Zieles. Was genau möchten Sie erreichen? Denken Sie daran: Ziele müssen konkret, messbar und nachprüfbar sein.

   *Beispiel: „Ich will in den nächsten zwölf Monaten mit fünf A-Kunden, zehn B-Kunden und 40 bis 60 C-Kunden Abschlüsse erreichen."*

2. Definieren Sie den **Erreichungsgrad,** den Sie sich vornehmen wollen. *„Umsatz und vor allem auch die Rendite müssen bei jedem Kunden stimmen, sodass sich jeder einzelne Kunde für mich rechnet."*

3. Definieren Sie den **zeitlichen Bezug** der einzelnen Ziele. *„Mit den C- und B-Kunden fange ich an. Daran arbeite ich in den ersten vier Monaten. Danach gehe ich an die A-Kunden meiner Target-Liste."*

4. Definieren Sie das **Marktsegment,** in dem Sie diese Ziele erreichen wollen. *„Meine A- und B-Kunden sollen aus meinem Kerngeschäftsfeld kommen. Bei C-Kunden entscheide ich nach dem erforderlichen Aufwand und wäge ab, ob ein solches Geschäft eventuell meine Kompetenz im Kernbereich vergrößert."*

Nur wenn Sie Ihre Ziele in Hinblick auf die vier genannten Dimensionen präzise definieren, können Sie den Wirtschaftsprozess im Unternehmen auch effizient steuern.

Nachdem Sie also Ihre Ziele auf diese Weise definiert haben, müssen sie in eine Ordnung gebracht werden. Das ist deshalb wichtig, damit Sie bei Zielkonflikten (z. B. zwischen Umsatz und Rentabilität) die Prioritäten eindeutig setzen können.

Ziele, Strategien und Maßnahmen sind eng miteinander verknüpft. Die an sich logische Reihenfolge von Zielen, Strategien und Marketing-Mix-Entscheidungen muss nicht immer mit der Zielebene beginnen; häufig kommen konzeptionelle Anstöße von bestimmten Strategieansätzen oder zum Teil sogar von bestimmten bewährten operationalen Maßnahmen auf der Instrumentalebene, sodass Sie die Kette zur Zielebene erst danach über entsprechende Rückkopplungen schließen können.

Ihre konzeptionellen Überlegungen (Ideen) müssen also nicht zwangsläufig zuerst an Zielen und Zielvorstellungen anknüpfen, sondern können sich auch an bestimmten strategischen Grundmustern entwickeln. Beispiel: „Für mich steht als verkaufender Unternehmer immer die Qualität, nicht der

Preis ganz vorne." Oder: „Wir sind ein Hochtechnologie-Unternehmen." Sie können sich aber auch an ganz konkreten instrumentalen Maßnahmen entwickeln. (Wenn etwa ein Produkt, beispielsweise ein stufenlos regelbarer Motor als Waschmaschinenantrieb auch Verwendung in anderen Marktbereichen finden kann, wie etwa bei Bohrmaschinen.)

Von diesen ersten Stufen aus erfolgt dann jeweils die konzeptionelle Anbindung an die Zielebene. Wie Sie vorgehen, entscheidet die individuelle Situation. Wichtig ist jedoch, dass Sie Ihre Ziele, Strategien und Maßnahmen logisch miteinander verknüpfen, sodass daraus eine Einheit entsteht. Als Grundregel sollten Sie aber immer versuchen, den Zielbildungsprozess als separat ablaufenden Teilprozess zu betreiben, der der Strategieentwicklung vorausgeht. Denn erst anhand Ihres Zielekatalogs können unterschiedliche Strategien bewertet und ausgewählt werden.

Mit Ihrer Marketingstrategie können Sie den Einsatz Ihrer Marketinginstrumente im Hinblick auf Ihre Ziele steuern und kanalisieren. Die gewählten Strategien bilden damit den Rahmen, innerhalb dessen die Marketinginstrumente eingesetzt werden. Wenn Sie keine Strategien ableiten, dann sinkt die Effizienz der eingesetzten Instrumente in der Regel erheblich. Ihre angestrebten Ziele werden Sie später erreichen und/oder Sie müssen größere finanzielle Mittel bereitstellen, weil es fast zwangsläufig zu einem unwirtschaftlichem Doppel- oder Fehleinsatz von Ressourcen kommt.

Ihre Marketingstrategien stellen sozusagen Grundsatzvorgaben für den Marketing-Mix-Einsatz und die Verteilung der knappen Ressourcen dar. Diese Vorgaben sollten für einen längeren Zeitraum Gültigkeit besitzen; in der Anfangsphase Ihres Unternehmens wird es jedoch häufiger zu Korrekturen kommen als später. Ihre Marketingstrategien stellen das Verbindungsglied zwischen Ihren Zielen und den laufenden operativen Maßnahmen dar.

Denken Sie bei der Ableitung Ihrer Strategien auch daran, Sie nicht losgelöst von der Wettbewerbssituation und deren Entwicklung zu vollziehen. Letztlich machen Sie ja Ihre Strategie, um gegenüber den Konkurrenten einen Wettbewerbsvorteil erzielen zu können.

## Controlling

Ihr Marketing aufzusetzen ist die eine Seite. Die andere ist das Marketing-Controlling. Sie sollten also Ihre Ziele, Strategien und Maßnahmen immer wieder auf den Prüfstand stellen. Das tun Sie am besten mit folgenden Instrumenten: Ergebniskontrollen (Ist alles wie geplant, eingetreten?), Tätigkeits- bzw. Planfortschrittskontrollen (Sind die einzelnen Projektschritte im

Marketing auch im Zeitplan?) und Prämissenkontrollen (Stimmen meine gesteckten Ziele?).

Ein Controlling im Marketing ist sehr wichtig, denn es erhöht die Planbarkeit Ihrer laufenden und künftigen Aktionen. Es hat damit eine Sicherheitsfunktion für Sie. Außerdem ist das Controlling oft der Anstoß dafür, Veränderung herbeizuführen, die auf Basis besonderer Marktentwicklungen zweckmäßig sind. Und außerdem wird es Ihnen leichter fallen, Ihre unternehmerischen Entscheidungen zu gestalten und anzuwenden.

Im Rahmen eines ergebnisorientierten Controllings können Sie beispielsweise folgende Fragen beantworten:

- Haben sich die Marktinvestitionen rentiert?
- Welche Marktsegmente bringen Erfolg, welche nicht?
- Wann erreicht eine Marktinvestition ihren Break-Even-Punkt[9], das heißt, wann kommt Sie in die Gewinnzone?

Um ein effizientes Marketing-Controlling zu haben, sollten Sie folgende Voraussetzungen treffen:

**Für eilige Leser**
**Voraussetzungen für ein starkes Marketing-Controlling**

1. Formulieren Sie klare und eindeutige Zielvorgaben.
2. Stecken Sie sich nur solche Ziele, die Sie auch hundertprozentig vertreten können.
3. Achten Sie auf eine gute Datensituation. Ihre Datenquellen sollten für alle Controlling-Maßnahmen leicht zugänglich sein und Routineabfragen in kurzer Zeit gestatten.
4. Suchen Sie nicht zuerst nach Fehlern in der Außenwelt Ihres Unternehmens. Einflussmöglichkeiten haben Sie meist nur intern.
5. Leiten Sie Korrekturmaßnahmen schnell ein.
6. Richten Sie Ihr Augenmerk nicht so sehr auf Verfahren; stattdessen schauen Sie mehr auf die Ergebnisse.

Um aus dem Marketing-Controlling echte Entscheidungshilfen zu entwickeln, sollten Sie folgende Bereiche Ihres Unternehmens analytisch betrachten:

**Für eilige Leser**
**Marketing-Controlling und die Entscheidungsfindung**

1. **Markt:** Wie stellt sich der Markt, in dem Sie Ihre Produkte und Dienstleistungen absetzen wollen, für Sie aktuell dar?
2. **Wettbewerber:** Welche Wettbewerber gibt es überhaupt? Wie reagieren sie auf Ihre Vertriebsaktivitäten?
3. **Kunden:** Welche Kunden bedienen Sie derzeit? Ist deren Betreuung überhaupt profitabel? (Wie sehen deren Deckungsbeiträge aus?)
4. **Produkt- und Dienstleistungsangebot:** Welche Produkte werden derzeit überhaupt von Ihnen angeboten? Wie ist die Produktstruktur (Kernprodukt, zusätzliche Leistungen, Einfachprodukte, Premiumprodukte etc.)?
5. **Organisation:** Wie sieht derzeit Ihre eigene Organisation im Vertrieb aus? Nach welchen strategischen Parametern arbeiten Sie derzeit?
6. **Prozesse:** Welche Prozesse existieren derzeit im Vertrieb? Wie wird das Einhalten dieser Prozesse kontrolliert?
7. **Vertriebswege:** Welche Vertriebswege nutzen Sie derzeit? Wie erfolgreich sind sie im Einzelnen?

## Exkurs: Das Marketing-Controlling und Ihre Entscheidungsfindung

**Input:** Zunächst brauchen Sie Daten, die Sie in Bezug auf Ihre Ziele bewerten wollen. Das können beispielsweise Kundenumsätze, verfügbare Produkte oder der Bestellzyklus von Kunden sein. Diese Daten können Sie nicht so ohne weiteres beeinflussen. Variablen, die Sie beeinflussen können und müssen, sind der Verkaufspreis oder auch die Besuchsfrequenz bei Ihren Kunden.

**Output:** Die Produktpreise und Bestellgewohnheiten des Kunden in der Vergangenheit bestimmen die Verkäufe und damit verbundene periodische Umsätze. (Ein möglicher Wirkungszusammenhang sind zum Beispiel hohe Umsätze bei niedrigen Preisen und niedrige Umsätze bei hohen Preisen.[10])

**Bewertungsaspekte:** Der unterschiedliche Output muss durch das Vertriebscontrolling in Hinblick auf die Ergebniswirksamkeit bewertet werden. Konkret bedeutet das:

- Wie wirkt sich eine Preiserhöhung voraussichtlich auf den Umsatz und das Ergebnis aus?
- Wie wirkt sich ein verändertes Bestellverhalten auf das Vertriebsergebnis in den einzelnen Perioden aus?

**Die Wertsynthese:** In der Praxis wird nicht nur der Preis den Umsatz beeinflussen, sondern auch andere Aspekte wie Nachfrage, Kundenbeziehungen, allgemeine Marktbedingungen und das Wettbewerbsverhalten. Durch die Wertsynthese wird versucht, die Komplexität des Entscheidungsprozesses zu verringern. Die Zielsetzung sollte – falls überhaupt möglich – eine eindimensionale Zielfunktion sein, damit Sie Ihre Entscheidungsalternativen anhand des Ergebnisses ordnen können. Umsatz- und Erfolgsmaximierung sind geeignete Zielgrößen der Wertsynthese.

**Die optimale Entscheidung:** Aus der Rangfolge der Entscheidungsalternativen, die aus der Wertsynthese ermittelt wurde, können Sie dann eine optimale Entscheidung für die jeweilige Situation ableiten.

## Ihr Marketing-Mix

Wie definieren Sie jetzt Ihre Produkte so, dass sie tatsächlich auch wahrgenommen werden? Für die Vermarktung Ihrer Produkte stehen Ihnen vom Grundsatz her vier Marketing-Elemente zur Verfügung.

**Die vier Säulen Ihres Marketing-Plans**

| Angebot | Preis | Vertrieb | Kommunikation |
|---|---|---|---|
| **Kernfrage:** *Wie kann ich mein Angebot (noch besser als bisher) an den Bedürfnissen meiner Kunden ausrichten?*<br>Wie sollte ich mein Angebot entwickeln, damit meine Kunden bestimmte Vorteile (Erleichterung, Schnelligkeit, Transparenz etc.) und dann auch echten Nutzen (Geldnutzen, Qualitätsnutzen, Zeitnutzen) davon haben?<br>Wie muss ich mein Angebot entwickeln, damit es sich von dem meiner Wettbewerber wahrnehmbar unterscheidet (z.B. nachweisbare Qualitätsmerkmale, Klarheit der Präsentation ...)? | **Kernfrage:** *Welchen Preis akzeptieren meine Kunden?*<br>Werden meine Kunden auf einen besonderen Einführungspreis reagieren (Preis sinkt oder steigt im Laufe der Zeit)?<br>Sollte ich meinen Preis an dem der Konkurrenz orientieren (z.B. Niedrigpreise oder Orientierung am Preisführer ...)?<br>Welcher psychologische Preis ist für meine Kundengruppe geeignet (z.B. Preisschwellen „0,99-Preise", Velben-Preise: hohe Preise für Kunden, die auffallen möchten. „Snob-Preise": hohe Preise für Angebote, die sich nur einkommensstarke Kundengruppen leisten können)? | **Kernfrage:** *Auf welchem Weg erreicht mein Angebot die richtige Kundengruppe, in ausreichender Menge und pünktlich zur vereinbarten Zeit?*<br>Wollen meine Kunden mein Produkt per Direktvertrieb kaufen (Hersteller verkauft direkt an Endkunden, z. B. ab Werk, per Telefon, per Online-Shop)?<br>Wollen meine Kunden mein Produkt per Fremdvertrieb kaufen (Hersteller beauftragt Vertriebspartner, z. B. Groß- und Einzelhändler, Vertreter)?<br>Wie erreiche ich meine ausländischen Kunden (Vertriebspartner, Filialen, Messen, Internet)? | **Kernfrage:** *Stimmt das Corporate Design (Firmenlogo, Briefpapier, Internetpräsenz etc.) mit dem Image meines Unternehmens und den Regeln der Branche überein?*<br>Welche Kunden möchte ich ansprechen? Wodurch lässt sich diese Käufergruppe charakterisieren? Was erwartet sie von einem professionellen Anbieter bzgl. seines „Outfits"? Oder auch: Wie kommunizere ich mit dem Markt: z.B. Kommunikation bei Neukunden breit streuende Werbemittel oder Einzelansprache; Kundenbindung: gezielte persönliche Ansprache)? |

**Fortsetzung: Die vier Säulen Ihres Marketing-Plans**

| Angebot | Preis | Vertrieb | Kommunikation |
|---|---|---|---|
| Welche Art von Verpackung sollte mein Produkt erhalten (z.B. besondere Imagewirkung, hohe Transportsicherheit ...)?<br>Welche Art von Service sollte ich anbieten, um meine Kunden zufrieden zu stellen und mich von den Wettbewerbern abzuheben (z.B. Lieferservice, Ersatzteilservice ...)?<br>Auf welche Kompetenzen kann ich als Gründer ohne Referenzen verweisen? Wie stelle ich sie am besten dar? | Inwiefern sollte ich meine Preise differenzieren (z.B. je nach Nachfragemenge/-art, Zahlungskonditionen, Region, Kundengruppe ...)?<br>Zu welchen Konditionen biete ich meine Produkte an (z.B. Skonto, Rabatte, Lieferung inklusive ...)?<br>Zu welchen Wunschpreisen meiner Kunden ist es für mich besser, nicht mehr zu verkaufen (Limits)? | Für Dienstleistungen: Welche Art der Ansprache ist die wirksamste?<br>Wie bringe ich meine Leistung zu meinen Kunden?<br>Wo könnte es Engpässe geben? | Welche Werbemedien sprechen meine Kunden an (z.B. Anzeigen, Plakate, Kataloge, Spots ...)?<br>Welche Öffentlichkeitsarbeit ist geeignet (z.B. Informationsveranstaltungen, Sponsoring, Presseeinladungen, Newsletter ...)?<br>Was sollte ich meinen Kunden über mich und mein Angebot sagen?<br>Auf welchem Weg? |

*Die vier Marketing-Elemente*

## Die Instrumente

Welche Instrumente zur Marktbearbeitung stehen Ihnen nun konkret zur Verfügung und welche Vorteile bieten sie? Für welche Kundengruppen sind sie geeignet? Die folgende Übersicht soll Ihnen helfen zu untersuchen, welcher Mix aus den vorhandenen Instrumenten für Sie am besten geeignet ist und Ihnen den schnellsten und sichersten Erfolg bringt.

### 1. Werbung über Medien

Darunter versteht man: Anzeigen in Tages-, Wochen-, Fachzeitschriften und Anzeigenblättern, Fernseh-, Hörfunk und Kinowerbung, Plakate, Anschläge, Lichtwerbung. **Vorteil dieser Instrumente:** Meist besteht ein gutes Preis-Leistungs-Verhältnis. Sie erreichen für relativ wenig Geld relativ viele mögliche Kunden. **Eignung:** Für fast alle Branchen geeignet; weniger für sehr erklärungsbedürftige Produkte und Dienstleistungen bzw. für einen kleinen, sehr speziellen Kundenkreis – dort sind die Streuverluste zu hoch, das Preis-Leistungs-Verhältnis dieser Maßnahmen verschlechtert sich. Überprüfen Sie daraufhin Ihren Markt.

### 2. Informationen/Schulungen

Zum Beispiel ein Vortrag über die Vorteile einer gesunden, ausgewogenen Ernährung. **Vorteil dieser Instrumente:** Sie zeigen sich dem Markt als Experte und können gezielt und ausführlich über Ihr Angebot informieren. Das ist einer der Wege, um sich vom Kunden „kaufen zu lassen". **Eignung:** Sehr gut für Unternehmen, die beratungsintensive Waren oder Dienstleistungen anbieten.

Ein Sonderfall hier ist die **Handelswerbung**. Damit ist beispielsweise die Schulung von Verkaufspersonal im Handel gemeint. Sie informieren zum Beispiel die SchuhverkäuferInnen einer bestimmten Einzelhandelskette über die Vorteile Ihrer Thermo-Einlagen. Dadurch bekommen Sie viele gut informierte und (wenn Sie es gut machen und vielleicht auch noch besondere Anreize bieten) motivierte VerkäuferInnen für Ihr Produkt.

### 3. Verkaufsgespräch

Dies ist die älteste und auch teuerste Form der Kundengewinnung. Die Weitergabe der für den Kunden notwendigen Informationen, um eine Kaufentscheidung zu treffen, erfolgt in einem Verkaufsgespräch. **Vorteil dieses Instruments:** Die direkteste Form der Kundenansprache kann schnell zu Verkaufserfolgen führen. Allerdings sind die Kosten für einen einzigen Kundenbesuch recht hoch. Je nach Ihren internen und externen Kosten etwa zwischen 150 und 350 Euro. Gerade bei diesem Instrument der Marktbearbeitung ist eine besonders gute Vorauswahl der Kunden und Vorbereitung der Gespräche unerlässlich. **Eignung:** Bei erklärungsbedürftigen Produkten, Industrie- und Konsumgütern sowie Dienstleistungen.

### 4. Telefongespräch

Hier als Verkaufsgespräch oder zur Erstkontaktaufnahme. **Vorteil dieses Instruments:** Schneller und leichter Kontakt zum Kunden. Bedenken Sie hierbei, dass der erste Eindruck der entscheidende ist, daher braucht dieses Kontaktinstrument zu Ihren Kunden eine besondere Aufmerksamkeit (mehr dazu in Kapitel III, Telefonische Akquisition). **Eignung:** Vornehmlich bei Dienstleistungen und Industriegütern; generell für alle, die über diesen Weg ein persönliches Gespräch als Akquisitionsziel haben.

### 5. Direktmarketing

Darunter versteht man Mailings, Wurfsendungen, Antwortmöglichkeit für die Zielpersonen über Anwortkarten, Coupons, Hotline, Fax oder E-Mail. **Vorteil dieser Instrumente:** Sie wenden sich im Gegensatz zur Werbung über Medien (s. o.) nicht an eine anonyme Masse, sondern an bestimmte, einzelne Kunden. Die wichtigste Voraussetzung für den Erfolg dabei ist, dass Sie Ihre potenziellen Kunden möglichst genau kennen. Deshalb sollten Sie vor jeder solchen Aktion Ihre Zielgruppen und Zielpersonen genau bestimmen und diese in eine Datenbank aufnehmen. Aus der Datenbank wählen Sie dann Erfolg versprechende Zieladressen aus und nutzen sie für Ihre Direktmarketing-Maßnahmen. **Empfehlung:** Nutzen Sie für die Selektion und vertriebliche Bearbeitung Ihrer Kunden das Instrument des Verkaufstrichters. **Eignung:** Besonders im Handel, aber auch bei Dienstleistungen (z. B. Frisöre, Fachgeschäfte, Fast-Food Services) und für viele Konsumgüter. Bei erklärungsbedürftigen Produkten und Dienstleistungen können Sie über Mailings kaum verkaufen. Aber sie können Interesse wecken und darin auf Termine für Vorführungen oder mögliche Verkaufsgespräche hinweisen.

**Der Verkaufstrichter als Marketing-Instrument**

| | |
|---|---|
| **Zielmarkt** (noch undefiniert) | Der Zielmarkt ist noch undefiniert. In ihm befinden sich alle möglichen potenziellen Kunden beispielsweise einer Branche. |
| **Qualifizierter Markt** (QM) | Der qualifizierte Markt entsteht durch Informationsbeschaffung und -bewertung aus dem Zielmarkt. Erstellen einer Sales-Pipeline. |
| **Information/Marketing** | Der QM wird mit gezielten Informationen bedient. Das kann über verschiedene Kanäle erfolgen, auch über Kundenbesuche. |
| **Interesse des QMs** | Sie erhalten positives Feedback zu Ihrem Angebot. |
| **Bedarf einzelner Kunden** | Einzelne Kunden des QMs formulieren konkreten Bedarf nach Ihren Produkten/Dienstleistungen, fordern Sie beispielsweise dazu auf, mehr Informationen zu liefern. |
| **Präsentation** | Sie präsentieren Ihre Produkte/Leistungen. |
| **Angebot** | Sie bieten Ihre Produkte/Leistungen an. |
| **Abschluss** | Sie schließen den Kunden ab. |

*Der Verkaufstrichter*

**Der Verkaufstrichter als Marketing-Instrument**
**Entscheidende Fragen:**

- Wie hoch sind Ihre Beeinflussungsmöglichkeiten auf den einzelnen Ebenen?
- Wie viele Trichterebenen sind für Sie sinnvoll?
- Wie bewerten Sie Ihre Vertriebsstückkosten mithilfe des Trichters?
- Wie „voll“ muss Ihr Vertriebstrichter auf den einzelnen Ebenen sein?
- Wie lange ist die Vorlaufzeit bis zum ersten Abschluss?
- Wie qualifizieren Sie die einzelen Kunden und bewegen sie durch den Verkaufstrichter?
- Wie sind die Ausstiegspunke definiert?
- Wie hoch ist die Konversationsrate von einer Trichterebene zur folgenden?
- Wie beeinflussen Sie die Allokationszeiten auf den jeweiligen Trichterebenen?

### 6. Verkaufsförderung/Verkaufsunterlagen

Dazu gehören Broschüren, Prospekte, Faltblätter. **Vorteil dieser Instrumente:** Produktinformation und Imagewerbung können für das ganze Unternehmen und sein gesamtes Angebot geleistet werden. Sie können darin viel darüber vermitteln, was Sie für Ihre Kunden sein möchten und wie Sie dafür arbeiten (Methoden), um dies zu erreichen. **Eignung:** alle Branchen.

### 7. Merchandising

Darunter versteht man eine speziell auf das Produkt abgestellte Warenpräsentationen (z. B. zum Produkt passende Regale oder Vitrinen, das passende Shop-Design etc.). **Vorteil dieses Instruments:** Es entsteht ein stimmiges Gesamtbild (Corporate Identity) und ein hoher Wiedererkennungswert. **Eignung:** Hersteller/Händler von Mode, Kosmetik.

### 8. Messen/Präsentationen/Tagungen/Kongresse

Angebotspräsentation, Verkaufsgespräche, Vorträge. **Vorteil dieser Instrumente:** Sie erreichen damit eine große Zahl interessierter potenzieller Kunden. Allerdings sind diese Maßnahmen sehr aufwändig in Vorbereitung und Durchführung, wenn sie auf hohem Niveau erfolgen sollen. **Eignung:** Diese Instrumente eignen sich vor allem für Hersteller von Industriegütern, aber auch für junge Technologieunternehmen, wenn Produkte vorgeführt werden sollen. Ansonsten bietet diese Maßnahme allen die Möglichkeit, sich als Experte zu einem bestimmten Thema ins Gespräch zu bringen. Bei den Messen sind auch noch die Hausmessen zu nennen. Diese können von vielen Gründern in produzierenden Bereichen oder im Dienstleistungssektor gut zur Kundengewinnung eingesetzt werden; wichtig dabei ist, dass eine gute Werbung vorausgegangen ist.

### 9. Aktionen/Rabatte/Sonderangebote

Preisnachlass, saisonale Angebote. **Vorteil dieser Instrumente:** Günstige Preise sind natürlich für Kaufentscheidungen mit maßgebend. **Eignung:** Vor allem im Handel können Sie zu solchen Mitteln greifen, um bestimmte Zwecke zu erzielen (Sortimentswechsel, -einführung etc.). Sie können aber beispielsweise auch in der Hotellerie und Gastronomie (saisonale Angebote) und bei vielen anderen Dienstleistungen eingesetzt werden.

### 10. Exklusivangebote

„Sie erhalten dieses Produkt X nur bei uns. Und das zum Einführungspreis von nur X Euro.“ **Vorteil dieses Instruments:** Sie erzielen damit einen entscheidenden Vorsprung gegenüber Ihren Wettbewerbern. **Eignung:** Ausschließlich im Handel.

### 11. Zusatzleistungen

Zum Beispiel eine Tankstelle bei einem Supermarkt, eine Kinderspielecke im Laden, Parkplätze. **Vorteil dieses Instruments:** Sie bieten einen deutlichen zusätzlichen Kundennutzen und verschaffen sich einen entscheidenden Vorsprung gegenüber der Konkurrenz. **Eignung:** Vornehmlich im Handel, aber auch in Gastronomie und Hotellerie; überall dort, wo sich die Grundnutzen schon sehr ähnlich geworden sind und zusätzlicher Nutzen über Services ein starkes Differenzierungspotenzial besitzt.

### 12. Garantien/Service

Reparatur-/Umtauschgarantie, Stellung von Ersatzgeräten bei Reparaturen, Abhol- und Bringservices. **Vorteil dieses Instruments:** Sie bieten zusätzlichen Kundennutzen und verschaffen sich damit wieder einen entscheidenden Vorsprung gegenüber den Mitbewerbern. **Eignung:** Hauptsächlich für den Handel.

### 13. Internet

Homepage, Internet-Shop, Mailings (E-Mail). **Vorteil dieses Instruments:** Sie erreichen einen sehr großen Durchsatz (also viele Empfänger) relevanter Zielgruppen. Ihre Unternehmensinformationen (z.B. ein Warenkatalog) sind im Internet schnell auf den neuesten Stand gebracht; auch große Informationsmengen können ansprechend und übersichtlich präsentiert werden. Für Ihre Kunden gibt es gezielte Suchmöglichkeiten. Komplexe und erklärungsbedürftige Produkte oder Dienstleistungen lassen sich multimedial, mit Text, Bild und Ton wirksam visualisieren. Es gibt keine Ladenschlusszeiten. Und dazu: Wie intensiv Ihre Kunden die Internet-Präsenz nutzen, lässt sich durch Zugriffsstatistiken exakt ermitteln. **Eignung:** Für nahezu alle Branchen. Gerade Unternehmen der beratenden Berufe sollten hier auf eine wirklich professionelle Erscheinung achten und die Möglichkeiten im Internet dazu auch nutzen.[11]

# 3. Wettbewerbsvorsprung und Wettbewerbsanalyse

## Warum Gespräche mit Kunden scheitern

Schauen wir uns jetzt an, wie Sie Ihren Wettbewerbsvorsprung erkennen, systematisch erarbeiten und wie Sie ihn Ihren Kunden vermitteln können.

Jeder Kundenkontakt, den Sie herstellen, kostet Geld. Manche sagen sogar, er sei teuer. Wenn er nicht zu dem gewünschten Ergebnis führt, kostet er auch noch Lehrgeld, und man bekommt keine zweite Chance, um den ersten wichtigen und möglichst guten Eindruck zu machen. Jeder Kontakt ist einmalig und birgt deshalb besondere Chancen und Risiken. Lassen Sie uns sehen, wie Sie die Kontakte systematisch zu Quellen von Geschäftschancen machen können, wie Sie eine hohe Qualität im Kundenkontakt und damit hohe Absatzchancen erzielen.

Das beliebteste Argument überhaupt, einen misslungenen Kundenkontakt zu erklären, ist oft der vermeintlich zu hohe Preis. Damit erklären viele, warum sie nicht zum Zuge gekommen seien. Das mag zum Teil stimmen. Viel häufiger – auch bei so genannten Verkaufsprofis – sind aber die mangelnde Vorbereitung auf die Kundengespräche und das Fehlen einer echten Verkaufsstrategie die Ursachen von Misserfolgen.

➤ **Wichtig:** Vorbereitung und eine klare, durchführbare Strategie sind die unabdingbaren Voraussetzungen, um erfolgreich im Verkauf zu sein.

Wir haben schon gesehen, dass es zur Vorbereitung gehört, sich eingehend Gedanken über die Abgrenzungsmöglichkeiten zum Wettbewerb zu machen. Die Argumentation muss für den Kunden klar und nachvollziehbar sein.

➤ **Tipp:** Schauen Sie sich die folgenden sieben Punkte einmal an. Sie nennen die Gründe, warum Verkaufsgespräche scheitern, und stammen aus einer vor kurzem durchgeführten Untersuchung.

**Für eilige Leser**
**Warum Verkaufsgespräche scheitern**

1. Der verkaufende Unternehmer kennt die Unterschiede der eigenen Produkte im Vergleich zu denen des Wettbewerbs nicht oder nicht genau.
2. Der verkaufende Unternehmer betrachtet sein Angebot nur aus der eigenen Perspektive und nicht aus der des Kunden.
3. Der verkaufende Unternehmer hat keine Strategie für seine Argumentation und erzählt genau das Gleiche wie seine Wettbewerber.
4. Der verkaufende Unternehmer glaubt zu leicht, dass alles sowieso nur eine Frage des Preises sei.
5. Der verkaufende Unternehmer wendet für alle Kunden die gleichen Argumente an, unabhängig von den unterschiedlichen Zielgruppen.
6. Der verkaufende Unternehmer verliert sich in der Diskussion über operative Details, und der Kunde erkennt gar nicht die strategischen Vorteile einer Lösung/Zusammenarbeit.
7. Der verkaufende Unternehmer überlässt dem Kunden die Gesprächsführung und nimmt sich so selbst die Chance, die Stärken der eigenen Leistung im Vergleich zum Wettbewerb darzustellen.

Um diese sieben Defizite zu vermeiden und ein schlüssiges, kundenorientiertes Verkaufsgespräch zu führen, müssen Sie sich gut vorbereiten. Am Anfang intensiver, und zwar solange, bis manche vorbereitenden Tätigkeiten zu einer lebendigen Routine geworden sind. Dies betrifft vor allem die rhetorisch-argumentativen Themen. Denn hier wird entschieden, ob Sie als Profi wahrgenommen werden oder nicht. In den allermeisten Branchen sind sich nämlich die Produkte mittlerweile recht ähnlich geworden, sodass es immer mehr auf die gekonnte und glaubwürdige Darstellung der eigenen Leistungsfähigkeit ankommt.

Im vorigen Kapitel haben wir bestimmte Leitthemen, Tools und Checks zur Produkt- und Leistungsdefinition sowie zur Markterschließung kennen gelernt. Jetzt wollen wir sehen, wie aus dieser Arbeit und diesen Kenntnissen ein echter Wettbewerbsvorsprung hergestellt werden kann.

## Verschiedene Perspektiven auf die Verkaufssituation

Viele Gründer gehen davon aus, dass sie nur die Bedürfnisse des Kunden erfragen und dann ihr Angebot präsentieren müssten. Sie sehen meist nur den Kunden und sich selbst.

Die Realität des Verkaufsprozesses sieht aber anders aus. Der Verkauf spielt sich nämlich stets im Kreise der Wettbewerber ab, die unsichtbar mit am Tisch des Kunden sitzen.

Sowohl Sie als auch Ihr Kunde befinden sich in einer komplexen Marktsituation. Für den Kunden sind andere Anbieter da, entweder um den Preis zu drücken oder um die Qualität eines Angebots zu überprüfen. Für Sie sind aber auch andere Kunden da, um als Referenz zu dienen oder als Möglichkeit, das eigene Know-how zu steigern. Auch Ihre früheren Arbeitgeber sind sozusagen anwesend, denn dort haben Sie Ihr Wissen erworben. Halten Sie sich also diese komplette Marktsituation immer vor Augen, wenn Sie sich im Verkaufsgespräch mit dem Kunden befinden.

Sie werden die Wettbewerber nicht aus der Welt schaffen können; ein konkurrenzielles Umfeld wird es immer geben. Wenn Sie aber Erfolg beim Kunden haben wollen, dann müssen Sie ihn überzeugen, dass Sie seine Bedürfnisse besser erfüllen können als Ihre Wettbewerber. Wie das geht, sehen wir gleich.

## Vergleichen Sie einmal selbst

„Unser Produkt ist führend in der Qualität“, „Wir bieten einen exzellenten Service“, „Ich habe jahrzehntelange Erfahrung“. Kommen Ihnen diese Argumente bekannt vor? Präsentationen vieler Verkäufergenerationen erschöpfen sich oft in solchen Allgemeinplätzen. Sie führen zu keiner Differenzierung. Denn das sagt doch jeder von sich.

Wenn Verkaufsgespräche mit dieser Argumentation zu keinem Erfolg kommen (Ihre Wettbewerber führen ja meist dieselben Argumente ins Feld), dann ist der Preis an der Reihe: „Der Verkauf geht heute nur noch über den Preis“, klagen dann manche Jungunternehmer. „Recht so“, möchte man sagen. Weshalb sollte der Kunde die Anbieter nicht über den Preis vergleichen und ausspielen, wenn er bei gleich lautenden Verkaufspräsentationen kaum einen Unterschied entdecken kann? Gute Preise können Sie also nur dann erzielen, wenn Sie auch etwas Besonderes zu bieten haben, und zwar

- bezogen auf die bisherige Situation des Kunden und
- gegenüber Ihren Wettbewerbern.

Sie müssen den Kunden von den Vorteilen Ihres Angebots überzeugen und über glaubwürdige Argumente verfügen, die Ihr Produkt gegenüber den Produkten der Wettbewerber für den Kunden attraktiver machen.

## Die Wettbewerbsvorteile Ihres Angebots

Um Ihre Leistungen besonders verkaufswirksam präsentieren zu können, müssen Sie die Vor- und Nachteile gegenüber denen der Wettbewerbsprodukte kennen und vor allem in der Lage sein, den daraus resultierenden **Nutzen** Ihres Angebots für den Kunden überzeugend aufzuzeigen.

### Abgrenzung gegen den Wettbewerb

Warum ist es überhaupt so wichtig, Ihre Produkte und Leistungen so genau zu definieren? Sie sollten zum einen schon sehr genau wissen, was Sie Ihren Kunden anbieten wollen (Kernprodukte, Zusatzprodukte, Serviceleistungen). Zum anderen erfolgt Ihr Verkauf eben nie losgelöst vom Wettbewerb. Und gerade in der Anfangsphase Ihres Unternehmens sollten Sie alle Gelegenheiten nutzen, etwas über Ihren Wettbewerb zu erfahren. Dazu können Fachmessen dienen, Unterlagen, die Ihnen Ihre (potenziellen) Kunden vielleicht geben, Gründerforen etc. Nur wenn Sie möglichst viel über Ihre Wettbewerber wissen, können Sie Ihr Unternehmen erfolgreich aufstellen.

Ansonsten wird es Ihnen schwer fallen, eine Strategie und saubere Positionierung in Abgrenzung zu Ihren Wettbewerbern zu finden. Und damit wird es Ihren Kunden auch erschwert, Sie überhaupt, geschweige denn in Ihrer Differenzierung zu anderen wahrzunehmen.

Die Abgrenzung gegen den Wettbewerb erfolgt immer auf der Basis einer differenzierenden Grundüberlegung.

- **Tipp:** Schauen Sie sich die folgenden vier Punkte einmal an. Sie geben Ihnen eine gute Struktur, wie Sie sich gegenüber Ihren Wettbewerbern differenzieren können. Wenn möglich, erarbeiten Sie diese vier Punkte für sich und Ihre drei stärksten Konkurrenten in einer Tabelle. Einzutragen sind nicht nur **Produktmerkmale** und **Servicemerkmale**, sondern auch **Kommunikationsmerkmale** und **Strategiemerkmale**, die Sie von Ihren Wettbewerbern unterscheiden – alles, was Ihre Position am

Markt ausmacht. Dazu ist natürlich wichtig, bestimmte Informationen über die Wettbewerber zu haben. Wenn Sie merken, dass Sie diese Tabelle nach dem angegebenen Muster nicht ausfüllen können, weil Ihnen Informationen fehlen, beschaffen Sie sich diese Kenntnisse möglichst schnell. Manche Dinge werden Sie nicht genau in Erfahrung bringen können. Gehen Sie dann von möglichst realistischen Annahmen aus.

**Für eilige Leser**
**Wettbewerbsdifferenzierung**

| | Mein Unternehmen | Wett- bewerber 1 | Wett- bewerber 2 | Wett- bewerber 3 |
|---|---|---|---|---|
| **Einzigartigkeit** Was bietet mein Unternehmen, das der Wettbewerb nicht hat? | | | | |
| **Vorteil** Was bietet mein Unternehmen, das der Wettbewerb auch hat, aber nicht in gleicher Qualität? | | | | |
| **Gleichheit** Was bietet mein Unternehmen, das der Wettbewerb in gleicher Art hat? | | | | |
| **Nachteile** Was bietet der Wettbewerb, das mein Unternehmen nicht oder „nur" in minderer Art hat? | | | | |

Bei der heutigen Geschwindigkeit technologischer und konzeptioneller Entwicklungen haben Produkt- bzw. Lösungsvorteile oft keinen sehr langen Bestand. Deshalb ist die Kenntnis der aktuellen Entwicklungen äußerst wichtig und führt in bestimmten Zeitabständen zwangsläufig zu den notwendigen Erneuerungsprozessen Ihres Unternehmens.

**Wichtig:** Sie müssen stets die neusten Entwicklungen kennen, Ihre Argumente überprüfen und gegebenenfalls erneuern.

Das kostet, je nach Branche, mehr oder weniger Mühe, ist aber unerlässlich, vor allem bei ganz hochwertigen Produkten und Dienstleistungen. Dadurch können Sie Ihre Kunden immer wieder aktuell von den Vorteilen Ihres Angebots gegenüber dem Wettbewerb überzeugen.

**Tipp:** Nachfolgend einige Anregungen, woher Sie Informationen über Ihren Wettbewerb erhalten. Unmittelbare Quellen für die Analyse Ihrer Wettbewerbseigenschaften sind:

**Für eilige Leser**
**Quellen zur Informationsbeschaffung über den Wettbewerb**

1. Geschäftsinterne Informationen Ihrer Wettbewerber, wie Berichte aus den Bereichen Vertrieb und Marketing, Einkauf, Operations und sonstigen Abteilungen.
2. Mitarbeiter mit Kundenkontakt, wie Regionalverkäufer, Servicemitarbeiter und EDV-Spezialisten.
3. Gespräche mit ehemaligen Mitarbeitern der Wettbewerber.
4. Gespräche mit Kunden, besonders solchen, zu denen man eine gute Beziehung hat.
5. Gespräche mit gemeinsamen Lieferanten.
6. Persönliche Kontakte auf Messen, Kongressen und sonstigen Tagungen.
7. Gespräche mit Gründern anderer Unternehmen, beispielsweise anlässlich von Verbandstagungen.
8. Testkäufe von Produkten und Erprobungen von Dienstleistungen der Wettbewerber.

Daneben gibt es noch andere Quellen, mit deren Hilfe Sie sich einen guten Überblick darüber verschaffen können, in welchem wettbewerblichen Umfeld Sie sich bewegen.

➤ **Tipp:** Weitergehende Informationen über Ihre Wettbewerbssituation können Sie den folgenden Quellen entnehmen:

**Für eilige Leser**
**Wettbewerbssituation: Vertiefende Recherche**

1. **Nachschlagewerke:** Hierzu zählen Handbücher, wie zum Beispiel „Handbuch der Großunternehmen" (Verlag Hoppenstedt, gibt es mit CD) etc. Sie sind im Allgemeinen von Wirtschafts- und Adressverlagen, auch auf CD-ROM oder über das Internet zu beziehen.
2. **Fachzeitschriften:** Hier sind diejenigen Publikationen gemeint, die Ihre Kunden lesen.
3. **Tageszeitungen:** Besonders die Tagespresse am Sitz der wichtigsten Wettbewerbsunternehmen ist hier zu nennen. Neben Stellenanzeigen finden Sie hier von Zeit zu Zeit vielleicht aktuelle Beiträge über diese Unternehmen. Auch die überregionalen Tageszeitungen bieten einen umfangreichen Informationsfundus.
4. **Wirtschaftszeitungen:** Berichte über Entwicklungen bestimmter Branchen, Unternehmen oder Technologien geben oft wertvolle Hinweise.
5. **Spezielle Informationsdienste:** Für die einzelnen Branchen gibt es oft spezielle „Newsletter", in denen auch über Wettbewerbsunternehmen und deren Produkte berichtet wird.
6. **Firmenpublikationen von Kundenunternehmen und Wettbewerbern:** Geschäftsberichte, Firmenzeitschriften, Broschüren und Prospekte sind oft leicht zu beschaffen und stellen eine ausgezeichnete Informationsquelle dar. Auch Internetseiten geben viele nützliche Informationen.
7. **Studien von Marktforschungsunternehmen:** Manche Marktforschungsunternehmen bieten fertige Branchenstudien an. Sie sind zwar nicht billig, bieten aber oft nützliche Übersichten, Vergleiche und Kundenkommentare. Natürlich können Sie auch exklusiv für Ihr Unternehmen Wettbewerbsstudien anfertigen lassen. Diese sind aber recht teuer und verlieren, wie alle Studien, bald an Aktualität.
8. **Weitere Informationsquellen:** Branchenverbände, Industrie- und Handelskammern, Außenhandelskammern (im In- und Ausland), wirtschaftswissenschaftliche Institute, Messekataloge und Börsenpublikationen.

## Verkaufen Sie Kundennutzen

Sie haben vielleicht schon einmal gehört, dass kein Kunde irgendein Produkt kauft, sondern im Wesentlichen den Nutzen, den er damit erzielt. Das ist richtig und eine der unumstößlichen Wahrheiten des Geschäftslebens, jenseits aller Moden. Was aber ist der Nutzen für den jeweiligen Kunden? Und wie kann man ihn wirksam darstellen? Wenn Sie diese Frage wirklich klar beantworten können, können Sie auch verkaufen.

➤ **Tipp:** Sehen Sie Ihre Produkte und Dienstleistungen immer aus der Sicht des Kunden.

Wenn wir von einem Produkt oder einer Dienstleistung sprechen, dann empfiehlt es sich, diese in dreifacher Hinsicht zu betrachten:

1. **Das generische Produkt:** Dies ist ein Produkt, das gerade die notwendigen Funktionen besitzt, um eine geforderte Aufgabe zu erfüllen. Es bietet das gleiche, was die meisten Konkurrenzprodukte auch bieten, und entspricht (nur) dem allgemeinen technischen Standard (das gilt auch für geistige Dienstleistungen wie Beratung, Weiterbildung etc.).

2. **Das spezielle Produkt:** Neben den üblichen Funktionen eines Produkts, das man auch bei zehn anderen Anbietern erhalten kann, gehören dazu spezielle Produktvorteile, die von Ihnen in besserer Qualität als vom Wettbewerb zu erhalten sind; bestimmte Funktionen/Leistungen Ihres Produkts bieten einen höheren Standard als den der Masse.

3. **Das integrierte Produkt:** Bei diesem Produkt gibt es nicht nur die Basiseigenschaften (aus 1.) und die speziellen (aus 2.), sondern es enthält auch noch begleitende Aspekte eines hochwertigen Services, der Lieferung und der Beratung. Dieses Produkt repräsentiert vieles von Ihren Leistungen und Erfahrungen; es ist sozusagen ein Prestigeprodukt aus Ihrer Sicht. Aus der Sicht des Kunden verschafft es ihm den größten Nutzen und bietet ihm die größte Sicherheit; es stellt oft eine integrierte Lösung für seinen Bedarf dar. Dabei ist es gleichgültig, ob es sich beispielsweise um eine hochwertige Maschine oder einen hochwertigen Haarschnitt handelt.

Wie kann man nun eine gute Marktwahrnehmung erreichen? Am Anfang steht dabei die **Wettbewerbsanalyse,** die Ihnen Aufschluss darüber gibt, wie Sie Ihr Angebot im Markt platzieren müssen. Dann kommt Ihre **Produkt- und Leistungsdefinition**; dann erst die **Vermarktung** selbst.

Nachdem Sie Ihr eigenes Angebot und das Ihrer Wettbewerber in Bezug auf Produkt-/Leistungsmerkmale sowie die Kommunikations- und Vermarktungsstrategien untersucht haben, wissen Sie schon viel. Aber wie machen Sie dieses Wissen nun für Ihre Akquisition nutzbar? Orientieren wir uns kurz, wo wir gerade sind.

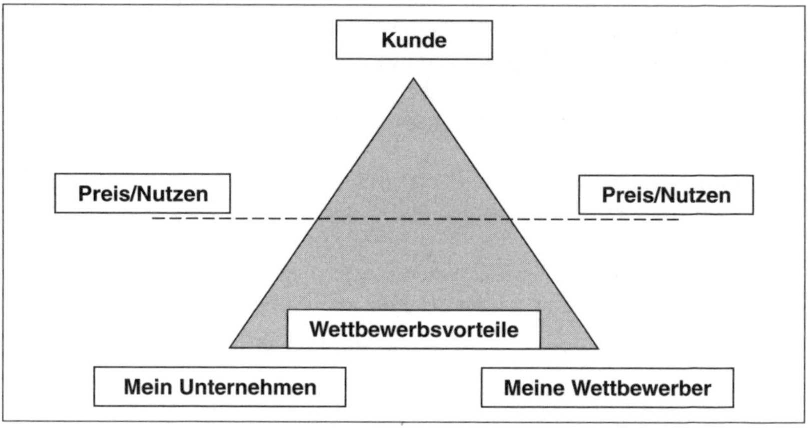


*Das strategische Dreieck*

Wir befinden uns an der Basis dieses strategischen Dreiecks. Hier erarbeiten wir Wettbewerbsvorteile, die wir dann in unserer Argumentation über Preise und Nutzen zu den Kunden tragen.

**Tipp:** So gehen Sie am besten bei der Wettbewerbsanalyse vor:

**Für eilige Leser**
**Hinweise für Ihre Wettbewerbsanalyse**

1. Orientieren Sie sich, ob es schon Anbieter mit der gleichen oder einer ähnlichen Spezialisierung wie der Ihren gibt.
2. Wenn das so ist, untersuchen Sie, was die besten/erfolgreichsten dieser Wettbewerber in Bezug auf ihre Produktpolitik machen. Haben Sie ein großes Sortiment oder ein eher kleines? Welche Arten von Produkten sind im Sortiment?
3. Fragen Sie sich: Wie bewerben die Wettbewerber ihre Spezialisierung?
4. Erarbeiten Sie alle Merkmale Ihrer eigenen Spezialisierung.
5. Definieren Sie alle Ihre Produkte so genau wie möglich.

6. Überlegen Sie, worin jeweils der Nutzen für Ihren Kunden liegt.
7. Definieren Sie dann genau Ihre Serviceleistungen und überlegen Sie sich auch hier den Nutzwert für Ihre Kunden.
8. Überlegen Sie dann: Welche sind die geeigneten Werbemittel, um auf Ihr Angebot aufmerksam zu machen?

Hier noch eine Hilfe, damit Sie mit Ihrem Unternehmen einen Wettbewerbsvorsprung erzielen können. Es handelt sich um zwei Fragen, die Sie beantworten sollten:

1. Worin genau besteht der Wettbewerbsvorsprung meiner Produkte/ Dienstleistungen, damit daraus nützliche Lösungen für meine Kunden entstehen?
2. Welche sind die Kunden, die diesen Wettbewerbsvorsprung am meisten brauchen?

Diese beiden Fragen zeigen Ihnen den genauen Weg zu Ihren Kunden. Die Beantwortung der ersten wird dazu führen, dass die erarbeiteten Wettbewerbsvorteile zu einem marktfähigen Angebot Ihres Unternehmens führen. Die Beantwortung der zweiten Frage wird Sie den Blick darauf lenken lassen, welche Kunden idealerweise zu Ihnen passen.

Denken Sie daran: So, wie Sie ein ganz präzises Angebotsprofil haben (sollten!), haben auch alle Nachfrager, also Ihre Kunden, ein Nachfrageprofil. Diese beiden Profile passen gut oder eben nicht gut zueinander. Wie gut sie passen, wird dann über den Verkaufserfolg entscheiden. Solche Profile bestehen im Wesentlichen aus drei Kriterien.

**Tipp:** Hier sehen Sie die drei bestimmenden Kriterien für Ihr Angebots- und das Nachfrageprofil Ihrer Kunden. Nutzwert, Preis und Service. Alle drei bestimmen in jeweils unterschiedlicher Weise das Kaufverhalten Ihrer Kunden. Finden Sie bei Ihrer Marktanalyse und dann bei Ihren Kundengesprächen heraus, welche der Kriterien mit welchen Eigenschaften ganz oben in der Wertehierarchie Ihres Kunden stehen. Dann erst können Sie für Ihre Lösung argumentieren, dann erst können Sie anbieten.

**Für eilige Leser**
**Angebots- und Nachfrageprofil**

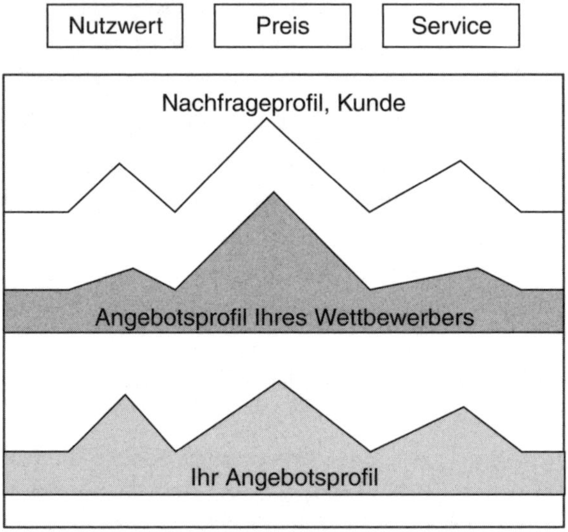


Was meinen Sie, wer wird das Rennen um diesen Kunden machen?[12]

Suchen Sie kontinuierlich nach Antworten zu den oben genannten Fragen. Wenn Sie nun beide Fragen, die nach der Wettbewerbsdifferenzierung und die nach dem Nutzen Ihres Angebots für den Kunden, soweit beantwortet haben, können Sie die nächste Frage stellen. Sie ist in manchen Fällen noch schwieriger zu beantworten als die beiden vorangegangenen, fasst sie aber in gewisser Weise zusammen. Es ist die Kernfrage für eine erfolgreiche Marketingstrategie eines jeden Unternehmens überhaupt:

**Die Kernfrage für Ihre Marketing-/Verkaufsstrategie lautet:**

Warum sollte ein Kunde ausgerechnet meine Produkte/meine Dienstleistungen kaufen?

Der möglichst genauen Beantwortung dieser Frage können Sie nicht genug Zeit widmen; und nicht nur am Anfang Ihrer unternehmerischen Laufbahn, sondern immer wieder, gerade dann, wenn die Zeiten schwieriger werden. Vielleicht lassen sich nicht immer eindeutige Antworten darauf finden; das macht aber nichts. Befassen Sie sich dennoch damit. Warum? Weil Sie sicher sein können, dass Ihre Kunden es in jedem Fall tun werden, bevor sie sich für irgendeinen Anbieter entscheiden.

Nur wenn Sie sich dieser Frage mit Einsatz widmen, werden Sie die echte Überzeugung gewinnen können, hervorragende Produkte und Dienstleistungen anzubieten. Ihre Selbstmotivation wird aus dieser Frage Kraft gewinnen können.

**Tipp:** Vermeiden Sie dabei Gemeinplätze. Allgemeinplätze erkennen Sie daran, dass auch die Wettbewerber dieses Argument mit gleichem Recht für sich beanspruchen können. Wenn alle das Gleiche sagen, für welchen Anbieter würden Sie sich dann entscheiden? Richtig, für den billigsten. Geben Sie dem Kunden eine Chance zu verstehen, warum Sie mehr verlangen müssen als Ihre Wettbewerber. Das kann er nur, wenn Sie ihm mehr bieten und es ihm auch erklären. Das nennt man: eine unübliche Marktposition[13] entwickeln/erreichen.

Bedenken Sie: Verkaufsgespräche, die keine saubere Abgrenzung zum Wettbewerb bringen, werden vom Kunden sehr schnell zum Preis geführt – offenbar gibt es ja sonst keinen Unterschied. Dass viele Unternehmer heute darüber klagen, Geschäft lasse sich nur noch über den Preis machen, ist ganz häufig in dem geschilderten Problem der Abgrenzung begründet. Preise mit guten Deckungsbeiträgen können nur erzielt werden, wenn man etwas Besonderes zu bieten hat, eine unique marketing proposition (UMP) entwickelt hat. Das Besondere Ihres Angebots muss dabei in zweierlei Hinsicht gegeben sein: Es muss sich einerseits auf die gegenwärtige Situation des Kunden beziehen und ihm vermitteln, dass er mit Ihrem Angebot seine jetzige Situation verbessern wird. Andererseits muss das Besondere eine dezidierte Abgrenzung zu Ihren Wettbewerbern beinhalten, um von Ihrem Kunden in der gewünschten Weise wahrgenommen zu werden.

Die Vorteile Ihres Unternehmens müssen überzeugend sein. In diesem Sinne ist es zweckmäßig, sich ein komplexes Gesprächs- und Verhandlungsszenario aufzubauen, aus dem heraus Sie argumentieren können.[14] Ihr Angebotsmix, bestehend aus Produkten und Services, muss für den Kunden attraktiver als das des Wettbewerbers sein, sonst kauft er nicht. Um als attraktiver wahrgenommen zu werden, müssen aber vor allem die wesentlichen Unterschiede und der höhere Nutzen durch Sie klar sein.

**Tipp:** Schauen Sie sich die folgenden Punkte einmal an. Sie geben Ihnen interessante Hinweise darauf, warum es so wichtig ist, dass Sie sich gut gegen Ihre Wettbewerber abheben.

**Für eilige Leser**
**Gute Gründe für eine gute Abgrenzung zum Wettbewerb**

■ Kunden kaufen heute viel bewusster als früher. ■ Kunden wollen einen immer besseren, genau auf sie zugeschnittenen Service. ■ Kunden sind heute bei der Auftragsvergabe umsichtiger. ■ Kunden sind besser vorinformiert. ■ Kunden schätzen ihr Budget genauer ein. ■ Kunden entscheiden rationaler. ■ Kunden bilden sich ein besseres Urteil, indem sie mehr und intensiver vergleichen. ■ Kunden haben heute weniger Zeit beim Kauf. ■ Kunden sind immer speziell motiviert. Finden Sie heraus, was Ihre Kunden motiviert. Richten Sie Ihr Angebot darauf aus.

## Merkmale, Vorteile und Nutzen

Wir haben nun schon mehrfach gehört, dass es darauf ankommt, seinen Kunden vor allem den Nutzen eines Produkts oder einer Dienstleistung zu erklären. Denn darüber können Sie am erfolgreichsten verkaufen. Aber wie kann man eine wirksame Nutzenargumentation aufbauen? Hier ein kleines, aber ausgesprochen wirksames Instrument.

### Das Erfolgssystem: Merkmal – Vorteil – Nutzen

**Tipp:** Erstellen Sie jetzt eine Liste mit 20 guten Gründen, warum ein potenzieller Kunde ausgerechnet mit Ihnen Geschäfte machen sollte. Legen Sie dieses Blatt dann kurz zur Seite.

Damit Sie ein Produkt verkaufen können, müssen Sie es vor allem rhetorisch darstellen können. Wie Sie Ihr Produkt darstellen, ist entscheidend für einen erfolgreichen Abschluss. Ihr Kunde kann an Ihrem Produkt nur das wahrnehmen, was Sie vermitteln konnten.

Sie können jedes Produkt und jede Leistung für Ihren Kunden nach einer sehr wirksamen sprachlichen Dreiteilung darstellen. Diese hilft Ihnen dabei, zwischen **Merkmalen, Vorteilen** und **Nutzen** zu unterscheiden. Und sie macht es dem Kunden leichter, den ganzen Nutzen für sich auch zu erkennen.

Dies wird Sie in die Lage versetzen, das wahre Interesse Ihrer Kunden anzusprechen; das wahre Interesse Ihrer Kunden ist immer auf Nutzen oder Zusatznutzen eingestellt. Mit dieser Vorgehensweise (3-Schritt-System) gelangen Sie sicher zum Nutzen und bleiben nicht unterwegs stecken, was vielen – auch sehr erfahrenen Verkäufern – häufig passiert. Sie demonstrieren damit nicht nur rhetorische Professionalität, sondern vor allem Ihre Fähigkeit, die so genannte „Bedürfnislücke" Ihres Kunden mit Ihrem Produktnutzen zu schließen.

Lassen Sie uns Merkmal, Vorteil und Nutzen am Beispiel einer aufladbaren Batterie betrachten:

| Merkmal | Vorteil | Nutzen |
|---|---|---|
| Wiederaufladbare Batterie | Mehrfache Speicherung von elektrischen Ladungen | 1. Geldersparnis<br>2. Schonung der Umwelt |

Ihr Kunde ist vor allem am Nutzen seiner Investition interessiert, das heißt beispielsweise an den Kosteneinsparungen gegenüber den herkömmlichen Batterien und an einem guten Gefühl, etwas für die Schonung der Umwelt zu tun (Zusatznutzen).

Denken Sie an ein Unternehmen im Investitionsgüterbereich. Hier müssen Sie natürlich mit harten Fakten und Daten aufwarten. Andererseits machen auch die kompliziertesten Produkte und Systeme nur dann einen Sinn für den Kunden, wenn die einzelnen Merkmale wie Steuerung, Kontrollmechanismen und Kraftübertragungen mit einem klaren Vorteil und schließlich konkretem Nutzen für ihn verbunden sind. Die Darstellung der Merkmale und Vorteile dient dazu, den Nutzen, den der Kunde erwartet, plausibel zu erläutern.

Arbeiten Sie an Ihrer Nutzenargumentation und einer überzeugenden Rhetorik. Ein wichtiger Schritt dabei ist die Nutzenargumentation. Gehen Sie dabei folgendermaßen vor:

1. Nennen Sie das **Merkmal.** Sie erkennen es daran, dass es die Frage beantwortet: **Was ist es?**

2. Beschreiben Sie den **Vorteil.** Sie erkennen ihn daran, dass er die Frage beantwortet: **Was kann es?**

3. Fragen Sie sich nach dem **Nutzen** für den Kunden. Sie erkennen ihn einfach daran, dass er die Frage beantwortet: **Welchen Nutzen bringt es meinem Kunden?**

> **Beispiel:** *„Dieses Telefon besitzt 20 Festspeicherplätze (**Merkmal**). Das bedeutet für Sie, dass Sie Ihre häufig gewählten Nummern hinterlegen und nicht immer neu wählen müssen (**Vorteil**). Sie sparen dadurch Zeit. Denn Sie müssen nicht immer in Ihrem Telefonverzeichnis nachsehen und dann die Nummern eintippen (**Nutzen**). Wäre das für Sie interessant?“ (**Nutzen-Frage**)*
>
> Gebrauchen Sie ruhig die Formulierungen „... das bedeutet“ und „... wäre das für Sie interessant?“. In der oben genannten. Variante formulieren Sie den vermuteten Nutzen erst selbst und prüfen dann die Wertigkeit dieses Nutzens. Ein anderer Nutzen wäre: *„Dadurch erreichen Sie mehr Sicherheit, denn Sie vertippen sich bestimmt nicht so leicht.“*

Denken Sie bei Ihrer Nutzenargumentation noch an Folgendes. Die Grundnutzen Ihrer Kunden haben immer mit drei ganz wesentlichen Kriterien zu tun: **Geld, Qualität** und **Zeit.**

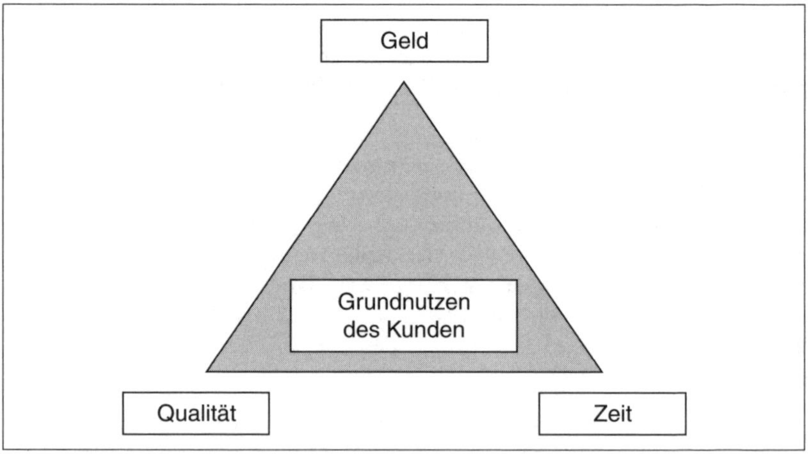


*Das Nutzendreieck*

Ihre Argumentation muss also letztlich immer auf einen solchen Nutzen hinauslaufen. Je nachdem, welches Wertesystem Ihr Kunde hat, richten Sie Ihre Argumentation aus. Ein technisch orientierter Entscheider schaut vielleicht mehr auf Qualität, ein wirtschaftlich orientierter Entscheider betrachtet mehr die finanziellen Auswirkungen seiner Investition. In der Praxis haben die Entscheider oft ein Mischinteresse. Für Sie ist es also wichtig herauszufinden, welches Interesse ganz oben steht, und hier wirksam zu argumentieren.

Sie argumentieren dann wirksam, wenn Sie nicht einen Nutzen Ihres Angebots nach dem anderen „herunterrasseln“, sondern wenn Sie immer nur einen Argumentationsstrang nach dem anderen formen: Merkmal – Vorteil – Nutzen. Warum? Damit Sie sich selbst und vor allem Ihren Kunden nicht überfordern. Wer weiß noch genau, was ihm einer vor fünf Minuten gesagt hat? Gerade Ihre Nutzenargumentation darf aber nicht ungehört versickern.

Gehen Sie also am besten vor wie im obigen Beispiel. Bilden Sie Ihre Argumentationsketten und prüfen Sie deren Wirksamkeit durch Feedback-Fragen:

> **Beispiel:** *„Dies bedeutet für Sie, dass Sie Zeit sparen, denn Sie müssen nicht immer in Ihrem Telefonverzeichnis nachsehen und dann die Nummern eintippen. Wäre das für Sie interessant?“* (Der Nutzen hier ist Zeitersparnis.) *Oder: „Dadurch erreichen Sie mehr Sicherheit, denn Sie vertippen sich bestimmt nicht so leicht.“* (Der Nutzen hier ist eine gesteigerte Qualität durch mehr Sicherheit.)

Bauen Sie jetzt die „guten Gründe“, die Sie vorher gesammelt haben, in eine solche Tabelle ein. Zur Erleichterung haben wir für Sie noch ein paar Beispiele für gute Formulierungen eingefügt.

| Merkmal | Vorteil | Nutzen |
| --- | --- | --- |
| **Beispiel 1:** „Sie erhalten ein Produkt mit wirklich durchdachtem Design. Es hat keine Ecken und Kanten." | „Dadurch ist es für Sie sehr einfach zu reinigen." | „Das reduziert die Verletzungsgefahr beim Reinigen deutlich." (Sicherheitsnutzen) |
| **Beispiel 2:** „Der Papierspender hat ein Sichtfenster." | „Dadurch ist für Sie schnell und ohne Öffnung des Spenders zu sehen, wie viel Papier noch drinnen ist." | „Das entlastet Ihr Reinigungspersonal deutlich, und es kann seine Zeit damit effizienter nutzen." (Qualitätsnutzen bzw. finanzieller Nutzen, da höhere Produktivität pro Kopf.) |

➤ **Tipp:** Schauen Sie sich die folgenden Formulierungen einmal an. Sie helfen Ihnen, vom Vorteil zum Nutzen überzugehen.

**Für eilige Leser**
**Vom Vorteil zum Nutzen: Nutzenbrücken**

■ „Das erhöht Ihre ..." ■ „Das ergänzt Ihre ..." ■ „Das sichert Ihnen ..." ■ „Das fördert Ihre ..." ■ „Das verbessert Ihre ..." ■ „Das erspart Ihnen ..." ■ „Das garantiert Ihnen..." ■ „Das senkt Ihre Kosten ... / Ihren Verbrauch ..." ■ „Das verringert Ihren Wert um ... Prozent ..."

# 4. Beispiel: Das gelungene Vertriebskonzept eines Orthopädiemeisters

Sie sehen im Folgenden den ersten Teil eines kommentierten Vertriebskonzepts. Als Beispiel haben wir einen Orthopädiemeister genommen, der sich mit der Herstellung hochwertiger Fußbettungen (Einlagen) selbstständig gemacht hat. Diese Fußbettungen sind ein teures Spitzenprodukt. Der Preis pro Paar beträgt ca. 200 Euro.

Dieser erste Teil des Vertriebskonzepts bezieht sich auf das 1. und 2. Quartal des laufenden Jahres. Im ersten hat der Orthopädiemeister gegründet, im zweiten kommt die erste Marktbearbeitungsaktion. Wenn Sie Ihr Vertriebskonzept erstellen, sollten Sie ebenfalls quartalsweise planen.

Das Besondere an diesem Vertriebskonzept ist, dass Sie das 1. Quartal ebenfalls darin sehen können, in dem noch keine eigentlichen Marketingaktionen laufen, aber auf grundlegende Fragen zu Produkt und Markt eingegangen wird. Danach sehen Sie die Vertriebsplanung für die erste Aktion zur Marktbearbeitung im 2. Quartal.

Alle folgenden Marketingaktionen im ersten Jahr der Selbstständigkeit unseres Orthopädiemeisters wurden auf dieselbe Weise geplant und durchgeführt. Die Vertriebsplanung für die ersten beiden Quartale seiner Selbstständigkeit soll Ihnen eine Struktur und Ideen für Ihren eigenen Vertriebsplan geben.

Einige Teile der Vertriebsplanung sollten Sie als Textdateien erstellen, andere am besten in Tabellenkalkulationen.

## 1. Phase des Vertriebskonzepts

### Klärung meines Produkt- und Serviceangebots

- Welche Produkte stelle ich genau her?

  ***Kommentar:*** *Nutzen Sie hierzu die Informationen aus Teil I,2 des Buches.*

- Welche Besonderheiten bietet mein Herstellungsverfahren?

  ***Kommentar:*** *In diesem Fall handelt es sich um eine computergestützte, sehr präzise Ermittlung vorhandener Problematiken im Fußbereich. Dieses Verfahren beruht auf einem aufwändigen und sehr exakten Scanning des Fußes* *und einer entsprechenden Auswertung der Ergebnisse. Dadurch entstehen maßgeschneiderte und sehr leistungsfähige Fußbettungen.*

## 2. Phase des Vertriebskonzepts

### Klärung meiner Käufergruppen

➤ Welche Anwendungsbereiche bietet mein Produkt?

***Kommentar:** Hier war zu überlegen, welcher Art von Belastungen ein Fuß ausgesetzt sein kann und welche Schuhart üblicherweise bei solchen Belastungen getragen wird. Zum Beispiel:*

- *Normale Belastung: einfaches Gehen, kurzzeitig, in der Stadt, in der Natur. Schuhart: Halbschuh, Pumps, Stiefel, Freizeitschuh etc.*
- *Stärkere Belastung: einfaches Gehen, kurzzeitig, in der Stadt, in der Natur, dazu längeres Stehen. Schuhart: Halbschuh, Pumps, Stiefel, Freizeitschuh etc.*
- *Stärkere Belastung: einfaches Gehen, lange, in der Stadt, in der Natur. Schuhart: Halbschuh, Pumps, Stiefel, Freizeitschuh, Wanderschuh etc.*
- *etc. etc. bis hin zu*
- *Extreme Belastung beim Sport: Tanzen, Laufen, Skifahren etc. Schuhart: jeweils Spezialschuh.*

➤ Für wen ist mein Angebot überhaupt interessant?

***Kommentar:** Hier werden die Käufergruppen geklärt, die für solch ein hochwertiges Produkt in Frage kommen. Zum Beispiel:*

- *Alle Menschen, die Fußprobleme haben*
- *Alle Menschen, die Probleme mit der Statik, ausgehend von den Füßen, haben*
- *Ältere Menschen*
- *Leistungssportler*
- *Hobbysportler*
- *etc.*

➤ Multiplikatoren/Vertriebskanäle

***Kommentar:*** *Hier werden die Multiplikatoren/Vertriebskanäle geklärt, die für solch ein hochwertiges Produkt in Frage kommen. Zum Beispiel:*

- *Ärzte (Orthopäden, Allgemeinmediziner ...)*
- *Heilpraktiker*
- *Sportfachgeschäfte (Laufschuhe, Skischuhe, Tanzschuhe und andere)*
- *Kliniken (Orthopädische Fachkliniken, allgemeine Kliniken ...)*
- *Sportvereine*
- *Internetseite*
- *Messen*
- *Orthopädische Fachtagungen*
- *Etc.*

## 3. Phase des Vertriebskonzepts

### Marktsegmentierung/Kundensegmentierung

➤ Marktuntersuchung

***Kommentar:*** *Hier wird geklärt, welche Art der Markt- und Kundensegmentierung (s. Teil II, 2.1) am besten geeignet ist, um eine schnelle und Erfolg versprechende Ansprache der für den Anfang wichtigsten Kunden zu erreichen. Anmerkung: Sie sollten sich darüber im Klaren sein, dass die als „wichtig" eingestuften Kundentypen Ihres ersten Jahres sicherlich andere sind als die Ihres zweiten oder dritten Jahres.*

*In diesem Beispiel verhält es sich so, dass es absolut wichtige Kunden in München gibt (z. B. eine orthopädische Fachklinik von internationalem Rang), dass diese potenziellen Kunden im ersten Jahr aber ganz bewusst nicht angesprochen wurden, um zu vermeiden, sie durch mangelnde Kenntnisse/Erfahrung nicht zu erreichen.*

*Die Strategie bei der Marktuntersuchung war, eine gesunde Basis von Einzelabnehmern und Multiplikatoren zu generieren, die schnell für Kostendeckung sorgen sollte. Kunden mit vermutlich langwierigen Akquisitionsprozessen, aber besonders großem Marktvolumen, sollten für einen späteren Zeitpunkt aufgehoben werden.*

- *Marktsegmentierung (geografisch, nach Branchen, strategisch ...)*
- *Kundensegmentierung (Wertigkeit bestimmter Kunden)*

## 4. Phase des Vertriebskonzepts

**Klärung des Marketing-Mix zur Ansprache der unterschiedlichen Käufergruppen**

➤ Multiplikatoren/Vertriebskanäle

***Kommentar:*** *Hier wird geklärt, welche Art der Ansprache die einzelnen Kunden beziehungsweise die Multiplikatoren/Vertriebskanäle brauchen, um erfolgreich akquiriert zu werden. Zum Beispiel:*

- *Ärzte (Orthopäden, Allgemeinmediziner ...)*
  *Vorgehensweise: Personalisiertes Mailing (400 Briefe) im Umkreis von 0 bis 10 km. Die 100 nächst gelegenen Arztpraxen sollen aufgesucht und das Produkt vorgestellt werden. Jeder Arzt, der einen persönlichen Termin gibt, erhält eine eigene kostenlose Analyse (keine Fußbettungen – das wäre zu teuer!).*
- *Heilpraktiker*
  *Vorgehensweise: s.o.*
- *Sportfachgeschäfte (Laufschuhe, Skischuhe, Tanzschuhe und andere)*
  *Vorgehensweise: Personalisiertes Mailing im Umkreis von 0 bis 10 km. Darin angekündigter Besuch für einen bestimmten Zeitraum. Im Brief (Rückseite) die Möglichkeit für den Geschäftsführer des Shops, einen genauen Termin selbst vorzuschlagen. Jeder Geschäftsführer, der einen persönlichen Termin gibt, erhält eine eigene kostenlose Analyse (keine Fußbettungen!).*
  *Der Besuch dient dazu, eine erste eigene Vorort-Analyse durchzuführen, ob dieses Geschäft überhaupt als POS (Point of Sale) für dieses Produkt geeignet ist.*

➤ Weitere Marketingmaßnahmen

*Zum Marketing-Mix gehören bei diesem Projekt neben den Anspracheformen wie Mailing, Direktansprache und einem Shop-in-Shop-Konzept auch die Corporate Identity, wie beispielsweise das eigene Auto mit entsprechender Werbung, die Internetseite, das Firmenpapier, die Firmenflyer und die Visitenkarten, die Teilnahme an Veranstaltungen von Sportvereinen, an Fachmessen etc.*

## 5. Phase des Vertriebskonzepts

### Budgetierung

➤ Budgetierung der einzelnen Maßnahmen

***Kommentar:*** *Hier wird geklärt, welchen finanziellen Umfang die einzelnen vertrieblichen Aktionen haben werden.*

***Mailingaktionen***

*Insgesamt sollen im ersten Jahr drei Mailingaktionen mit je 400 Adressen durchgeführt werden. Jeder Adressat soll dreimal Post erhalten.*

*Teil-Aktion 1: Ansprache Ärzte, Heilpraktiker*

*Kosten für 400 Adressen (Hinweis: Anteilig werden hier auch die Druckkosten für das Firmenpapier und die Flyer gerechnet.)*

*Die direkten Kosten sind:*

- *Beschaffung der Adressen*
- *Zeitaufwand des Unternehmers für die Erstellung des gesamten Mailings (Texten, Couvertieren, zur Post bringen etc.)*
- *Portokosten*
- *Telefonische Nachfassaktion bei den 100 nächst gelegenen Adressen:*
  - *Telefonkosten*
  - *Zeit für das Telefonieren*
  - *Zeit für den Kundenbesuch*

*Teil-Aktion 2: Sportfachgeschäfte (Lauf-, Ski-, Tanzschuhe und andere)*

*Vorgehensweise: Personalisiertes Mailing im Umkreis von 0 bis 10 km. Darin angekündigter Besuch für einen bestimmten Zeitraum. Im Brief (Rückseite) die Möglichkeit für den Geschäftsführer des Shops, einen genauen Termin selbst vorzuschlagen. Jeder Geschäftsführer, der einen persönlichen Termin gibt, erhält eine eigene kostenlose Analyse (keine Fußbettungen!).*

*Der Besuch dient dazu, eine erste eigene Vorort-Analyse durchzuführen, ob dieses Geschäft überhaupt als POS (Point of Sale) für dieses Produkt geeignet ist.*

## 6. Phase des Vertriebskonzepts

### Kontrolle

➤ Kontrolle der Marketingmaßnahmen

*Da Marketingmaßnahmen zunächst einmal Kosten produzieren und es auch bei genauester Planung keine exakten Aussagen über den zu erwartenden Erfolg gibt, muss ein System installiert werden, mit dessen Hilfe es möglich ist, die einzelnen Marketingmaßnahmen zu bewerten. Aus jeder Marketingaktion, jeder Akquisitionsbemühung lernen Sie etwas. Organisieren Sie also Ihre Lernmöglichkeiten. Nur dann haben Sie die Gewissheit, die jeweiligen Ergebnisse auch Gewinn bringend auswerten zu können.*

*Dazu gehen Sie am besten wie folgt vor: Erstellen Sie Ihren **7-Punkte-Controlling-Plan**. Legen Sie ein Dokument (am besten in einem Tabellenkalkulationsprogramm) mit etwa folgendem Aufbau an:*

➤ **Welche Marketing- und Verkaufsaktivitäten sind zu planen?**

***Beispiel:***

*Ärzte (Orthopäden, Allgemeinmediziner ...)*

*Vorgehensweise: Personalisiertes Mailing im Umkreis von 0 bis 10 km. Die 100 nächst gelegenen Arztpraxen sollen aufgesucht und das Produkt vorgestellt werden. Jeder Arzt, der einen persönlichen Termin gibt, erhält eine eigene kostenlose Analyse.*

➤ **Was erhoffe ich mir davon?**

***Beispiel:***

- *Den direkten Auftrag für mindestens 50 Fußbettungen aus dem Mailing selbst.*
- *Aus 100 angerufenen Arztpraxen erwarte ich mindestens 60 Termine zur persönlichen Präsentation meines Produkts.*
  *Und aus den 60 Terminen erwarte ich mir mindestens den Auftrag für jeweils ein Testpaar meiner Fußbettungen.*
- *Aus den 20 Adressen der Sportfachgeschäfte erwarte ich mir bei jedem einen Termin.*
  *Insgesamt erwarte ich mir aus dieser Aktion bis 30. Juni 2006 einen Gesamtumsatz von 22 000 Euro.*

➤ **Wichtig:** *1. Nennen Sie Ihre Ziele und Erwartungen hier ganz konkret in Euro. 2. Geben Sie sich eine Zeitlinie vor.*

➤ **Was tue ich, wenn meine Erwartungen nicht eintreten?**

***Beispiel:***

- *Wenn ich bis 30. April nicht den direkten Auftrag für mindestens 50 Fußbettungen aus dem Mailing selbst erhalten habe, werde ich*
  - *weitere 100 Ärzte und Heilpraktiker anrufen und versuchen, dort einen persönlichen Termin zur Präsentation meines Produkts zu erhalten.*
- *Wenn ich aus den 20 Adressen der Sportfachgeschäfte nicht überall einen Termin erhalte, werde ich*
  - *die betreffenden Geschäfte ohne Termin aufsuchen und versuchen, mit dem Geschäftsführer dort direkt in den Termin zu gehen oder einen Termin zu vereinbaren.*

➤ **Wichtig:** *Erarbeiten Sie für Ihre Ziele und Erwartungen immer einen Alternativplan. Dieser Alternativplan sollte Bestandteil des Vertriebskonzepts sein und nicht erst ausgearbeitet werden, wenn er gebraucht wird. Er soll dann nur aktiviert, aber nicht kreiert werden.*

➤ **Wie hoch ist der Zeitaufwand für Planung und Durchführung der Aktion?**

***Beispiel:***

- *Texten des Anschreibens: ca. acht bis zwölf Stunden.*
- *Drucken, kouvertieren, frankieren und zur Post bringen von 400 Briefen: ca. acht bis zehn Stunden.*
- *Erstellen eines Telefonskripts zur Terminvereinbarung: ca. 4 Stunden.*
- *Abtelefonieren von 100 Adressen:*

  *Annahmen: Ca. fünf Minuten pro Anruf.*
  *Mit schätzungsweise etwa 30 Prozent der Gesprächspartner werden Sie zwei- bis dreimal sprechen müssen, bevor ein Termin zustande kommt.*

  *375 Min. (= 2,5 Telefonate × 5 Minuten für 30 Adressen)*
  *350 Min (= 1 Telefonat × 5 Minuten für 70 Adressen)*

  *Zeitaufwand gesamt: ca. zwölf Stunden*

*Dazu kommen auch Pausenzeiten zwischen den Telefonaten sowie Anrufe an Sie beziehungsweise andere unvorhergesehene und daher nicht planbare Störungen. Rechnen Sie ruhig 16 Stunden als gesamten Zeitaufwand ein.*

*Gehen Sie genauso bei den anderen geplanten Teil-Aktionen vor, also für die Besuche von Ärzten, Heilpraktikern und Sportfachgeschäften. Sie werden staunen, wie viel Zeit Sie benötigen, um alles professionell und damit erfolgreich zu erledigen.*

➤ **Wann ist die beste Zeit für die Planung und Durchführung?**

***Hinweis:***

- *Für die Planung solcher Akquisitionsaktionen ist immer derjenige Zeitpunkt günstig, an dem Ihre potenziellen Kunden in Ferien sind oder mit etwas ganz anderem beschäftigt sind, was verhindert, dass sie Zeit für Sie haben. Im B2B-Bereich ist das traditionell die Zeit von Ende November bis Mitte Januar beziehungsweise die Ferienzeiten.*
- *Für die Durchführung sind die Zeiten am geeignetsten, an denen Ihre potenziellen Kunden sich für Ihr Anliegen vermutlich Zeit nehmen können. Für dieses Beispiel: Wann sind vermutlich die wenigsten Patienten in der Arztpraxis? Ab wann ist der Arzt selbst und direkt zu erreichen? Wann sind Abrechnungszeiträume in den Praxen und es herrscht dort daher wahrscheinlich eher eine hektische, für Sie kontraproduktive Stimmung? Etc.*

  *Für Mailings gilt beispielsweise, dass diejenigen, die am Montag oder Donnerstag ankommen, die höchste Antwortquote besitzen. Richten Sie also Ihren Versand darauf ein.*

➤ **Welche Voraussetzungen muss ich für Planung und Durchführung schaffen?**

***Beispiel:***

*Ruhiger Arbeitsplatz zum Telefonieren*

*Familienmitglieder fragen, ob sie beim Kouvertieren und Frankieren helfen*

*Einen Freund fragen, ob er Ihre Telefonate coacht (er ist Vertriebsleiter bei xy und kann das bestimmt). Vielleicht kann er auch Ihren Brieftext einmal durchsehen.*

*Mittel prüfen (Bank, Drucksachen in ausreichender Menge vorhanden? Etc.)*

➤ **Wie werte ich die durchgeführten Marketing- und Verkaufsaktivitäten aus?**

*Hinweis:*

*Erstellen Sie ein Auswertungs-Tool für jede von Ihnen durchzuführende Gesamtaktion und unterteilen Sie es auf sinnvolle Weise wieder für die notwendigen Teilaktionen bzw. Kundengruppen, Produktgruppen oder nach anderen sinnvollen Gliederungsparametern. Arbeiten Sie am besten mit einer Tabellenkalkulationsmaske, damit Sie gleich auch zahlenmäßige Auswertungen fahren können. Das könnte in etwa so aussehen:*

| | | | | |
|---|---|---|---|---|
| **Vertriebsaktion 1/2006**<br>**Start: 20.03.2006**<br>**Abschluss: 30.06.2006** | | | | |
| **Teilaktion Mailing:** Ärzte, Heilpraktiker (380), Sportfachhandel (20) | | | | |
| **Gruppe 1:** Ärzte, Heilpraktiker (380); **Gruppe 2:** Sportfachhandel (20) | | | | |
| **Gruppe 1:** Nachfassen 100 | | | | |
| **Gruppe 2:** Nachfassen 20 | | | | |
| | **Erwartungen** | **Erfüllungsgrad** | **Erwartungen** | **Erfüllungsgrad** |
| Gruppe 1 | Rücklauf Aufträge | Rücklauf Aufträge | Terminierung | Erreichte Terminzahl |
| | 50 Fußbettungen direkt aus dem Mailing, ohne Nachfassen. | | 60 Termine; bei jedem Termin mind. 1 Test meiner Fußbettungen. | |
| Gruppe 2 | | | 20 Termine: Mindestens 3 Geschäfte sollen in der ersten Phase mit mir eine Shop-in-Shop Vereinbarung treffen. | |
| Etc. | | | | |

| | | | | |
|---|---|---|---|---|
| Etc. | | | | |
| Erwarteter Gesamt-umsatz bis 15.05.2006 | | | | **€ 22 000,00** |

***Hinweis:*** *Sie prüfen also immer Ihre Erwartungen, orientieren sich auch bei der Priorisierung Ihrer Tages- und Wochenziele daran und vergleichen diese Erwartungen (Soll) mit den tatsächlich eingetretenen Fakten (Ist).*

*Aus diesem Vergleich leiten Sie wertvolles Wissen für Ihre künftigen Aktionen ab. Außerdem hilft Ihnen ein zeitlich enger Vergleich zwischen Soll und Ist dabei, eventuelle Korrekturen während einer laufenden Aktion vorzunehmen und gegebenenfalls den Alternativplan zu aktivieren.*

## Fazit

Aus der Planung und dem Ergebnis Ihrer ersten Marketingaktion können Sie viele unterschiedliche Erkenntnisse gewinnen. Zum Beispiel könnten Sie erkennen, dass Sie allenfalls drei Aktionen dieser Größenordnung pro Jahr machen können. Und wahrscheinlich auch nur, wenn Sie Unterstützung dafür aus der Familie oder von Freunden bekommen. Die akquisitorischen und operativen, aber auch viele administrative Aufgaben müssen Sie ja auch noch erledigen.

Sie können ebenfalls aus solch einer ersten Aktion Rückschlüsse über das richtige Ansprachemedium bestimmter Kundengruppen erhalten. Es könnte sich herausstellen, dass der Mix Mailing und Direktansprache (Nachfasstelefonate) viel erfolgreicher ist als eine große Streuung. Vielleicht machen Sie künftig kleinere, dafür aber gezieltere Aktionen?

Es könnte sich auch ergeben, dass das Shop-in-Shop-Konzept für Sie der „Renner" schlechthin ist und Sie gar keine Zeit mehr für andere Akquisitionen haben. Also nehmen Sie noch zwei Schuhspezialisten dazu und arbeiten in fünf spezialisierten Läden und für einige ausgesuchte Ärzte.

➤ **Wichtig:** Wie auch immer die Schlüsse aus Ihrem Vertriebskonzept und seiner Umsetzung sind, nehmen Sie diese Arbeit ernst und stellen Sie sich professionell in Planung, Durchführung und Kontrolle auf. Nur so erreichen Sie Ihren planbaren unternehmerischen Erfolg.

# Teil II: Der Markt

# 1. Wie Sie die richtigen Kunden finden

## Ihr Produkt/Ihre Leistung im Markt

Ihr Angebot haben Sie mit den Hinweisen aus Teil I jetzt gut definiert. Sie haben auch schon einige Tipps bekommen, wie Sie es wirksam im Markt positionieren und mit welchen Mitteln Sie es nach vorne bringen können. Sie haben die vertrieblichen Grundlagen für Ihren Unternehmenserfolg gelegt und dabei natürlich den Blick auch schon auf den Markt gerichtet. Schauen wir einmal, was Sie bis jetzt erreicht haben, um sich die notwendige Klarheit über den Markt zu verschaffen.

**Tipp:** Sehen Sie sich die folgenden fünf Punkte einmal an. Sie fassen Ihre bisherigen Marktkenntnisse zusammen und zeigen Ihnen, wo Sie jetzt stehen sollten.

**Für eilige Leser**
**Marktkenntnisse, Auffrischung**

1. Sie haben umfassende Klarheit und Kenntnisse über Ihren Markt: Dazu gehören die potenziellen Kunden sowie Ihre Wettbewerber, deren Produkte und Vermarktungsstrategien.
2. Sie haben sich eingehend mit Ihren eigenen Produkten und denen der Wettbewerber befasst. Das dient Ihnen dazu, eine Prognose darüber abzugeben, wie der Markt Ihr Angebot aufnehmen wird.
3. Sie halten sich stets auf dem Laufenden, was es wichtiges Neues für Sie gibt. Das heißt, Sie besuchen die Fachmessen Ihrer Branche, lesen die wichtigen Fachpublikationen und besorgen sich das Werbematerial Ihrer Wettbewerber.
4. Sie wissen, wie wichtig es ist, Ihren Kunden vor allem ein guter Berater zu sein. Ein guter verkaufender Unternehmer ist das immer – zum Nutzen seiner Kunden! Umgekehrt heißt das: Wenn Sie nicht kenntnisreich und kompetent sind, werden Sie auch kein guter Berater sein. Und das heißt, Sie werden keine Beratungserfolge = Verkaufserfolge erzielen.
5. Sie sind in allem, was Sie tun, kreativ. Das heißt: Sie tragen wirklich die komplette Verantwortung für Ertrag, Umsatz und den Marktanteil, den Sie erhalten. Es heißt auch: Bei allem, was Sie sich einfallen lassen, um erfolgreich zu sein, denken und handeln Sie unternehmerisch.

## Gute Idee: Zum Thema „Marktkenntnisse"

**Praxisbeispiel: Cateringservice**

*Dirk M., München.* Dirk M. gründete vor gut vier Jahren einen Cateringservice. Er ist gelernter Koch und versteht sich nicht nur auf die heimische Küche, sondern hat auch eine Schwäche für asiatische Spezialitäten. Er hat in der Anfangsphase viel Zeit damit zugebracht, die passenden Räumlichkeiten und die richtigen Lieferanten für die Küchenausstattung und das Kochmaterial zu finden. „Woran ich eindeutig zu wenig gearbeitet habe, war die Definition meiner Produkte und vor allem all der Leistungen drum herum. Natürlich hatte ich irgendwann einmal eine Speisekarte, aber das hatten alle anderen auch. Und es gab außerdem schon viele solcher Unternehmen wie meines in München. Nachdem ich beinahe alles wieder aufgegeben hätte, machte ich noch einmal eine Anstrengung und ließ mich auch von einem Freund beraten. Der war Verkaufsleiter bei einer Brauerei hier. Er machte mich auf eine entscheidende Sache aufmerksam: Ich war ein guter Koch, aber ich wusste gar nicht, welche Unterscheidungsmöglichkeiten zu den Wettbewerbern mir bislang entgangen waren. Bisher hatte ich keine Systematik entwickelt, um meine ganzen Angebotsmöglichkeiten überhaupt kennen zu lernen, weil ich gar nicht wirklich wusste, was der Markt will.

Also untersuchte ich es. Wie? Ich definierte einen bestimmten zeitlichen Rahmen für Testwochen. Dazu sprach ich bestimmte Unternehmen an, von denen ich annahm, Sie würden gerne Essen in der Mittagspause geliefert bekommen. Nachdem ich zehn Unternehmen zusammen hatte – das waren Mahlzeiten für ca. 180 Personen –, vereinbarte ich mit jedem dieser Unternehmen Folgendes: Ich liefere für drei Wochen eine bestimmte Auswahl von Gerichten, und dazu kann man bei mir auch noch andere Dinge kaufen: Zeitungen, Getränke und ein kleines Abo für ein Sonnenstudio in der Nähe. Ich bot das Essen zu einem Einführungspreis an; er lag knapp über den Selbstkosten. Dafür verlangte ich von den Unternehmen nach jeder Woche ein schriftliches Feedback über Mahlzeiten und Services.

Ich fragte auch immer, was die Leute gerne anders oder zusätzlich hätten. Irgendwann kam ich sogar auf die Idee, einen Einkaufsservice in einem bestimmten Supermarkt für die Leute anzubieten. Das organisierte ich dann mit meiner Frau. Während ich in den Unternehmen bin und das Essen liefere, geht meine Frau mit den Einkaufszetteln in den Supermarkt. Die Leute nehmen diese Dienstleistung und die anderen Services gut an.

Mit einer Investition von drei Wochen intensiver Arbeit habe ich bei der Analyse meiner Kunden sehr viel über die Bedürfnisse meines Marktes erfahren; darüber, wie ich mein Grundangebot noch ergänzen kann und damit meine Kunden zufriedener stelle, als es andere Anbieter tun.

Diese drei Wochen, in denen ich wenig verdient habe und die in der Auswertung beispielsweise der wöchentlichen Fragebögen sehr arbeitsintensiv waren, haben sich für uns absolut gelohnt."

So wie Dirk M. geht es vielen Gründern. Die Frage nach dem, was dem Markt künftig angeboten werden soll, wird oft einfach viel zu eng mit den eigenen Kompetenzen beantwortet. „Ich bin Koch, also biete ich Catering für heimische und (allenfalls) asiatische Küche an." Oder: „Ich bin Programmierer, also biete ich Programmierleistung für Netzwerkserver an." Das ist aber noch keine Definition der Angebotspalette. Um herauszufinden, was Sie alles wirklich können und was Sie Ihren Kunden alles anbieten können, müssen Sie viele Überlegungen anstellen; definieren Sie dabei zuerst die groben Leistungsbereiche, und gehen Sie dann in die Feinheiten. Am besten, Sie erarbeiten sich Ihr Leistungs- und Produktportfolio zusammen mit jemandem, der Ihre Geschäftsidee gut kennt – vielleicht mit Ihrem Partner.

Ihre Angebotspalette umfasst in Wirklichkeit sehr viel mehr als nur eine Grundleistung. Und diese Grundleistungen sollten außerdem auch alle gut ausdifferenziert sein. Wenn Sie das Glück haben, einen guten Berater oder eine Ihren Business-Plan kritisch hinterfragende Bank zu haben, dann werden Sie vielleicht damit konfrontiert werden und auf ganz fruchtbare Spuren kommen.

In einer Studie, die mit Banken unternommen wurde, die Gründer unterstützen, wurden seitens dieser Banken sechs typische Fehler bei den vorgestellten Gründerkonzepten bemängelt. Einer davon ist, dass die Gründer zu wenig Markt- und Wettbewerbskenntnisse haben. Gründer kämen zwar häufig mit guten Ideen, es werde aber oft deutlich, dass sie weder den Markt noch die Konkurrenz eingehend studiert haben. Dabei seien die Fragen doch ganz einfach:

- Wollen die Kunden wirklich das, was der Gründer ihnen anbieten will?
- Wie wird sich der Markt entwickeln?
- Gibt es vielleicht schon andere, die dasselbe Produkt oder dieselbe Dienstleistung anbieten?
- Und: Wird das geplante Unternehmen unter den nun bekannten Voraussetzungen überhaupt rentabel sein?

Die Banken raten in diesem Zusammenhang zur Vorsicht: Oft sei die Beziehung zwischen den erwarteten geschäftlichen Erfolgen und den dafür maßgeblichen Voraussetzungen nicht gegeben. Das heißt, die eigenen Qualifikationen und das eigene Rüstzeug werden nicht kritisch hinterfragt. Denken Sie bitte daran: Zum Rüstzeug gehören eben vor allem auch vertriebliche und kommunikative Kenntnisse und Werkzeuge. Decken Sie hier zunächst einmal Ihren Weiterbildungsbedarf; ein wichtiger Schritt dabei ist natürlich die systematische Lektüre und Arbeit mit diesem Buch, und das tun Sie ja gerade.

Hier wieder ein praktisches Werkzeug zur Markterschließung für Sie. Wenn Sie Ihr Angebot genau definiert haben, dann nehmen Sie doch einmal die folgende Liste zur Hand und halten Sie sie gegen Ihr Angebot, spiegeln Sie es damit. Auf diese Weise entdecken Sie die Punkte, die Sie schon sehr gut gelöst haben, und auch die anderen, wo Sie noch kreativ sein dürfen.

➤ **Tipp:** Sehen Sie sich die folgenden Punkte einmal an. Sie geben Ihnen Hinweise darauf, wie Sie bei der Marktanalyse weiter verfahren können und welche Instrumente Sie dazu benötigen.

**Für eilige Leser**
**Marktanalyse, systematisch**

■ Ich kenne meinen Markt schon genau. Mein ideales Verkaufsgebiet befindet sich in (Beschreibung): .......... ■ Es ist ca. ........... $km^2$ groß. ■ Eine aussagefähige Kundenliste habe ich schon. In meinem Gebiet habe ich im Moment ........... Kunden (das sind ........... A-Kunden, ........... B-Kunden, ........... C-Kunden). ■ In meinem Gebiet warten noch folgende weitere mögliche Kunden bzw. Kundengruppen darauf, von mir kontaktiert zu werden: ........... ■ Insgesamt sind das noch ........... potenzielle Kunden. ■ Um diese zu erschließen, werde ich Folgendes tun .......... ■ Das gesamte Marktpotenzial meiner Branche in meinem Gebiet beträgt zurzeit ca. € .......... Umsatz. ■ Davon sollen im ersten Jahr € .......... auf mich entfallen, im zweiten Jahr € .........., im dritten Jahr € .......... . ■ Mein Potenzial an Umsätzen für die nächsten drei Jahre schätze ich somit auf € ........... ein. ■ Ich weiß, wie ich systematisch bei der Marktbearbeitung vorgehen will. ■ Meine Wettbewerber sind mir bekannt. Ich habe ihr Werbematerial und kenne ihren Ruf. Zu manchem habe ich auch persönlichen Kontakt. ■ Ich kenne die wichtigsten Instrumente zur Marktbearbeitung und -analyse: Marktsegmentierung (geografisch, nach Branchen, strategische Segmentierung), Kundensegmentierung (qualitative Segmentierung, Kundendeckungsbeitragsrechnung, Customer-Lifetime-Value, Scoring-Ansätze, Radarchart, ABC-Analyse etc.)

Wie gesagt, vielleicht gibt es ein paar Fragen, die nicht so einfach zu beantworten sind. Dann sehen Sie aber, wo Sie noch Informationsbedarf haben.

## Nutzen Sie Ihre Chancen

Etwa 7 000 Großunternehmen stehen in Deutschland rund 3,3 Millionen kleine und mittlere Unternehmen sowie Selbstständige in Handwerk, Industrie, Gewerbe, Handel, Dienstleistung und Freien Berufen gegenüber. Mittelständische Unternehmen tragen mit knapp 50 Prozent zur Bruttowertschöpfung aller Unternehmen bei und nehmen 46 Prozent der Bruttoinvestitionen vor.

Neben ihrer gesellschaftlichen Bedeutung besitzen kleine und mittlere Unternehmen vor allen Dingen eine große wirtschaftliche Bedeutung als Arbeitgeber, Ausbilder, Anbieter und Innovatoren. Sie schaffen knapp 70 Prozent der Arbeits- und nahezu 80 Prozent der Ausbildungsplätze.

Sie bilden damit das Rückgrat der deutschen Wirtschaft. Auch Sie wollen ja vielleicht in nächster Zeit ein Unternehmen gründen oder haben es schon getan. Aber im Gegensatz zu Großunternehmen verfügen Sie nicht über spezielle Abteilungen für Unternehmensplanung, Marketing, Organisation, Controlling oder Finanz- und Rechnungswesen. Für diese administrativen und strategischen Aufgaben sind Sie weitgehend selbst verantwortlich. Sie haben jedoch entscheidende Vorteile gegenüber großen Unternehmen, wie beispielsweise Überschaubarkeit, Flexibilität, Markt- und Kundennähe, Mitarbeitermotivation, Kreativität und letztlich Ihre Persönlichkeit. Neue Geschäftsideen und Innovationen können Sie oft schneller in die Tat umsetzen als große Unternehmen. Diese Potenziale sollten Sie pflegen und ausbauen. Nutzen Sie Ihre Chancen als Kleinunternehmen! Ihre Beweglichkeit kann echte Wettbewerbsvorteile sogar gegenüber großen Wettbewerbern schaffen. Suchen Sie die Kunden, die diese Vorteile zu schätzen wissen.

Nicht alle Chancen können Sie aber allein durch Eingebung oder das richtige Fingerspitzengefühl erkennen und wahrnehmen. Die heutige schnelllebige Zeit erfordert neben Ihrer Intuition vor allem auch ein systematisches Vorgehen zum frühzeitigen Erkennen von Entwicklungsmöglichkeiten und neuen Herausforderungen, die Ihnen der Markt eröffnet. Neue Medien und E-Business sind nur zwei Beispiele heutiger Entwicklungen, die zur Entstehung der vielfältigsten neuen Produkte und Dienstleistungen führen. Nutzen Sie Ihre Chancen, indem Sie frühzeitig neue Trends sehen und gegebenenfalls für sich aufgreifen! Das heißt nicht, dass Sie jeden neuen Trend mit tiklos mitmachen müssen; es heißt vielmehr, dass Sie die Trends Ihrer Branche kennen und darauf in einer angemessenen Weise reagieren müssen.

Schauen Sie also beizeiten in die Zukunft. Die Vorteile der Früherkennung von Entwicklungen im Vergleich zu Späterkennung oder sogar Krisenmanagement liegen auf der Hand.

Früherkennung heißt, an die Zukunft zu denken. Hierzu müssen Sie Informationen beschaffen und auswerten. Aktive Früherkennung betreiben heißt, sich regelmäßig[1] Fragen zu stellen, so zum Beispiel:

- Wie sieht mein Unternehmen in zwei Jahren/in fünf Jahren aus?
- Wie sieht mein Markt in diesen Zeiträumen aus? Welche Leistungen werden meine Kunden dann wohl nachfragen?

Früherkennung ist wichtig für den Erfolg Ihres Unternehmens. Ganze Berufsstände leben von der Früherkennung von Marktrends. Der Ausgangspunkt dabei ist eine Bestandsaufnahme nach von Ihnen festgelegten Parametern (z. B. in den Bereichen: gegenwärtiger Umsatz pro Kundensegment; gegenwärtiger Deckungsbeitrag pro Kundensegment; meine Produktpalette, Akquisitionsaufwand, Kosten etc.) und das Erkennen anderer wichtiger Zusammenhänge und Besonderheiten Ihres Unternehmens, wie das Aufspüren von Kostensenkungspotenzialen.

Früherkennung befasst sich, bezogen auf den Markt, vor allem mit der Entwicklung Ihres Unternehmensumfelds und mit Ihren Fähigkeiten als verkaufender Unternehmer, mit der Zufriedenheit Ihrer Kunden, der Verbesserung Ihrer Leistung und nicht zuletzt mit der Gestaltung Ihrer ganz persönlichen Zukunft.

Früherkennung bedeutet, vor Eintritt eines Ereignisses Informationen bereits mit in den Entscheidungsprozess aufnehmen zu können. Es gilt, sich mit den richtigen Themen zum passenden Zeitpunkt zu beschäftigen, den „richtigen“ Moment zwischen einem „zu früh“ und einem „zu spät“ Handeln zu erkennen. Für Sie als Unternehmer ist diese Art der Wahrnehmung und des Denkens mit entscheidend für Ihren Erfolg. Früherkennung hilft Ihnen dabei, wichtige Entwicklungen nach Ihren Vorstellungen aktiv mit zu gestalten.

**Tipp:** Sehen Sie sich die folgenden sieben Punkte einmal an. Sie zeigen Ihnen, ob Sie sich schon ausreichend mit der Zukunft Ihres Unternehmens beschäftigen bzw. wie Sie das am besten einmal tun können.

**Für eilige Leser**
**Blick in die Zukunft**

1. Wenn Sie Informationen erhalten, wissen Sie, welche für Sie und Ihr Unternehmen relevant sind oder wichtig werden können?
2. Kennen Sie die Zukunftstrends Ihrer Branche?
3. Setzen Sie Impulse aus neuen Entwicklungen konsequent um, statt diese irgendwo abzulegen und zu vergessen?
4. Entwickeln Sie kontinuierlich neue Produkte/Dienstleistungen für die Zukunft?
5. Haben Sie strategische Ziele?
6. Schaffen Sie es, über Ihr Tagesgeschäft hinaus auch langfristig wichtige Dinge anzupacken?
7. Reservieren Sie regelmäßig Zeit für die Beschäftigung mit Ihrer Unternehmenszukunft?

**Noch ein Tipp:** Um Ihre Chancen noch besser zu erkennen, sollten Sie die regelmäßige Zeit, die Sie dafür reservieren (s. Punkt 7.) genauso wichtig nehmen wie die Zeit für einen Kundentermin. Solche strategischen Überlegungen kommen Ihnen dann bei allen Ihren Kontakten zugute.

## Diese sind Ihre Stärken

„Man kann Schwächen nicht zu Stärken machen. Aber man kann durchaus vermeiden, Zeit mit diesem aussichtslosen Versuch zu vergeuden. Wichtig ist, anzuerkennen, dass man Schwächen hat. Wichtig ist, diese Schwächen gut zu kennen – um sie nämlich zu vermeiden. Schwächen sind wie dünne Stellen in der Eisfläche über einem See. Warum sollte man um jeden Preis und mit viel Aufwand versuchen, über diese Stellen zum anderen Ufer des Sees zu gelangen? Sicherer und schneller geht es, wenn man über die dicken Stellen geht und den dünnen ausweicht. Das Ausweichen selbst ist hier die Stärke, genau wie in manchen fernöstlichen Kampfsportarten, wo eine direkte Konfrontation nur als dumm betrachtet wird. Kraft wird gerade aus der Vermeidung eines direkten Abtausches geschöpft.

Genauso ist es auch mit Ihren persönlichen Stärken und Schwächen. Es ist gar nicht immer wichtig und richtig, diese oder jene, vielleicht nicht so ausgeprägte Eigenschaft auszubauen, denn bekanntlich führen viele Wege nach Rom. Genauso gibt es auch ganz unterschiedliche, aber sehr erfolgreiche Unternehmertypen. Allen gemeinsam ist, dass sie oft sehr schnell erkennen, was genau sie erfolgreich macht und was nicht. Sie identifizieren ihre Potenziale und die Antwort des Marktes darauf sehr schnell und präzise, sie erkennen dicke und dünne Stellen im Eis. Und dann arbeiten sie mit System und – wenn es besonders glücklich läuft, sogar mit Inspiration an ihren Zielen."[2]

In diesem Kapitel richten wir unsere Aufmerksamkeit weiter auf den Markt. Für Ihre Leistungserstellung sind natürlich eventuell vorhandene Mitarbeiter, Maschinen, Arbeitsgeräte, technische Ausrüstung und Organisation erforderlich. Diese sollen hier aber nicht weiter als bereits geschehen betrachtet werden. Unser Blick soll nach außen gerichtet bleiben. Schauen wir einmal, wo Ihre Stärken liegen könnten, mit deren Hilfe es Ihnen gelingen wird, besser als Ihre Wettbewerber zu sein.

Ihre Leistung soll besser als die Ihrer Wettbewerber sein, und sie soll auch besser dargestellt werden als bei den Wettbewerbern, denn sonst wird sie vom Markt nicht als besser wahrgenommen. Das sind sehr wichtige Voraussetzungen, um erfolgreich sein.

Sie können sich mithilfe einer so genannten SWOT-Analyse[3] schnell Klarheit über strategisch wichtige Fragen Ihrer Positionierung im Markt verschaffen. Wichtige Kriterien, die dafür jeweils herangezogen und untersucht werden können, finden Sie in der folgenden Checkliste. Im Anschluss an die nächsten beiden Listen erhalten Sie eine kurze Einführung in die Methodik der SWOT-Analyse.

➤ **Tipp:** Sehen Sie sich die folgende Checkliste an. Es handelt sich hier lediglich um Beispiele, die Sie vielleicht noch ergänzen können bzw. die Sie für sich enger selektieren müssen. Untersuchen Sie mithilfe dieser Stärken-Schwächen-Kriterien die Position Ihres eigenen Unternehmens im Vergleich zu dem/zu den stärksten Wettbewerber/n.

## Checkliste
## Meine Stärken | Meine Schwächen
**(bezogen auf Vertriebsthemen)**

**1. Allgemeine Unternehmenscharakteristika**

- Umsatz
- Erfolg (Rentabilität; Umsatzrendite; Gewinn; ...)
- Marktanteile
- ...

**2. Angebotspotenzial (Produkte und Dienstleistungen)**

- Produktqualität (Lebensdauer; Haltbarkeit; ...). *Vergleichen Sie die Qualität Ihrer Produkte mit der Produktqualität Ihrer Wettbewerber. Ihr Kunde wird es auch tun!*
- Produktleistungsfähigkeit (Performance). *Vergleichen Sie die Leistungsfähigkeit Ihrer Produkte mit der Leistungsfähigkeit Ihrer Wettbewerber. Ihr Kunde wird es auch tun!*
- Produktdesign. *Vergleichen Sie das Design Ihrer Produkte mit dem Produktdesign Ihrer Wettbewerber. Ihr Kunde wird es auch tun!*
- Produktprogramm (Angebotsbreite und -tiefe). *Vergleichen Sie Ihr Produktprogramm mit dem Produktprogramm Ihrer Wettbewerber. Ihr Kunde wird es auch tun!*
- Alter des Produktprogramms (Lebenszyklusphasen der Produkte). *Vergleichen Sie Ihr Produktprogramm mit dem Produktprogramm Ihrer Wettbewerber. Ihr Kunde wird es auch tun!*
- Anteil Handelsware/Eigenfertigung.
- ...

**3. Distribution**

- Vertriebsorganisation
- Vertriebskapazität
- Vertriebskanäle/-wege
- Lieferbereitschaft/Lieferfähigkeit
- Logistik
- Standort
- Lagerwesen
- Transportwesen
- ...

## Fortsetzung Checkliste Meine Stärken | Meine Schwächen

**4. Marktkommunikation**

- Werbung
- Präsentation auf Messen
- Öffentlichkeitsarbeit
- Verkaufsförderung
- Online-Kommunikation
- Corporate Identity/Corporate Design
- Image
- ...

**5. Preise und Konditionen**

- Preisdurchsetzungspotenzial
- Preispolitik
- Rabattsystem/Sonderkonditionen
- Liefer- und Zahlungsbedingungen
- Umfang von Nebenleistungen
- ...

**6. Funktionspolitisches Potenzial/Dienstleistungen**

- Technischer Service
- Garantien
- Wartung
- Installation
- Schulung
- Finanzierungsangebote
- Technische Unterlagen/Dokumentation/Bedienungsanleitungen
- ...

**7. Management und Organisation**

- Organisationsstruktur (Organigramme ...)
- Führungsstil
- Instrumente der Planung
- Kontroll- und Steuerungsinstrumente
- ...

Schauen wir uns jetzt noch den Kriterienkatalog für eine saubere Chancen-Risiko-Analyse an (= Beurteilung der Marktattraktivität).

➤ **Tipp:** Auch hier gilt: Es handelt sich um Beispiele, die Sie vielleicht noch ergänzen können bzw. die sie für sich enger selektieren müssen. Untersuchen Sie anhand dieser Chancen-Risiken-Kriterien die Position Ihres eigenen Unternehmens im Vergleich zu dem/zu den stärksten Wettbewerber(n).

**Checkliste**
**Meine Chancen | Meine Risiken**
**(bezogen auf Vertriebsthemen)**

**I. Markt und Wettbewerb**

**1. Marktstrukturen**

- Eintrittsbarrieren
- Austrittsbarrieren
- Struktur und Stärke der Abnehmer
- Struktur und Stärke des Wettbewerbs
- ...

**2. Marktpotenzial/-volumen**

- Zahl der potenziellen Abnehmer
- Marktwachstum
- Martksättigung
- Investitionsverhalten/Konsumverhalten
- Verfügbare Investitionsmittel/verfügbares Einkommen
- Demographische Entwicklung
- ...

**3. Kundenstruktur und Kundenwünsche**

- Kundenstruktur (Größe; Branche ...)
- Nachfragemacht
- Kundenanforderungen/Key Buying Factors (KBFs = Die wichtigsten Kaufgründe Ihrer Kunden)
- ...

## Fortsetzung Checkliste
## Meine Chancen | Meine Risiken

**4. Wettbewerb/Konkurrenz**

- Zahl der Wettbewerber
- Struktur der Wettbewerber (Größe ...)
- Marktanteile der Wettbewerber
- Strategien/Aktivitäten der Wettbewerber
- Stabilität der Wettbewerbsstruktur
- Branchenregeln
- ...

**II. Umfeld- und allgemeine Rahmenbedingungen**

**5. Gesetzliche/staatliche Rahmenbedingungen**

- Steuerrecht
- Umweltrecht
- Wettbewerbsrecht
- Subventionen/Förderpolitik
- Vergabepraxis bei öffentlichen Aufträgen
- Sozialgesetzgebung
- Arbeitsrecht
- Import-/Exportbeschränkungen; Handelsbeschränkungen
- Technische Vorschriften/Normen
- Wirtschaftspolitik
- Politische Stabilität
- ...

**6. Gesellschaftliche Rahmenbedingungen**

- Einstellungen/Wertvorstellungen
- Mentalität
- Freizeitverhalten
- ...

## Fortsetzung Checkliste
## Meine Chancen | Meine Risiken

**7. Ökologische Rahmenbedingungen**

- Luftreinhaltung
- Wasserreinhaltung
- Boden
- Abfallentsorgung und Vermeidung
- Rationelle Energienutzung
- Rationelle Nutzung von Rohstoffen
- ...

**8. Technologische/technische Entwicklung**

- Neue Produkttechnologien/-techniken
- Neue Fertigungstechnologien/-techniken
- Neue Werkstoffe
- Substitutionstechnologien/-produkte
- Komplementärtechnologien/-produkte
- ...

**9. Sonstige (ökonomische) Rahmen- und Umweltbedingungen**

- Wirtschaftslage
- Inflation
- Stabilität von Währungen
- Zahlungsbilanz
- Beschäftigungslage/Arbeitsmarkt
- Verfügbarkeiten von Rohstoffen und Energie
- Klima
- ...

Die SWOT-Analyse ist eine recht einfache, aber aufschlussreiche Untersuchungsmethode, mit der Sie Ihre Stärken und Schwächen zu denen des wichtigsten Wettbewerbers in Bezug setzen können. Sie zeigt Ihnen auch, wo Ihre noch ungenutzten Potenziale zum Erzielen von Wettbewerbsvorteilen liegen.

Sie wissen: Was bei einer bestimmten Vorgehensweise als Ergebnis herauskommt, ist wesentlich davon abhängig, was man hineinsteckt. Deshalb ist, bevor Sie mit der eigentlichen SWOT-Analyse beginnen, eine klare Abgrenzung Ihres Untersuchungsbereichs erforderlich. Überlegen Sie also, für welchen Untersuchungsbereich Sie diese Analyse durchführen möchten, beispielsweise Ihre Grundprodukte, Lieferanten, Akquisitionsfähigkeiten, Absatzchancen etc. Definieren Sie Ihre Frage hierzu ganz genau; Stichworte genügen nicht.

Nachdem Sie die SWOT-Analyse durchgeführt haben, werden Sie über alternative zukünftige Szenarien verfügen; diese sind eine wichtige Entscheidungshilfe.

➤ **Wichtig:** Diese Ableitung zukünftiger Szenarien erfolgt sinnvollerweise immer ausgehend vom Endkunden in der Wertschöpfungskette.

Was bedeutet das? Als Friseur beispielsweise sollten Sie Ihre künftigen Szenarien immer daran prüfen, was Sie damit bei Ihrem Kunden erreichen, der zu Ihnen in den Laden kommt. Wenn Sie Logistikberater sind, dann ist dies der Endkunde Ihres Auftraggebers – vielleicht ein bestimmter Supermarkt (und dort Sie, der Endkunde, der ein bestimmtes Produkt aus dem Regal nimmt oder es eben dort stehen lässt). Wenn Sie ein Maschinenbauer sind, der Zulieferer für einen Automobilhersteller ist, dann denken Sie an ihn – und auch ein bisschen an die Käufer der Automobile. Wenn die etwas von Ihrem neuen Szenario haben, dann überzeugen Sie Ihren Kunden bestimmt schnell.

So wird auf Basis der Ziele und Wünsche des Endkunden auf die zukünftigen Anforderungen an den jeweiligen Untersuchungsbereich Ihres Unternehmens geschlossen. Gegenüber diesen Anforderungen können die aktuellen Fähigkeiten des Untersuchungsbereichs gespiegelt und im weiteren Schritt Stärken-Schwächen-Profile gebildet werden. Durch die Bildung von Alternativszenarien können Sie gleichzeitig die Chancen und etwaigen Risiken sowie deren Eintrittswahrscheinlichkeiten vorwegnehmen.

Den Abschluss der SWOT-Analyse bildet sowohl die Gewinnung von strategischen Handlungsalternativen für den betrachteten Untersuchungsbereich als auch die Erarbeitung von konkreten Entscheidungsvorlagen für Sie als Unternehmer. Schauen wir uns das einmal näher an:

## Die richtigen Fragen stellen

Wir haben gesagt, dass den Kern der SWOT-Analyse die Fragen bilden, die darauf abzielen, ein Bild des gegenwärtigen Unternehmens mit seinen Entwicklungsmöglichkeiten zu entwerfen. Das Bild wird dabei sowohl von internen Gegebenheiten als auch von externen Einflüssen bestimmt. Folgende

Fragen liefern Ihnen einen guten Anhaltspunkt für Ihr konkretes Vorgehen. Ergänzen Sie sie, verändern Sie sie. Wichtig ist, dass Sie so klar und eng wie möglich dabei eingrenzen:

**1. Stärken (Strengths) – interne Faktoren**

- Auf welche Ursachen sind meine vergangenen Erfolge (in den Unternehmen, in denen ich als Angestellter gearbeitet habe und in meinem eigenen Unternehmen) zurückzuführen?
- Welche sind die Chancen meines eigenen Unternehmens in der Zukunft?
- Welche Synergiepotenziale (Zusammenarbeit mit Kooperationspartnern bzw. Synergien aus der eigenen Organisation) gibt es, die mit neuen Strategien stärker genutzt werden können?

**2. Schwächen (Weaknesses) – interne Faktoren**

- Welche Schwachpunkte gilt es auszubügeln bzw. künftig einfach zu vermeiden?
- Welches Produkt ist besonders umsatz-/ergebnisschwach?

**3. Chancen (Opportunities) – externe Faktoren**

- Welche Möglichkeiten stehen offen?
- Welche Trends gilt es zu verfolgen?

**4. Gefahren (Threats) – externe Faktoren**

- Welche Schwierigkeiten hinsichtlich der gesamtwirtschaftlichen Situation oder Markttrends gibt es?
- Was machen die Wettbewerber diesbezüglich?
- Ändern sich die Vorschriften für meine Arbeit als solche, für Produkte oder Serviceleistungen?
- Bedroht ein Technologiewechsel unsere Stellung?

Gefahren und Chancen sind von Ihnen nicht beeinflussbar. Sie sind aber herausgefordert, die strategischen Möglichkeiten der Konkurrenz zügig einzuschätzen, um auf veränderte externe Bedingungen adäquat reagieren zu können (= Umweltscanning). Das heißt, die Zielrichtung der Handlungen und Maßnahmen ist vom Grundsatz her vorgegeben.

Anders verhält es sich bei den Stärken und Schwächen. Diese Faktoren sind allein von Ihren eigenen Entscheidungen abhängig. Hier liegt es nur an Ihnen, diese relativ zu Ihren Konkurrenten zu definieren und optimal zu agieren.

Hilfreich ist hier das Konzept der „Kernkompetenzen". Es besagt, dass Sie sich auf das konzentrieren sollten, was Sie selbst besonders gut können. Reduzieren Sie beispielsweise Ihren Aufwand an allen Eigenleistungen, wenn diese nicht wirklich zu Ihrem Kerngeschäft gehören. Eine Bratwurstbraterei wird nicht notwendigerweise die Wurstherstellung selbst betreiben müssen. Qualitativ hochwertige Lieferanten lassen sich bestimmt finden. Auch die nicht selbst hergestellte Wurst kann Ihnen in ausreichender Weise zur Wettbewerbsdifferenzierung dienen, wenn der Rest stimmt.

Als Grundstein für das Erzielen nachhaltiger Wettbewerbsvorteile müssen Sie dann Maßnahmen ergreifen, die sowohl eine positive Differenzierung von Konkurrenten zulassen als auch Konkurrenzschwächen zum Ausgangspunkt eigener Offensivstrategien nehmen.

Hier noch ein ergänzendes Modell für eine sinnvolle SWOT-Analyse:

| **Stärken (Strengths)** | **Chancen (Opportunities)** |
|---|---|
| ➢ Was läuft gut?<br>➢ Was sind meine Stärken?<br>➢ Worauf bin ich stolz?<br>➢ Was gibt mir Energie?<br>➢ Wo stehe ich momentan?<br>➢ Was habe ich schon erreicht? | ➢ Welche sind meine Zukunftschancen?<br>➢ Was könnte ich ausbauen?<br>➢ Welche Verbesserungsmöglichkeiten habe ich?<br>➢ Was kann ich in meinem Umfeld nutzen?<br>➢ Wozu wäre ich noch fähig?<br>➢ Was liegt noch brach? |
| **Schwächen (Weaknesses)** | **Risiken (Threats)** |
| ➢ Was ist schwierig?<br>➢ Wo liegen meine Fallen, Barrieren?<br>➢ Welche Störungen behindern mich?<br>➢ Was fehlt mir? | ➢ Wo lauern künftige Gefahren?<br>➢ Was kommt an Schwierigkeiten auf mich zu?<br>➢ Was sind mögliche Risiken, kritische Faktoren?<br>➢ Womit muss ich rechnen? |

## Dies ist Ihr Wettbewerbsvorsprung

Sie können Ihren Markt definieren als eine mehr oder weniger große Zahl von Kunden und Wettbewerbern. Je nach der Größe Ihres Betriebes und der Art seiner Leistung ist Ihr Markt ein begrenztes Spielfeld für Ihre unternehmerischen Aktivitäten. Zum Beispiel kann es sein, dass Ihre Leistung nur in einer bestimmten Region oder Branche abgesetzt wird oder aber nur Kunden eines bestimmten Alters anspricht. Diese Kunden kaufen heute bei Ihnen, da Sie einen wichtigen Vorteil, beispielsweise in der Beratung oder Ihrer Erreichbarkeit, bieten. Dieser Wettbewerbsvorteil ist für den Absatz Ihrer Leistungen und Ihren zukünftigen Erfolg wesentlich.

Nun besteht aber der Markt nicht nur aus Kunden und Käufern, sondern auch aus Wettbewerbern. Daher ist es auch eine Ihrer Aufgaben als Unternehmer, diese Wettbewerber, ihr Angebot und ihr Verhalten realistisch einzuschätzen.

Sehen Sie sich Ihre Wettbewerber einmal genau an. Vielleicht versuchen diese bereits heute, vergleichbare Leistungen anzubieten wie Sie; möglicherweise werden diese Leistungen aber nicht in einem Kundensegment angeboten, in dem Sie Spezialisierungen oder mehr Kenntnisse nachweisen können. Oder umgekehrt: Ihre Wettbewerber haben gerade dort heute bessere Chancen, weil sie vielleicht in einem bestimmten Punkt besser sind (oder besser erscheinen; der Markt nimmt sie als besser geeignet wahr).

Worin könnte Ihr heutiger Wettbewerbsvorteil also liegen? Diesen Wettbewerbsvorteil zu erkennen, zu formulieren und sowohl operativ als auch argumentativ auszubauen, darin liegt der wesentliche Schlüssel zu Ihrem Erfolg. Denken Sie einmal darüber nach: Haben Sie nicht geradezu auf natürliche Weise einen Wettbewerbsvorsprung? Niemand anderes hat doch genau den gleichen Erfahrungshorizont wie Sie. Niemand anderes macht die Dinge genau wie Sie, niemand anderes hat genau die gleiche Einstellung, das gleiche Durchhaltevermögen etc. Aus diesen höchst individuellen Eigenschaften und ihren Ausprägungen können Sie Ihre Stärke bei bestimmten Marktsegmenten und Kundengruppen entwickeln.

Die Wettbewerbsbeobachtung bewahrt Sie vor unliebsamen Überraschungen und gibt Ihnen wichtige Hinweise darüber, wo Sie Ihre Leistung noch verbessern können. Und nur durch ehrliche Vergleiche können Sie sich dort profilieren, wo Sie selbst stark sind und die Konkurrenz schwach (oder schwächer) ist und jene Bereiche meiden, wo Sie selber Schwächen aufweisen, mit denen Sie die Bedürfnisse des Marktes nicht so gut decken können wie andere. Um herauszufinden, wo diese Bereiche sind, müssen Sie Ihren Markt beobachten, seine Bedürfnisse erkennen und sich mit anderen Marktteilnehmern bei der Bedürfnisbefriedigung vergleichen.

Je mehr Sie über andere Unternehmen Ihre Produkte, Dienstleistungen, Strategien oder Herstellungsverfahren wissen, desto leichter fällt es Ihnen, auf neue Entwicklungen zu reagieren und Ihre Aktivitäten neu auszurichten. Dabei sollten Sie sich immer die folgenden Fragen stellen:

- Worin und warum sind meine Konkurrenten besser?
- Was kann ich von anderen (nicht-konkurrierenden) Unternehmen lernen, damit ich besser werden kann?

Denn zusätzlich können Sie immer auch von Vergleichen mit ganz anderen, branchenfremden Unternehmen profitieren.

Bei der Wettbewerberanalyse hilft Ihnen die folgende Checkliste. Mögliche Punkte, die Sie beobachten und untersuchen können, sind:

➤ **Tipp:** Sehen Sie sich die Checkliste an. Sie wissen dann, welche Fragen Sie stellen sollten, um Ihre Wettbewerber noch besser einschätzen zu können.

**Checkliste**
**Was macht meine Wettbewerber stark oder schwach?**

| **II. Umfeld- und allgemeine Rahmenbedingungen** |
|---|
| 1. Unternehmensgröße (Verkaufsfläche, Mitarbeiterzahl, Umsatz ...) des Wettbewerbers |
| 2. Produktvielfalt und Schwerpunkte (Sortiment und Anteile) |
| 3. Entwicklung des Marktanteils |
| 4. Vertriebswege |
| 5. Die wichtigsten Kundengruppen des Wettbewerbers |
| 6. Umgang mit den Kunden |
| 7. Preispolitik (Lockangebote ...) |
| 8. Marketingaktionen (Briefsendungen, Veranstaltungen ...) |

Bei manchen Branchenverbänden, Branchendiensten und in Datenbanken können Sie sehr wertvolle Branchenvergleichszahlen erhalten. Erkundigen Sie sich, was Ihr zuständiger Verband an Daten zur Verfügung stellen kann. Diese Daten können manchmal wichtige Hinweise für eine bessere Positionierung beziehungsweise bessere Einschätzung der eigenen Positionierung liefern.

Überlegen Sie sich einmal, welche Marktinformationen für Sie wichtig sind oder werden könnten. Alle für Sie wichtigen Marktfaktoren sollten Sie in Ruhe beobachten. Überlegen Sie, wie sich diese zukünftig entwickeln werden und welche Potenziale sich für Sie daraus ergeben können. Das gehört zu Ihren Routinearbeiten als Unternehmer.

Sie können das ganz leicht mit Ihrer ganz persönlichen „Marktbeobachtungscheckliste“ institutionalisieren und in eine Form bringen. In diese Checkliste nehmen Sie die Faktoren Ihres Marktes auf, die für Ihr Unternehmen bedeutend sind. In regelmäßigen Abständen – Sie können diese Checkliste beispielsweise monatlich auf Wiedervorlage legen – nehmen Sie Ihre Liste zur Hand und überprüfen die einzelnen Punkte. Am Anfang Ihrer Tätigkeit sollte dies häufiger geschehen als später, wenn Sie sich eine bestimmte Position erarbeitet haben.

So sehen Sie schnell, wo sich Dinge verändern und wo nicht. In einem zweiten Schritt überlegen Sie dann, welche Chance(n) und möglichen Risiken Sie dort (bei den sich verändernden Parametern) sehen, um in einem dritten Schritt einmal darüber nachzudenken, was Sie tun können, um diese Chancen zu nutzen oder die Risiken zu vermeiden.

Noch ein Hinweis. Es ist wichtig, diese essenziellen Dinge strukturiert und in regelmäßigen Abständen zu tun. Verfallen Sie nicht in die schnell auftauchende Ausrede: „Was soll ich denn noch alles als Routineaufgaben erledigen!“ Bedenken Sie bitte: Hier handelt es sich um vertriebsrelevante Tätigkeiten von hoher Wichtigkeit. Ihre eigene Wettbewerbsposition ist von einer guten Marktkenntnis direkt betroffen, Ihre Stellung in diesem Markt. Ihr Erfolg hängt unmittelbar von dieser und den anderen vertriebsrelevanten Kernaktivitäten ab. Ihre persönliche Priorisierung sollte dies berücksichtigen.

➤ **Wichtig:** Wenn Sie Ihre Produkte nicht über den Preis verkaufen wollen, dann müssen Sie sich so positionieren, dass der Preis für den Käufer zweitrangig wird. Der Preis wird dann zweitrangig, wenn der Käufer den Unterschied zwischen Ihrem Produkt und dem des Wettbewerbers versteht. Er versteht den Unterschied dann, wenn Sie klar und sauber argumentieren.

# 2. Analysieren Sie Ihren Markt und segmentieren Sie ihn sinnvoll

## Die besten Tools auf einen Blick

### Marktsegmentierung

Darunter versteht man eine Untersuchungsmethode, mit deren Hilfe Sie Ihren Markt analytisch in verschiedene Gruppen aufteilen können. Das erleichtert Ihnen die Akquisition neuer und die Bindung bestehender Kunden erheblich, da Sie auf diese Weise Problemlösungen für ganz bestimmte Bedürfnisse einer bestimmten Kundengruppe gezielt entwickeln und anwenden können. Außerdem vermeiden Sie durch diese Verfahren auch Streuverluste bei der Akquisition, da Sie Ihren Marketing-Mix sehr zielgerichtet und damit auch produktiver und kostengünstiger einsetzen können.

Die Marktsegmentierung stellt damit den Gegensatz zum Massenmarketing dar und empfiehlt sich immer dann, wenn Sie eine gezielte und differenzierte Ansprache besonders wichtiger Kundensegmente beabsichtigen. Je wertvoller das Kundensegment, das Sie angehen wollen (beispielsweise nur potenzielle A-Kunden), desto präziser und damit aussagekräftiger muss die Marktsegmentierung dafür sein.

Machen Sie sich zu Beginn eines Segmentierungsvorgangs zunächst einmal Gedanken über relevante Kriterien, nach denen Sie Ihren Markt untersuchen wollen. Meistens ergeben sich daraus dann die Fokusbranchen bzw. geografischen Absatzgebiete, die Sie gezielt bearbeiten möchten. Bei der Auswahl mehrerer Segmente und Parameter handelt es sich um eine *differenzierte*, bei nur einem Kriterium um eine *konzentrierte* Vorgehensweise. Je nach Segment wird dann der Marketing-Mix zusammengestellt (siehe Kapitel 1).

Im Folgenden seien beispielhaft einige der Kriterien für eine Marktsegmentierung genannt.

**1. Marktsegmentierung nach Geografie**

Die Frage nach der geografischen Verteilung der Kunden spielt eine entscheidende Rolle, und zwar sowohl bei den Produktionskosten Ihrer Leistungen als auch bei Ihren Akquisitionskosten. Bei sonst gleichen Bedingungen macht es einen großen Unterschied, ob ein Kunde in zwei, zwanzig oder in siebzig Kilometer Entfernung von Ihrem Unternehmen angesiedelt ist. Fahrtzeiten sind Zeiten, in denen Sie keine produktive Arbeit leisten können. Außerdem kostet diese Zeit Geld. Je öfter ein direkter Kontakt zu einem weit entfernten Kunden notwendig ist, desto schmaler wird Ihre Rendite. Sie können ja einmal nur Ihren Jahres-Unternehmerlohn auf Stundenbasis ausrechnen, um zu sehen, wie viel ein Kundenbesuch Sie kostet.

**Berechnungsbeispiel für einen kalkulatorischen Unternehmerstundenlohn in Bezug zu den Besuchskosten**

Rechnen Sie doch einmal Ihre Kosten aus:

| **Zeitaufwand** | |
|---|---|
| Arbeitstage p.a.: | 210 (an denen Sie Ihre Kunden erreichen) |
| Arbeitsstunden pro Tag: | 11 (in den ersten beiden Jahren) |
| Arbeitsstunden p.a.: | 2310 |
| Reisezeit p.a.: | 900 Stunden |
| Pausen, Staus, Ausfälle: | 200 Stunden |
| Bleibt eine verkaufsaktive Zeit von: | 1210 Stunden |
| **Kosten** | |
| Ihr Unternehmergehalt: | 50 000 Euro |
| Versicherungen p.a.: | 20 000 Euro |
| KfZ-Kosten p.a.: | 20 000 Euro |
| Spesen, Kommunikation: | 12 000 Euro |
| Sonstiges: | 5 000 Euro |
| Bruttokosten für Ihr Unternehmen insgesamt: | **107 000** Euro |

Das müssen Sie also bei dem genannten Kostenansatz brutto verdienen.

Eine Stunde Ihrer Zeit kostet also 46,32 Euro (107.000 Euro/2.310 Jahresarbeitsstunden.)

Nehmen wir an, Sie wollen zwei Besuche pro Tag zu vielleicht ziemlich weitläufig verstreuten Kunden machen, dann kostet Sie ein Besuch **254,76 Euro** (11 × 46,32 ÷ 2). Und nicht bei jedem Besuch werden Sie auch einen Abschluss erzielen. Kundenbesuche müssen sich also lohnen. Verkaufsgebiete müssen gut strukturiert sein.

Aus einer geografischen Analyse Ihres Marktes ergibt sich, wie, wo und bei welchen Kunden innerhalb eines bestimmten geografischen Raumes Sie mit Ihrer Akquisition beginnen. Ziehen Sie Radien um Ihren Unternehmenssitz, die eine vernünftige Abstufung haben, und beginnen Sie aus diesem Zentrum heraus mit der Marktbearbeitung. Arbeiten Sie bei Ihrer Akquisition von innen nach außen.

- Bearbeiten Sie zu Beginn die geografisch nächsten C-Kunden in Ihrem Gebiet. „Üben" Sie an diesen.
- Danach nehmen Sie sich die B-Kunden vor. Wenn Sie sich ganz sicher fühlen, fangen Sie mit den A-Kunden an.
- Arbeiten Sie sich so in Ihrem Marktgebiet langsam nach außen.

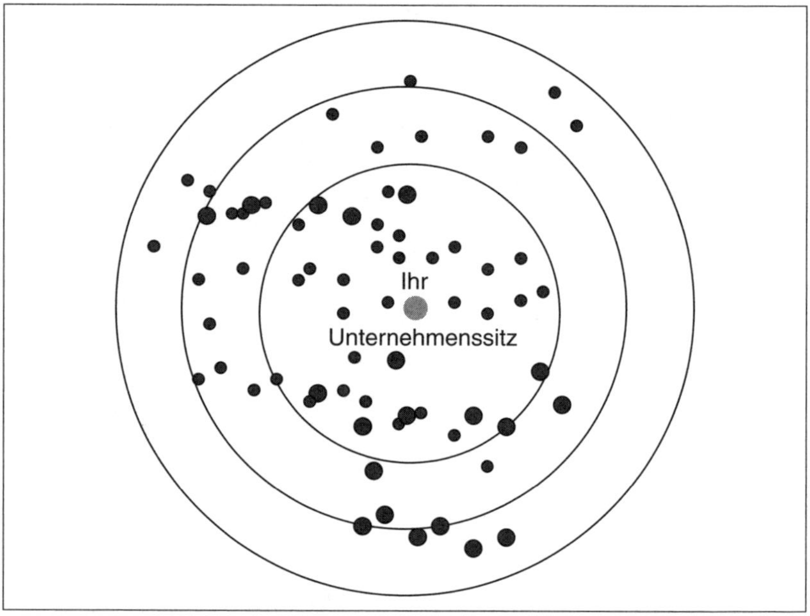


*Geografische Marktbearbeitung*

Wenn Sie schon Kunden haben, so bietet es sich in gewissen Abständen an, diesen bestehenden Kundenstamm auf seine geografische Ausprägung hin zu untersuchen und in eine Gesamtbewertung Ihres Vertriebscontrollings einfließen zu lassen. Gerade für die Neukundenakquisition, aber auch für Preisgespräche ergeben sich hier leicht nachvollziehbare Argumentationen, die Sie kennen und durchhalten müssen. Ein Standortvorteil (beispielsweise die Nähe zu Ihren Kunden) kann entscheidend sein und muss auch konsequent in Ihrer Argumentation gespielt werden. Ebenso sollten Sie wissen, wie Sie sich verhalten wollen, wenn Sie gegenüber einem Wettbewerber einen objektiven Standortnachteil haben. Welche **ausgleichenden Vorteile** können Sie nennen, um Ihren Kunden zu überzeugen, trotzdem mit Ihnen zu arbeiten?

### 2. Marktsegmentierung nach Branchen

Jedes Unternehmen hat aufgrund seines speziellen Produkt-Mixes und seiner Eigenart Kunden oder ganze Branchen, deren Bedarf es besonders gut abdecken kann. Daneben gibt es auch solche, die es gerne abdecken möchte, und zwar, weil diese Branchen aufgrund ihrer wirtschaftlichen Gesamtsituation weniger preiselastisch reagieren als andere und weil sie von vornherein ein höheres Preisgefüge akzeptieren. Mit diesen Kunden können Sie besonders hohe Margen erzielen.

➤ **Tipp:** Untersuchen Sie Ihren Kundenstamm und Ihre Zielkunden auf ihre Branchenzugehörigkeit hin. Daraus können Sie bestimmte Gesetzmäßigkeiten ableiten. Wenn Ihre Produkte und Leistungen einen eher geringen Spezialisierungsgrad aufweisen, wenn Sie Ihre Umsatzpotenziale also in Massenprodukten haben, werden Sie über eine klare Gruppierung nach Branchen Ihre Ertragslage deutlich verbessern, da Sie nur wenige andere Instrumente dafür zur Verfügung haben. Je nach Branche stellen Sie dann Ihren Marketing-Mix zusammen und erarbeiten sich eine Vertriebsstrategie. Die Branchen mit hohen Margen bekommen auch eine höhere Aufmerksamkeit bei der Akquisition und der Betreuung.

### 3. Marktsegmentierung nach Strategie

Neben der geografischen und branchenbezogenen Marktsegmentierung gibt es auch eine strategische. Hierbei werden einzelne Märkte bzw. Teilmärkte nach ihrer Bedeutung für Ihre gegenwärtige oder zukünftige Unternehmensentwicklung analysiert und bewertet. Erste zeitliche Planungsschritte werden grob abgesteckt und fließen dann in einen konkreten Maßnahmenplan ein.

Bei strategischen Marktanalysen richtet sich die Fragestellung immer entweder in die Zukunft, fragt also nach den Entwicklungspotenzialen bestimmter Branchen/Kunden in bestimmten Märkten oder ist gegenwartsbezogen in der Analyse, um daraus künftige Verhaltensweisen abzuleiten.

## Trennung zwischen Markt- und Kundensegmentierung

Was Sie mit den Märkten tun, um sie besser zu verstehen, können Sie natürlich auch mit einzelnen Kunden tun. Gute Kundenbeziehungen müssen sich schließlich auch für Sie rechnen. Für Ihr eigenes Vertriebsmanagement stellt sich daher die Frage, wie besonders knappe Ressourcen in Form von Besuchszeiten oder Marketing-Budgets auf die Kunden verteilt werden sollen. Es gibt verschiedene Verfahren der Kundensegmentierung, die solche notwendigen Entscheidungen zur Ressourcenverteilung unterstützen. Die knappen Mittel (Geld, Zeit) müssen optimal verteilt werden; dies geschieht nach Maßgabe der Größe und Reagibilität[4] einzelner Kunden auf Marketing- bzw. Verkaufsmaßnahmen.

Wie jeder andere Entscheidungsprozess lässt sich auch der Marketingprozess anhand eines Phasenschemas analysieren.

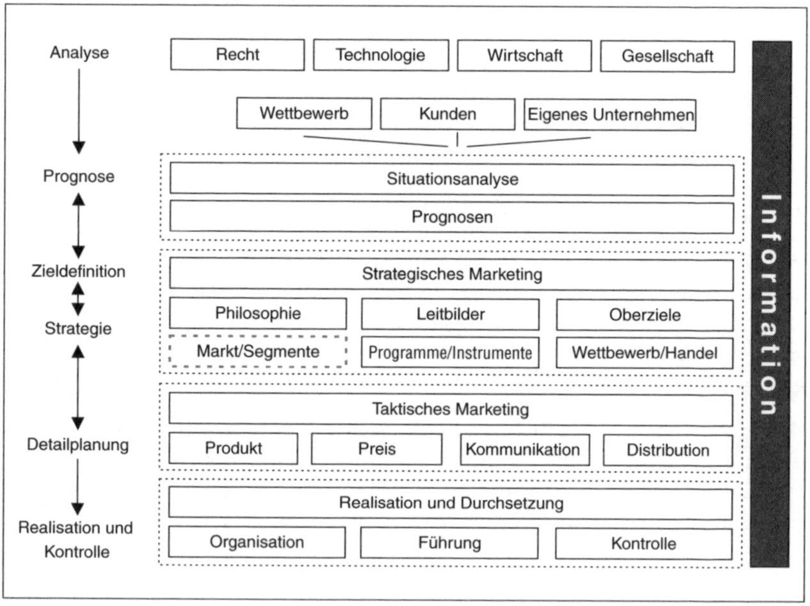


*Marketingprozess*

Häufig werden Ansätze der Kundensegmentierung mit den Marktsegmentierungsmethoden (s. o.) verwechselt, die vor allem in vielen Konsumgüterbranchen üblich sind, um Massenmärkte differenziert zu bearbeiten. Dabei werden Segmente oft nach allgemeinen Verbrauchermerkmalen gebildet (zum Beispiel demografisch, geografisch oder psychografisch) oder nach besonderen Verhaltensmerkmalen (wie Anlässe, Nutzenangebote, Verwendungszwecke oder Einstellungen der Käufer).

Mit der Marktsegmentierung will man Kundensegmente finden, die unterschiedliche Produkte vorziehen, unterschiedliche Zahlungsbereitschaften besitzen, auf Werbemaßnahmen unterschiedlich reagieren und die Produkte über unterschiedliche Absatzkanäle kaufen.

Im Rahmen der Kundensegmentierung geht es dann im Wesentlichen darum, mit welchem Aufwand einzelne Kunden bearbeitet werden sollen und für welches Umsatz-/Ertragspotenzial sie stehen. Die Kriterien der Segmentierung zielen daher in erster Linie auf Größen ab, die für die Kundenwertigkeit bedeutsam sind. Beispielsweise spielen dann Kriterien wie Anwenderstatus, Kundenkompetenz, Beschaffungsverhalten, Machtstrukturen des Abnehmers, dessen Lieferantentreue und Risikobereitschaft eine bedeutende Rolle.

Im Folgenden sehen Sie einige wichtige Methoden der Kundensegmentierung, die gleich erläutert werden.

**Für eilige Leser**
**Kundensegmentierungsmethoden**

| Zuordnung/ Bewertung | Individuelle Darstellung | Kumulierte Darstellung | |
|---|---|---|---|
| Eindimensional | ➢ Qualitative Segmentierung | ➢ Qualitatives Ranking aller Kunden | ➢ ABC-Analyse |
| | ➢ Kundendeckungsbeitragsrechnung | | |
| | ➢ Customer Lifetime Value | | |
| Mehrdimensional | ➢ Scoring-Ansätze (z. B. RFM) | ➢ Scoring-Portofolio | |
| | ➢ Radarchart (je Kunde) | ➢ Klassisches Kunden-Portofolio | |

Bevor Sie sich für eines der Verfahren entscheiden, sollten Sie genau prüfen, welchen Nutzen es Ihnen bei welchem Aufwand bringt. Manche sehr komplexe Verfahren benötigen eine relativ teure Software als Rechenplattform und eine sehr detaillierte Kosten- und Leistungserfassung, um überhaupt sinnvolle und gute Ergebnisse zu erzielen.

**Tipp:** Gehen Sie auch hier ökonomisch und nach folgenden Leitfragen vor:

- Was kann ich damit erreichen?
- Welche Vorarbeiten und permanente Arbeiten muss ich für dieses Tool leisten, damit ich etwas davon habe?
- Welchen Nutzen gewinne ich daraus?
- Wie hoch ist meine Investition?
- Wann wird sich die Investition amortisiert haben?

## Eindimensionale Ansätze

Kundensegmentierungen anhand eines einzigen Kriteriums basieren zumeist auf direkt verfügbaren Daten; meist kommen diese aus dem Rechnungswesen eines Unternehmens und sind dementsprechend einfach handhabbar. Dies hat sicherlich zur weiten Verbreitung eindimensionaler Ansätze beigetragen. Die Qualität der Ergebnisse dieser Untersuchungsmethoden hängt natürlich immer vom Ziel ab. Für Ihre Zwecke genügt auf weite Strecken Ihrer Vertriebsarbeit und in den ersten Jahren sicherlich zunächst einmal die einfach zu handhabende ABC-Analyse; sie ist die typische Vertreterin der eindimensionalen Ansätze.

## ABC-Analyse

Die ABC-Analyse ist ursprünglich ein Unterstützungsverfahren bei der Disposition von Verbrauchsmaterialien. Sie ist ein Verfahren, das bei der Ordnung bzw. Klassifizierung großer Datenmengen hilft. Die Elemente in den Daten werden in drei Klassen eingeteilt: A, B und C. Die ABC-Analyse lässt sich aufgrund ihrer einfachen Logik vielseitig einsetzen. Zum Beispiel, wenn Entscheidungen zu bestimmten Materialien getroffen werden sollen, zu Produkten, oder wenn geklärt werden soll, welche Kunden oder welche Region den größten Beitrag zum Erfolg Ihres Unternehmens leistet.

Um die ABC-Analyse sinnvoll anwenden zu können, brauchen Sie vergleichbare Daten (z. B. Kundenumsatz, Abnahmemenge etc.) für Ihre Analyseelemente (z. B. Kunden, Regionen etc.). Am besten, diese Daten liegen über verschiedene Perioden vor, um eine mögliche Dynamik in der Analyse besser verstehen zu können.

Besonders beliebt sind ABC-Analysen für den Messwert Umsätze pro Kunde.[5] Aufgrund der sehr unterschiedlichen Umsätze und der damit verbundenen unterschiedlichen Behandlung der Kunden werden diese in A-, B- und C-Kunden eingeteilt. A-Kunden sind meist die etwa 10 Prozent der größten Kunden, die bei kleineren Unternehmen zusammen etwa 70 Prozent des Gesamtumsatzes ausmachen. Die B-Kunden stellen die nächsten 20 Prozent der größten Kunden dar, die meist weitere 20 Prozent des Gesamtumsatzes schaffen. C-Kunden sind die vielen restlichen Kleinkunden, die meist nur etwa zehn Prozent des Umsatzes erbringen.

Die starke Verbreitung und Anwendung der ABC-Analyse kommt daher, dass Kundenumsätze direkt und problemlos aus dem Rechnungswesen eines Unternehmens entnommen werden können und eine Sortierung der Kunden nach Umsatz schnell durchführbar ist. Anhand Ihrer Rechnungsprogramme/Steuerprogramme können Sie ganz leicht solche Rankings erstellen. Für viele Ihrer Auswertungen ist die ABC-Analyse ein adäquates Instrument der Kundensegmentierung. Sie können Sie verfeinern, wenn Sie die damit gebildeten drei (oder manchmal auch mehr) Umsatzklassen in einen proportionalen Zusammenhang mit der Wertigkeit von Kundenbeziehungen bringen. Das klingt kompliziert, bedeutet aber einfach, dass Sie Umsatzgröße und Kundenprofitabilität in Beziehung setzen müssen.[6]

Die umsatzbezogene ABC-Analyse ist also absolut ausreichend für eine erste gute Kundensegmentierung. Ergänzen Sie sie aber unbedingt durch Profitabilitätsgesichtspunkte, denn die Maximierung des langfristigen Gewinns muss ja das Ziel Ihres vertrieblichen Handels sein.

Bedenken Sie auch: Ein einziger Indikator der Kundenwertigkeit reicht meist nicht aus. Auch wenn man die Dinge einfach halten will, es lohnt sich, hier ein wenig mehr zu tun, wenn Sie der Komplexität der Profitabilität von Geschäftsbeziehungen gerecht werden und einen besseren Einblick in Ihr Geschäft bekommen wollen. Mehrdimensionale Segmentierungsverfahren sind dabei leistungsfähiger, ohne dass es gleich viel komplizierter wird.

## Individuelle, eindimensionale Darstellung

Gerade im Dienstleistungsbereich, aber auch im produzierenden Gewerbe werden häufig qualitative Segmentierungen von Kunden eingesetzt. Dabei werden einzelne potenzielle Kunden beispielsweise in *Lead User*, *strategische Kunden* oder auch *Innovatoren* eingeteilt.

Aber diese Form der Segmentierung ist nicht unproblematisch. Das liegt daran, dass dabei die Beurteilung der Kunden überwiegend aus Ihrer Intuition heraus erfolgt. Inwieweit beispielsweise strategische Kunden oder Lead User zum Unternehmenserfolg beitragen können, wird selten anhand finanzieller Kennzahlen abgewogen. So werden in vielen Unternehmen Kundenbeziehungen, die sich selbst langfristig nicht rechnen, gerne unter Hinweis auf das sehr hohe Referenzpotenzial und in Unkenntnis der Wirtschaftsdaten des Kunden als „strategisch" bezeichnet und gegen alle ökonomische Vernunft fortgeführt.[7]

➤ **Tipp:** Schützen Sie sich vor zu vielen „strategischen" Kunden. Mit diesem Begriff lassen sich verkäuferische Misserfolge auch nicht auf Dauer schön reden. Und wenn Sie schon solche Kunden aufnehmen, verfolgen Sie genau deren wirtschaftliche Entwicklung, nutzen Sie konsequent deren Referenzpotenzial, wenn sie denn wirklich welches haben. Manchmal kann es auch viel interessanter sein, keinen dieser „großen Namen" im Portfolio zu haben.

## Kunden-Deckungsbeitrags-Rechnung (KDBR)

Um überhaupt eine aussagekräftige KDBR aufstellen zu können, müssen Kosten und Erlöse nach möglichst vielen Kriterien erfasst und auswertbar sein. Dazu gehören auch Absatzsegmente, Absatzaufträge, Distributionskanäle, Kunden, Produkte oder Regionen. In der Literatur wird dies als „zweckneutrale Grundrechnung" bezeichnet. Um eine derartige Grundrechnung durchführen zu können, bedarf es eines modernen multidimensionalen Datenbanksystems. Dies zu beschaffen, stellt meist kein großes Problem dar – außer dem der Finanzierung. Die Frage ist allerdings, ob es für Ihre Zwecke überhaupt sinnvoll ist. Möglich ist damit natürlich eine automatisierte Betrachtungsweise der Kunden als Kosten- und Leistungsträger, die als solche durchaus sinnvoll ist.[8]

Alternativ werden auch Prozesskostenrechnungen eingesetzt, in denen einzelne Kundenbeziehungen als Bezugsgröße dienen. Dabei wird durch die in der Prozesskostenrechnung übliche Vollkostenbetrachtung die Schwäche der KDBR, dass nämlich bedeutende Gemeinkostenblöcke unberücksichtigt bleiben, zum Teil behoben.

### Customer-Lifetime-Value-Ansatzes (CLV)

Diese Methode ist recht interessant; sie ermittelt die Ertragskraft von Kundenbeziehungen über die voraussichtliche Gesamtdauer der Geschäftsbeziehung. Der CLV ist nichts anderes als der prognostizierte, auf die Gegenwart abgezinste Nettobarwert einer Kundenbeziehung.

Der CLV wäre ein guter Maßstab zur Verteilung knapper Budgets und Kundenbesuchszeiten, wenn absolut zuverlässige Informationen über bisherige und zukünftige Ein- und Auszahlungen von Kundenbeziehungen vorlägen.[9]

### Kumulierte, eindimensionale Darstellung

Die beschriebenen Ansätze können nun auch dazu eingesetzt werden, eine Vielzahl von Kundenbeziehungen *relativ zueinander* zu bewerten. So sind auf der Basis qualitativer Einschätzungen einzelner Geschäftsbeziehungen qualitative Rankings aller Kunden möglich. Dabei werden alle potenziellen Kunden anhand eines bestimmten Kriteriums in eine Rangfolge gebracht. Diese Kunden-Rangliste kann beispielsweise dazu dienen, die vermeintlich interessantesten Kunden zu identifizieren, die im Rahmen einer Akquisitions-Aktion wegen einer Terminvereinbarung anzurufen sind.

An diesem Ansatz ist jedoch kritisch, dass die Kunden subjektiv und mittels qualitativer Kriterien eingeschätzt werden, was einer Willkür gleichkommt und zudem betriebswirtschaftlich nicht vertretbare Entscheidungen fördert.

## Mehrdimensionale Ansätze

### Individuelle, mehrdimensionale Darstellung

Im Rahmen der so genannten Scoring-Methode werden Kunden anhand eines individuell erstellten Kriterienkatalogs (dieser richtet sich nach Ihrer eigenen Bewertungshierarchie) qualifiziert, wobei eine einheitliche Bewertungsskala (zum Beispiel von 1 = *sehr schlecht*, bis 5 = *sehr gut*) benutzt wird. Die Feinheit der Bepunktung, also ob maximal fünf oder beispielsweise sieben Punkte je Kriterium zu verteilen sind, spielt dabei eine geringere Rolle. Viel wichtiger ist die Frage, ob Sie damit die zentralen, für eine wertorientierte Differenzierung von Kunden relevanten Kriterien berücksichtigen und in den gesamten Punktwert (oder Score) eingehen lassen können. Hier ein Beispiel:

**Kundenanalyse, Scoring**

| | | Kunde A | Kunde B | Kunde C | Kunde D | Gewichtung |
|---|---|---|---|---|---|---|
| 1. | Umsatz p.a. | 200 000 € | 150 000 € | 120 000 € | 100 000 € | Faktor **3** |
| 2. | DB 3 < 10% | X | | | | Faktor **2** |
| 3. | DB 3 > 10% | | X | X | | Faktor **3** |
| 4. | DB 3 > 15% | | | | X | Faktor **4** |
| 5. | DB 3 > 20% | | | | | Faktor **5** |
| 6. | Kaufhäufigkeit p.a. | 10 | 30 | 35 | 40 | Faktor **3** |
| 6.1 | in Sortiment A | 3 | 16 | 12 | 9 | Faktor **4** |
| 6.2 | in Sortiment B | 4 | 10 | 20 | 4 | Faktor **3** |
| 6.3 | in Sortiment C | 3 | 4 | 3 | 27 | Faktor **2** |
| 7. | ∅ Auftragswert | 20 000 € | 5 000 € | 3 429 € | 2 500 € | Faktor **1–5** |

Erläuterung: Nehmen wir an, Sie sind der Unternehmer, der diese vier wichtigen Kunden einmal in ihrer Wertigkeit für Sie vergleichen will. Sie überlegen sich also ein System, das etwa wie das oben gezeigte aussehen könnte:

In Zeile 1 steht der Umsatz, den diese vier Kunden Ihrem Unternehmen bringen. In den Zeilen 2 bis 5 sind diese Kunden nach erwirtschafteten Deckungsbeiträgen aufgeteilt. Je höher der Deckungsbeitrag, desto höher der Ertrag, desto größer also der Multiplikationsfaktor in der Spalte „Gewichtung“. Die mit X gekennzeichnete Felder bedeuten, dass der Deckungsbeitrag in diesem Bereich (Spalten 2 bis 5) angesiedelt ist. Die Kaufhäufigkeit spielt für Sie ebenfalls eine Rolle. Am liebsten sind Ihnen Kunden, die gleichmäßig über das Jahr verteilt und häufig kaufen. Das entlastet Ihre Leistungserstellung und macht sie planbarer. Kunden, die einmal für 50 000 Euro kaufen und dann ein halbes Jahr nicht, sind Ihnen eher unangenehm, dafür müssen Sie viele „Kopfstände“ machen. Kein Wunder, dass bei solchen Kunden die Deckungsbeiträge nicht gut sind.

Dann ist Ihnen noch wichtig, in welchem Sortimentsbereich ein Kunde kauft, und der durchschnittliche Bestellwert soll auch einfließen. Hier der Schlüssel zu Ihrer Kundenwertanalyse:

- Das Umsatzkriterium wird mit 3 Punkten gewichtet. Unser Beispiel: 100 000 Euro entsprechen dem Wert 1. Also ergibt der Umsatz des Kunden A von 200 000 Euro den Wert 6.
- Das DB-Kriterium wird mit 5, 4, 3, 2 Punkten gewichtet. Unser Beispiel: Ist der DB3 > 20%, erhält der Kunde 5 Punkte; ist er > 15%, erhält der Kunde 4 Punkte usw.
- Die Kauffrequenz wird mit 1 Punkt/10 Käufen gewichtet.
- Die Sortimente A, B und C werden mit 4, 3, 2 Punkten gewichtet.
- Der durchschnittliche Auftragswert wird wie folgt gewichtet: < 2 000 Euro, 1; < 4 000 Euro 2; < 10 000 Euro, 3; > 10 000 Euro, 5.
- Maximal kann ein Kriterium mit 5 Punkten gewichtet werden.

Aus dieser Vorgehensweise ergibt sich dann folgende Kundenwertanalyse:

**Kundenwertberechnung**

| **Parameter** | **Kunde A** | **Kunde B** | **Kunde C** | **Kunde D** |
|---|---|---|---|---|
| Umsatz | 6 | 4,5 | 3,6 | 3 |
| Deckungsbeitrag | 2 | 3 | 3 | 4 |
| Kaufhäufigkeit | 1 | 3 | 3,5 | 4 |
| Sortiment A | 1,2 | 6,4 | 4,8 | 3,6 |
| Sortiment B | 1,2 | 3 | 6 | 1,2 |
| Sortiment C | 0,6 | 0,8 | 0,6 | 5,4 |
| Ø Auftragswert | 5 | 3 | 2 | 2 |
| | Gesamt | | | |
| **Kundenwertigkeit** | **17** | **23,7** | **23,5** | **23,2** |

Interessant ist, dass der Kunde mit dem größten Umsatz zwar eine gewisse Wichtigkeit besitzt, aber doch bei weitem nicht die Wichtigkeit, die man zuerst vermuten könnte. Das liegt an der individuellen Bewertung dieses Unternehmens, für das Parameter wie Rendite und Kaufverhalten (bevorzugte Sortimente, Kauffrequenz etc.) offenbar eine sehr wichtige Rolle spielen.

Nach diesem Beispiel können Sie selbst ganz leicht Ihr eigenes Kundenbewertungssystem aufbauen. Die Stärke dieses Verfahrens liegt in der Möglichkeit, viele Kriterien zu berücksichtigen und sie gewichtet in eine Gesamtbewertung je Kunde einfließen zu lassen. Wenn gleichzeitig nur wenige Kunden betrachtet werden, kann die Bepunktung für jedes Kriterium auch anhand von Profilanalysen grafisch dargestellt werden. Für unser Beispiel sähe das dann so aus:

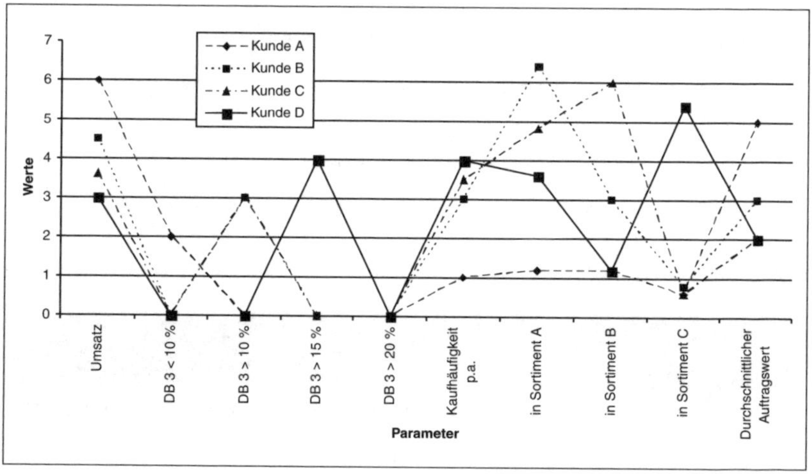


*Kundenwertanalyse*

Werden dagegen zahlreiche Kunden bewertet, ist es sinnvoll, die Scores der einzelnen Kriterien zu gewichten und je Kunde einen Kundenwert-Index oder Score zu berechnen (Score = Zahlenwert).

Auf objektiven, quantitativen Daten baut ein ähnliches Verfahren auf, dessen Ursprünge im Direktmarketing liegen: das so genannte RFM-Verfahren[10]. Hierauf soll allerdings wegen der geringen direkten Anwendbarkeit für Sie als Existenzgründer nicht weiter eingegangen werden (einen Literaturhinweis dazu finden Sie jedoch im Anhang).

## Portfolio-Technik

Potenzielle und bestehende Kunden werden anhand der Dimensionen „Wettbewerbsposition"[11] und „Kundenattraktivität"[12] bewertet und in einem Portfolio dargestellt. Ausgewählte Merkmale der Wettbewerbs- oder Lieferantenposition sind zum Beispiel ein bestimmter Leistungsanteil beim Kunden (z. B. Volumen der in Anspruch genommenen Beratungsleistungen im IT-Bereich p. a.), die bisherige Länge der Geschäftsbeziehung, die Zufriedenheit des Kunden oder der zurzeit erzielte Kundendeckungsbeitrag.

Die Werte zweier Merkmale werden in einem XY-Diagramm abgetragen (z. B. das Paar Umsatz pro Gebiet oder DB pro Zeiteinheit – beispielsweise Quartal – der Geschäftsbeziehung). Auf diese Weise entstehen vier Felder, die dann einer Bewertung zugänglich gemacht werden können. Werden Kundenattraktivität und Wettbewerbsposition hoch bewertet, so handelt es sich um einen sehr wertvollen Kunden, um den Sie sich besonders bemühen sollten. Damit wird ein Kunde auch hinsichtlich seiner Investitionswürdigkeit bewertet.

Die Kundenattraktivität kann anhand von Aspekten wie derzeitige Bedarfsvolumina, deren erwartetes Wachstum, Preisbereitschaft, Bonität, Ertragskraft/DB-Potenzial, Referenzwert oder allgemeine Loyalität bewertet werden.[13]

## Kunden-Portfolios

Im Gegensatz zum Scoring-Portfolio erfolgt die Segmentierung hier überwiegend anhand von quantitativen Größen und aus der Retrospektive. Es werden also nur Kunden analysiert, mit denen bereits Geschäftsbeziehungen bestehen. Den beiden Methoden gemeinsam ist die Darstellung der gesamten Kundenstruktur anhand von Merkmalen der Kundenattraktivität und der Wettbewerbsposition. In der vertrieblichen Praxis kann man feststellen, dass klassische Kunden-Portfolios sehr beliebt sind, um Geschäftsbeziehungen zu analysieren.[14] Allerdings werden bei dieser Methode Potenzialgrößen, wie Umsatz- oder Deckungsbeitragspotenzial des relevanten Bedarfs, häufig vernachlässigt und nur leicht zugängliche beziehungsweise direkt messbare Größen betrachtet. Mit anderen Worten: Die dynamische Ebene von Geschäftsbeziehungen wird eher vernachlässigt.

**Tipp:** Entscheidend beim Einsatz egal welcher Segmentierungstechnik sollten für Sie immer die folgenden vier Aspekte sein:

- Wählen Sie nur die für Ihr Unternehmen Erfolg bestimmenden Kriterien aus.
- Verwenden auf deren Selektion ausreichend Zeit und Konzentration bei der Formulierung.
- Prüfen Sie, ob diese Kriterien angemessen gewichtet sind. Angemessene Gewichtung heißt, dass die relative Einschätzung der Kunden auch im Sinne des betriebswirtschaftlichen Optimums gegeben ist.
- Komplexität ist kein Zeichen von Qualität: Wählen Sie die Methode aus, die Ihnen auf einfachste Weise den gerade benötigten Überblick verschafft.

# 3. Die Target-Liste

## Ihre wichtigsten potenziellen Kunden immer im Blick

Aus den genannten Techniken der Markt- und Kundensegmentierung folgen für Sie wieder ganz praktische Themen für die Vertriebsarbeit. Schließlich geht es darum, mit einer besseren Markt- bzw. Kundenkenntnis die gewünschten Unternehmensergebnisse zu erreichen. Markt- und Kundensegmentierungsverfahren stellen einfach sicher, dass alle diesbezüglichen Aktionen auf einer gesicherten Wissensbasis stattfinden. Ihre strategische Planung erfolgt somit systematisch und auf einem aussagekräftigen Wissensgrund.

Zu Ihren nächsten Tätigkeiten nach der Markt- und Kundensegmentierung gehört, dass Sie eine Reihe von Kunden selektieren, die für eine akquisitorische Bearbeitung besonders interessant sind. Dies können sowohl bestehende als auch potenzielle sein.

Das Potenzial, aus dem Sie schöpfen, ist Ihr *Kundenpool*. Er dient dazu, attraktive Kunden zu versammeln. Konkret kann dies am Anfang Ihrer Arbeit als Liste eines einfachen Tabellenkalkulations- oder auch Schreibprogramms erfolgen. Aus diesem Gesamtreservoir bilden Sie dann eine reduzierte Liste (*Targetliste = Zielkundenliste*) von Kunden, die Sie für die nächste Zeit in Angriff nehmen wollen.

Verlassen bestimmte Kunden aus irgendeinem wichtigen Grund die aktuelle Bearbeitungsliste (vielleicht weil ein Kunde der Targetliste gerade sein gesamtes Beschaffungsvolumen für eine bestimmte Nachfrage per Ausschreibung vergeben hat), dann werden sie durch Kunden von der Nachrückerliste (= Kundenpool) ersetzt.

Die Targetliste selbst wird gebildet aus den Kunden, die sich nach einem Markterhebungsverfahren (Markt-/Kundensegmentierung) als besonders interessant für Sie herauskristallisiert haben. Denken Sie daran: Es handelt sich bei diesen Kunden immer um solche, die die Gesamtstrategie Ihres Unternehmens in besonderem Maße erfüllen können.

Grundsätzlich sollten Sie im Business-to-Business-Bereich eine Targetliste führen. Aber auch im Privatkundenbereich gilt dies für einige Geschäftszweige. Handwerker oder Catering-Services könnten dies sinnvollerweise für bestimmte Gebiete in ihrer Umgebung tun und durch gezielte Ansprache bestimmte wichtige Kunden gewinnen. Welche Kunden sind im Privatbereich wichtig? Alle diejenigen, die eine große Kaufkraft für Ihre Produkte/Dienstleistungen haben und diese auch mobilisieren. Sie können eine bedeutende Sogwirkung auf andere Kunden mit den gleichen Verhaltensweisen entfalten.

Die Targetliste ist ein bedeutsames strategisches Instrument; sie repräsentiert in ihrer Kundenauswahl nämlich wesentlich die ökonomischen und anderen Ziele, die es zu erreichen gilt, indem sie aussagt, mit welchen Kunden dies geschehen soll.

Auf der Targetliste sind also all diejenigen Kunden versammelt, die Sie kurz-, mittel- oder langfristig gewinnen möchten (kennzeichnen Sie die Kunden entsprechend). Eine Mischung der Liste mit Kunden solch unterschiedlicher Erfolgshorizonte ist wichtig, da Sie damit immer die Möglichkeit haben, Erfolge zu erleben, gleichzeitig aber auch Ihre großen Ziele nicht aus den Augen verlieren.

**Tipp:** Denken Sie in diesem Zusammenhang unbedingt auch daran, dass es sinnvoll ist, besonders große oder wichtige potenzielle Kunden nicht gleich zu Anfang Ihrer Selbständigkeit in Angriff zu nehmen. **Lassen Sie sich Zeit, gut zu werden.** Sie müssen dies in zweifacher Hinsicht sein: in Ihrer Geschäftstätigkeit, sonst werden Sie als Qualitätsanbieter nicht ernst genommen, und auch in Ihrer akquisitorischen Tätigkeit. Kaum jemand würde Ihnen eine zweite Chance geben, wenn man Sie einmal als inkompetent erlebt hätte. Nehmen Sie deshalb einen potenziell sehr wichtigen Kunden erst dann in Bearbeitung, wenn Sie mehr Erfahrungen gesammelt haben.

Sehen Sie sich die folgenden fünf Punkte einmal an. Sie nennen Ihnen die Vorteile einer Targetliste.

**Für eilige Leser**
**Die Vorteile einer Targetliste**

1. Alle wichtigen potenziellen Kunden werden in einer Übersicht versammelt.
2. Ihr Kundenpotenzial wird nach Wichtigkeit strukturiert.
3. Ihre tägliche Arbeit wird strukturiert.
4. Die Targetliste hilft Ihnen bei der Strategiefestlegung im Marketing.
5. Sie werden durch die Targetliste zum Erfolg motiviert.

Sie können diese Targetkundenliste als separate Dokumentendatei führen oder innerhalb eines ausgereiften VIS[15]. Wichtig ist, dass Sie Ihre Verkaufsziele auf eine sinnvoll geordnete und übersichtliche Weise vor sich haben.

**Tipp:** Gehen Sie dabei auch praktisch vor: Diejenigen Kunden, die Sie in der gegenwärtigen Periode akquirieren möchten, können Sie zum Beispiel groß auf ein Blatt Papier schreiben und dieses an einen für Sie gut sichtbaren Platz in Ihrem Büro aufhängen. Denken Sie dabei daran, Ihre Ziele immer anspruchsvoll, aber realistisch zu formulieren. Die folgende Übersicht gibt Ihnen einen Überblick zur Erstellung einer Targetliste.

**Für eilige Leser**
**Tipps für die Erstellung einer Targetliste**

1. Der Targetliste muss ein nachvollziehbarer Selektionsvorgang der ausgewählten Kunden zugrunde liegen. Erweist sich das Verfahren als unfruchtbar, muss es geändert und eine neue Targetliste erstellt werden. Ohne Targetliste geht es aber in keinem Fall.
2. Die Targetliste sollte eine überschaubare (bearbeitbare) Anzahl an Kunden enthalten.
3. Die Targetliste lebt. Es finden ständig Zu- und Abwanderungen darauf statt. Das liegt dann hoffentlich daran, dass Sie als Unternehmer permanent Vertriebsarbeit leisten. Veränderungen sind also ein natürlicher Prozess.
4. Die Targetliste enthält ausschließlich A- und zu Beginn vielleicht den ein oder anderen B-Kunden.
5. Die Targetliste sollte möglichst schlank gehalten werden. Sie dient nicht zur Stammdatenverwaltung Ihrer Kunden. Sie enthält daher nur den Kundennamen, den Namen des Ansprechpartners, eine Qualifikation (A oder B), einen Zeithorizont der Bearbeitung, Angaben über die Abschlusswahrscheinlichkeit. Alle anderen Daten verwalten Sie in Ihrer Kundendatei.
6. Verkaufsbesprechungen (wenn Sie Mitarbeiter haben) sollten sich im Wesentlichen auf die Kunden dieser Liste und ihren Bearbeitungsstatus beziehen.

## Gliederung und Bewertung Ihres Kundenpotenzials

Sie verfügen über einen Kundenpool. Aus diesem Kundenpool haben Sie vor, eine Targetliste zu bilden. Eben haben wir gesehen, dass Sie einen großen Vorteil daraus ziehen, alle wichtigen Kunden an einem Ort zu versammeln. Damit haben Sie sie immer im Blick. Nun kommt es darauf an, diesen Kundenpool entsprechend Ihrer Unternehmensstrategie und Ihren Zielen zu gliedern und zu bewerten.

Am besten bewältigen Sie diese Aufgabe mit der so genannten „ABC-Analyse" (s. o.). Sie ist ein einfaches und wirksames Instrument. Man kann sie durchführen nach Umsatz, Deckungsbeitrag, Kundentreue oder anderen Kennziffern. Die Veranschaulichung ihrer Ergebnisse geschieht meist mit einer „Lorenzkurve".

Bei der Einteilung der Kunden in ein A-, B- oder C-Segment bringen Sie zuerst alle Kunden nach Maßgabe der Höhe der Umsätze oder Ihrer Umsatzerwartungen in eine Rangfolge. Daraus bilden Sie drei Kundenklassen, indem Sie die ersten zehn Prozent der Kunden (die umsatzstärksten) der Klasse A, die nächsten 20 Prozent der Klasse B und die restlichen der Klasse C zuordnen. Im zweiten Schritt ermitteln Sie dann den Anteil der verschiedenen Klassen am Gesamtumsatz. Häufig bestätigt sich hier die bekannte 80/20-Regel (Pareto-Regel: mit 20 Prozent der Kunden erwirtschaftet man ca. 80 Prozent des Umsatzes), die sich aufgrund der steigenden Konzentration in der Wirtschaft in den letzten Jahren sogar immer mehr zu einer 90/10-Regel entwickelt.

Vorteil: Es handelt sich um ein einfach zu handhabendes Verfahren. Für Sie ist der Umsatz eine entscheidende Zielgröße. Praktisch jedes Kundenverwaltungsprogramm ermöglicht eine Klassifizierung nach diesem Muster.

Nachteil: Die Betrachtung allein nach dem Umsatz oder der Umsatzerwartung ist eindimensional. Dabei können Kunden mit einem hohen Potenzial, aber derzeit geringen Umsätzen leicht aus dem Raster fallen, da dieses nicht berücksichtigt wird. Die ABC-Analyse berücksichtigt keine strategischen Elemente.

## Hilfe bei der Strukturierung Ihrer täglichen Arbeit

Eine gut geführte Targetliste ist ein geordneter Kundenpool, der Ihnen die Arbeit an Ihren Kunden erheblich erleichtert. Zum einen haben wir gesagt, sind damit alle wichtigen Kunden an einem Ort versammelt, zum anderen sind die Kunden nach ihrer Wichtigkeit geordnet. Beides hilft Ihnen dabei, Ihre tägliche Arbeit besser zu strukturieren. Jede Stukturierungshilfe ist für Sie wertvoll, denn gerade in der Anfangszeit müssen Sie mit besonders knappen Ressourcen zurecht kommen. Inwiefern strukturiert nun die Targetliste Ihre tägliche Arbeit?

Sie haben Kunden nach ihrer Wichtigkeit für Ihre Zielerreichung eingeteilt, sie also priorisiert. Daraus ergibt sich auch eine Priorisierung Ihrer Tätigkeiten. Es ist logisch, dass Tätigkeiten für C-Kunden nicht so wichtig sein können wie Tätigkeiten für B- oder gar A-Kunden. Ausgehend von dieser Voraussetzung können Sie ganz leicht Ihren Tätigkeitsplan erstellen. Alle Tätigkeiten lassen sich nämlich nach derselben Klassifizierung wie Ihre Kunden einteilen.

Die Frage nach der Kundenwichtigkeit hilft Ihnen immer dabei herauszufinden, ob Sie gerade nur aktiv sind oder ob Sie mit etwas Wichtigem beschäftigt sind. Wichtiger als alle anderen Tätigkeiten sind alle diejenigen, die Sie für Ihre A-Kunden erbringen. Neben der Wichtigkeit gibt es einen zweiten Parameter für Ihre Tätigkeiten: die Dringlichkeit.

Dringliche Tätigkeiten (für C-Kunden) können auch einmal vor wichtigen Tätigkeiten für A-Kunden kommen, aber nur, wenn diese nicht die gleiche hohe Dringlichkeitsstufe haben.

## Hilfe bei der Strategiefestlegung Ihres Marketing

Die Targetliste kann aber noch mehr, als nur Ihre Kunden an einem Ort zu versammeln, sie nach Wichtigkeit zu ordnen und Ihnen dabei zu helfen, Ihre Tätigkeiten besser zu planen. Sie liefert Ihnen auch nützliches Wissen, das Sie zu Ihrer Marketingplanung und -strategiefestlegung benötigen.

Schauen wir uns einmal ein Beispiel für eine Targetliste an.

| Targetliste, März 2006 | | | | |
|---|---|---|---|---|
| **Kunde** | **Ansprech-partner** | **Qualifi-kation** | **Abschluss bis** | **Abschluss-wahrschein-lichkeit** |
| BMW AG | Fr. Siebert | B+ | 31.10.07 | 80% |
| Müller & Co. | Hr. Müller | A | 30.06.07 | 70% |
| Hanfstengel AG | Fr. Siegel | A | 31.07.07 | 20% |
| Saubermann GmbH | Hr. Borowy | A– | 31.12.06 | 35% |
| Thetis & Co. | Fr. Koatsch | B+ | 30.09.06 | 75% |
| ... | | | | |

Wie erhalten Sie nun Aussagen darüber, wie Sie sich strategisch ausrichten müssen, wenn Sie eine Targetliste diesen Typs haben? Strategie bedeutet ja, einen Weg zu bestimmen, mit dem Ihre Ziele erreichbar werden.

Dazu müssen Sie die Qualifikation der Kunden, den geplanten Abschlusstermin und deren Abschlusswahrscheinlichkeit berücksichtigen; außerdem alle anderen Informationen, die Sie aus Ihrer Vorarbeit zu den betreffenden Kunden gewinnen konnten.

Die Qualifikation der Marktpotenz eines Kunden hängt häufig sehr von der Branche ab, in der er ist. Es spielt dabei aus Erfahrung keine große Rolle, ob Sie diese Marktpotenz mit hoch komplizierten Analyseverfahren und aufwändigen Recherchen durchführen oder aufgrund Ihrer Marktkenntnisse und intuitiv. Meist werden Sie richtig liegen.

Die Einschätzung der Abschlusswahrscheinlichkeit bis zu einem bestimmten Datum hängt von Ihrer Marktkenntnis im Allgemeinen ab.

Wie würden Sie nun mit einer solchen Targetliste vorgehen? Welche Schlüsse könnten sinnvoll sein? In welche Kunden würden Sie am ehesten Zeit und Energie investieren? Hier einige Hinweise, die wir Ihnen geben würden, wenn das Ihre Liste wäre:

1. Den kürzesten Abschlusshorizont hat Thetis & Co. Außerdem noch eine relativ hohe Abschlusswahrscheinlichkeit mit 75 Prozent. Hier haben Sie vermutlich gute Kenntnisse des Kunden, und der Kaufprozess ist schon

sehr weit gediehen. Also kommt dieser Kunde, auch wenn er „nur“ die Qualifikation (Umsatzklasse) B+ hat, in die Bearbeitung nach oben.

2. Der A-Kunde Saubermann hat zwar ein großes Umsatzvolumen und einen relativ kurzen Abschlusshorizont, ist aber mit nur 35 Prozent Abschlusswahrscheinlichkeit zum 31.12.2006 ziemlich „mau“. Lohnt sich hier wirklich die Arbeit? Entweder es kommen in den nächsten 14 Tagen entscheidende neue Faktoren ins Spiel, die eine andere Bewertung zulassen, oder dieser Kunde muss vorerst die Targetliste verlassen. Er wandert zurück in den Kundenpool.
3. Sie brauchen doch schnell Umsatz auch aus dem B- und A-Segment. Sie haben zwar Kunden aus diesen Umsatzbereichen auf der Liste, aber die Abschlusshorizonte sind zu lang. Ein besseres Verhältnis von Umsatzstärke und Abschlusswahrscheinlichkeit bei einem relativ kurzen Zeithorizont wäre besser. Gehen Sie mehr attraktive Kunden aus dem B-Segment mit kürzeren Abschlusszeiten an.

Dies sollen nur einige Hinweise zur Targetliste und ihrem Gebrauch für die Strategiefestlegung sein. Sie gibt Ihnen wichtige Hinweise darauf, wie Sie vorgehen müssen, um erfolgreicher zu sein.

## Motivation zum Erfolg

Die Targetliste gibt Ihnen also Hinweise zur Strategiegestaltung und -veränderung. Und außerdem motiviert sie Sie. Warum?

Grundsätzlich motivieren jeden Menschen andere Dinge. Aber Sie haben sich dazu entschlossen, Unternehmer zu sein. Also haben Sie sich bestimmte Ziele gesetzt, die auch besonders anspruchsvoll sind. Viel anspruchsvoller und schwieriger zu erreichen als alles, was Sie bisher in einer abhängigen Arbeitsstellung getan haben. Sie haben sich diese Ziele gesteckt, weil Sie verantwortlich für sich und andere handeln wollen. Solche anspruchsvollen Ziele zu erreichen ist ein Motivationsauslöser wie kaum ein anderer. Alles dafür zu tun, fällt einem leichter, wenn man seine Ziele wirklich vor Augen hat.

Als selbstständiger Unternehmer sind Sie in vielen Phasen Ihrer Arbeit allein. Sie brauchen Menschen um sich herum und Faktoren, die Ihnen Befriedigung verschaffen und Sie weiter motivieren, auf diesem anstrengenden Weg zu bleiben.

Bedenken Sie auch, dass die Ziele, von denen wir hier sprechen, also einen bestimmten Kunden zu gewinnen, nicht für sich selbst stehen. Es geht nicht um einen sportlichen Ehrgeiz. Vielmehr geht es darum, durch diese Zielerreichung etwas anderes, wertvolleres zu erreichen: Sicherheit zum Beispiel; oder das Gefühl, etwas Sinnvolles und Wichtiges zu tun, etwas Anspruchsvolles, das Sie begeistert und fordert; oder dass Sie etwas Schönes tun, das seinen Reiz in sich selbst trägt; oder dass Sie anderen Menschen auf entscheidende Weise helfen können.

Also: Lassen Sie Ihre Ziele sichtbar werden auf der Targetliste und machen Sie diese Liste zu Ihrem täglichen Arbeitsinstrument. Schreiben Sie auch immer wieder einen Ihrer großen Zielkunden auf ein großes Blatt Papier und hängen Sie den Namen dieses Zielkunden gut sichtbar an Ihrem Arbeitsplatz auf. Das wird Sie zusätzlich unterstützen.

# Teil III: Viele Wege zum einen Ziel

# 1. Direkte und indirekte Kundenansprache

Wir haben gesehen, wie viel konzentrierte professionelle Arbeit Sie leisten müssen, um sich in einem Markt neu aufzustellen, wie viel man über seine potenziellen Kunden, seine Wettbewerber und nicht zuletzt über sich selbst wissen muss. Im diesem Kapitel wollen wir zwei verschiedene Wege der Zielkundenansprache betrachten, damit Sie dann auf abgewogene Weise entscheiden können, wie Sie jeweils vorgehen wollen – und damit Sie gut ausgerüstet sind für Ihre ersten Verkaufsgespräche am Telefon und im direkten Kontakt mit Ihren Kunden.

Grundsätzlich unterscheidet man zwei Vorgehensweisen der Kundenansprache: Die eine erfolgt über irgendein Medium wie Brief, Artikel, Anzeige, Mailing etc., die andere erfolgt direkt, von Mensch zu Mensch sozusagen. Wir nennen diesen Weg Direktansprache.

Diese Direktansprache kann man in folgende zwei Hauptgruppen unterteilen:

- das Telefongespräch (Telesales) und
- das persönliche Verkaufsgespräch.

Beim persönlichen Verkaufsgespräch unterscheidet man zwischen

- dem Verkaufsgespräch bei Ihnen/dem Kunden
  alleine/in der Gruppe und
- dem anlassbezogenen Verkaufsgespräch
  (Messen, Kongresse, Fachtagungen, Tage der offenen Tür etc.)

Mit diesen beiden Weisen der Direktansprache können unterschiedliche Ziele verfolgt werden, je nachdem auch, in welcher Verkaufsphase sie erfolgen. Sie können dazu dienen, einen ersten Kontakt herzustellen, einen Kontakt zu pflegen oder auch ein Geschäft abzuschließen. Sie sind ein wenig unterschiedlich, was das Kommunikationsverhalten angeht; was die rhetorischen Elemente betrifft, sind sie identisch. Das heißt, dass das, was für den einen Bereich gesagt wird, Sie ebenso für den anderen anwenden können.

Hier wollen wir uns zunächst mit dem Thema der ersten Kontaktaufnahme intensiv befassen, da dies ein besonders heikler Punkt im Akquisitionsprozess ist; denn hier entscheidet sich meist schon, ob ein weiterführender Kontakt, an dessen Ende ein für beide erfolgreicher Abschluss steht, zustande kommt oder eben nicht.

## 2. Die telefonische Akquisition

Betrachten wir zunächst die telefonische Akquisition. Sie wird vielfach von Ihnen genutzt werden, um Termine mit Ihren Kunden zu vereinbaren, Sachverhalte mit ihnen zu klären, Angebote zu besprechen, Kundenpflege zu betreiben oder auch um Reklamationen nachzugehen.

### Grundlagen

Man könnte meinen, telefonieren könne jeder. Aber Ihre eigene Erfahrung zeigt Ihnen vermutlich, dass es immer wieder zu missverständlichen oder ärgerlichen Situationen kommen kann, wenn Sie telefonisch schnell eine Frage beantwortet haben möchten, eine Bestellung aufgeben oder vielleicht reklamieren wollen. Telefonieren ist eine Art der menschlichen Kommunikation und erfordert damit eine gewisse Aufmerksamkeit und ein gewisses Können, damit sie auf gute und professionelle Weise erfolgen kann.

Am Telefon sind Sie darauf angewiesen, alles, was Sie Ihrem Gesprächspartner vermitteln wollen, über die Sprache auszudrücken. Ihre persönliche Verkaufsrhetorik ist somit am Telefon von viel größerer Bedeutung als bei einem Gesprächstermin von Ort. Nachfolgend finden Sie einige hilfreiche Tipps, damit Sie in Zukunft erfolgreiche Telefonate führen können.

Fragen Sie sich einfach einmal, wann für Sie ein Telefonat mit einem Kunden erfolgreich ist. Unser Vorschlag dazu sind die folgenden Kriterien:

- Der Kunde vermittelt Ihnen das Gefühl von Zufriedenheit, formuliert dies vielleicht auch direkt so, und auch Sie fühlen sich während und nach dem Telefonat wohl.
- Ihr Gespräch am Telefon ist erfolgreich; das heißt, Sie haben Ihre Gesprächsziele erreicht.
- Sie meistern auch schwierige Gesprächssituationen und sind deswegen mit sich zufrieden.

Am Telefon ist die Sprache Ihr wichtigstes Instrument. Daher ist es entscheidend, Ihr persönliches Sprachverhalten zu kontrollieren. Nur wenn Sie sich klar darüber sind, was genau passiert, wenn Sie sprechen, können Sie die Wirkung Ihrer Worte auf den Gesprächspartner und die Gesprächssituation abstimmen.

Wann haben Sie sich zuletzt selbst gehört, wann wurden zum letzten Mal Aufzeichnungen von Ihnen gemacht, die von einem Fachmann analysiert worden sind? Dazu ein Tipp: Scheuen Sie sich nicht, das Feedback von jemandem einzuholen, dessen fachlicher Urteilskraft Sie vertrauen. Es ist in vielen Fällen sinnvoll, ein Gespräch gemeinsam zu analysieren.

Fast jeder hat heute eine Videokamera. Warum nutzen Sie sie nicht, um sich einmal damit beim Telefonieren mit Kunden oder Lieferanten aufzunehmen? Nehmen Sie anschließend eine Auswertung mit den Hinweisen aus diesem Buchteil vor. Schauen Sie dieses Video mit jemandem an, der Ihnen ein professionelles, wohlwollendes und konstruktives[1] Feedback geben kann.

## Das Gesprächsumfeld organisieren

Um effektiv und erfolgreich am Telefon arbeiten zu können, sollten Sie unbedingt darauf achten, dass Sie alle wichtigen Mittel und Informationen, die Sie während des Telefonats benötigen, in unmittelbarer Reichweite haben. Das spart Ihnen das leidige Suchen während eines laufenden Gesprächs. Bedenken Sie immer, dass ein sehr geräuschvolles Umfeld einen negativen Einfluss auf den Gesprächsverlauf haben kann. Im schlimmsten Fall kann sogar die Kommunikation unmöglich werden.

Informieren Sie Ihr Umfeld, wenn Sie Ihre Telefonarbeit planen, damit sich auch Ihr Umfeld darauf einstellen kann. Wenn Sie zuhause arbeiten, sorgen Sie dafür, dass „Privatgeräusche" jedweder Art nicht zu hören sind: tobende Kinder, schlagende Türen, lautes Rufen ... All das trägt nicht dazu bei, am anderen Ende der Leitung einen Eindruck von Professionalität entstehen zu lassen.

## Der erste Eindruck

Sicherlich haben Sie schon einmal gehört, dass es für den ersten Eindruck keine zweite Chance gibt. Das ist wahr. Und am Telefon entscheiden schon die ersten Sekunden eines Gesprächs über den weiteren Verlauf des Kontakts und letztlich über den Erfolg. Beginnen Sie mit einer gelungenen Begrüßung Ihres Gesprächspartners und einer guten Vorstellung. Achten Sie bei aller Routine immer darauf, dass Ihr Ton ruhig und souverän bleibt. Dabei ist wichtig, dass Sie Ihren Namen und den Namen Ihrer Firma klar und deutlich aussprechen. Das erspart Ihrem Kunden das für viele unangenehme Nachfragen: „Wie war Ihr Name noch mal?"

Es liegt in Ihrer Hand, den Angerufenen schon in den ersten Sekunden des Gesprächs für sich zu gewinnen. Die ersten drei Sekunden gehören immer zu den schwierigsten Phasen eines Gesprächs. Der Angerufene ist hier nämlich besonders gefordert: Er muss sich erst einmal an Ihre Stimme gewöhnen und ist deshalb während der ersten Silben noch nicht richtig aufnahmefähig für viele andere Informationen.

So sieht eine gute Begrüßung aus:

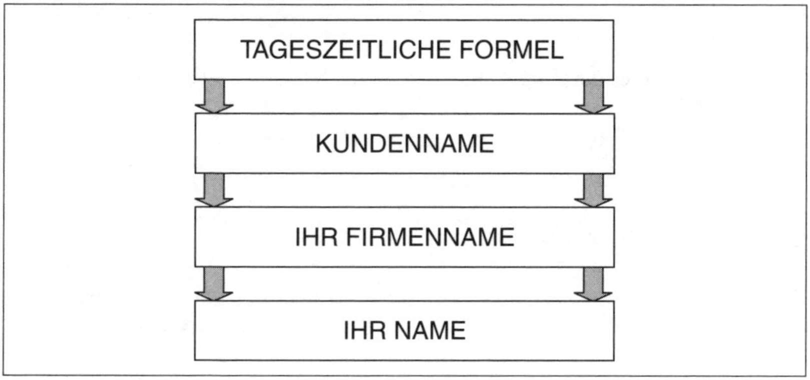


*Die telefonische Begrüßung*

**Tipp:** Die gezeigte Formulierung soll Ihnen als Vorlage dienen. Sie selbst sollten in dieser Struktur einen Weg finden, der Ihrem eigenen Kommunikationsverhalten entspricht und dennoch die gezeigte Regel beherzigt. Denken Sie daran, dass die Nennung des Kundennamens nachweislich die Akzeptanz Ihres Anrufes erhöht und Ihnen gleichzeitig einen Sympathiebonus verschafft. Ihr Gesprächspartner fühlt sich sofort beachtet und wird Ihnen auch in der Folge des Gesprächs viel aufmerksamer zu hören.

Beispiel: „Guten Tag, Herr Dr. Meier. Hier ist die Rechtsanwaltskanzlei Müller & Partner. Mein Name ist Sabine Müller ...“

## Die professionelle Gesprächseröffnung am Telefon

Von elementarer Bedeutung für eine professionelle Gesprächsführung – nicht nur im Verkauf – ist das rhetorische Stilmittel des „Sie-Standpunktes“. Der Egoismus eines Menschen drückt sich nicht nur in seinen alltäglichen Verhaltensweisen, sondern auch in seiner Sprache aus. Dabei kommt häufig das Wort „ich“ vor. Schauen Sie sich doch einmal die folgenden Praxisbeispiele ganz bewusst daraufhin an:

> „Ich schicke Ihnen das Material noch heute zu.“ Oder: „Die Sachen gehen noch heute an Sie raus.“
>
> „Ich kann Ihnen das nur empfehlen.“ Oder: „Wenn Sie sich dazu entschließen, hat das für Sie folgende Vorteile ...“
>
> „Ich kann Sie gut verstehen.“ Oder: „Ja, Sie haben vollkommen Recht.“

Haben Sie den Unterschied zwischen den „Ich-Formulierungen“ und den „Sie-Standpunkten“ bemerkt? Jedes „Sie“ oder „Ihnen“ erhöht bei Ihrem Kunden am Telefon die Sympathie und Akzeptanz.

## Vorzimmerbarriere

Ein erfolgreiches aktives Verkaufstelefonat läuft immer nach einer bestimmten Systematik ab. Dabei lässt sich die Kommunikation leicht in einzelne Phasen gliedern:

| |
|---|
| VORZIMMERBARRIERE |
| BEGRÜSSUNG DES KUNDEN |
| GESPRÄCHSERÖFFNUNG |
| KUNDENREAKTION |
| EINWANDBEHANDLUNG |
| ABSCHLUSSPHASE |
| TERMINVEREINBARUNG |
| ZUSAMMENFASSUNG |

*Phasen des Verkaufstelefonats*

Diese Phasen gehören zu jedem Verkaufstelefonat, zum Beispiel auch, wenn es um eine Terminvereinbarung für ein Erstgespräch geht.

Gleich zu Anfang gibt es eine kleine Herausforderung, nämlich die „Vorzimmerbarriere“. Dies kann die Sekretärin des Entscheiders oder auch ein Assistent sein. Darauf möchten wir mit folgendem Beispiel eingehen. Sehen Sie es sich einmal an:

Kunde: „Schiavi und Partner Beratung, Sekretariat Dr. Baum, guten Tag.“

Anrufer: „Ja, guten Tag. Ich hätte gerne mal den Herrn Baum gesprochen. Ich wollte ihm nämlich mal unsere neuesten Faxgeräte vorstellen.“

Kunde: „Das tut mir Leid. Da sind wir bestens eingedeckt.“

Anrufer: „Ja, dann vielleicht ...“

Kunde: „Nein, danke!“

Anrufer: „Okay, danke. Auf Wiederhören ...“

Leider laufen viele Erstgespräche bei Personen, die dem Thema der telefonischen Kommunikation keine ausreichende Beachtung schenken, so ab. In diesem Praxisbeispiel hat die Sekretärin nicht das geringste Interesse entwickelt herauszufinden, worum es bei dem Angebot überhaupt geht. Das hat auch ihr Chancen genommen, vielleicht ein herausragendes Angebot für ihr Unternehmen zu entdecken.

➤ **Tipp:** Helfen Sie dem Angerufenen dabei, dass ihm keine guten Chancen für sein Unternehmen entgehen! Sie können in der oben geschilderten Situation einige Fehler ganz leicht vermeiden:

1. Benutzen Sie keine Formulierungen wie „Ich möchte“, sondern verlangen Sie den Gesprächspartner direkt, zum Beispiel: „Ist Herr Dr. Baum zu sprechen?“
2. Nennen Sie Ihren eigenen vollständigen Namen und auch den Namen des Gesprächspartners, eventuell auch seinen Vornamen. In jedem Falle aber seinen Titel.
3. Sagen Sie der Vorzimmerdame nicht immer gleich genau, worum es geht, sondern benutzen Sie Formulierungen wie „persönliche Einladung“ oder „persönlicher Vergleich“.

Hier unser Positivbeispiel:

Kunde: „Schiavi und Partner Beratung, Sekretariat Dr. Baum, guten Tag."

Anrufer: „Guten Tag. Hier ist Ebeling-Bürotechnik. Mein Name ist Markus Ebeling. Ist Herr Dr. Baum zu sprechen?"

Kunde: „Ja. Worum geht es, bitte?"

Anrufer: „Ich möchte ihn gerne zu einem persönlichen Angebotsvergleich einladen."

Kunde: „Einen Augenblick, ich verbinde Sie."

Anrufer: „Danke. – Ja, guten Tag, Herr Dr. Baum."

## Anrufe effektiv weiterleiten

Vielleicht arbeiten Sie ja in einem Team? Daher kann das Weiterleiten von Telefonaten für Sie wichtig sein. Wenn Ihr Unternehmen Kundenanrufe erhält, dann kommt es in der Praxis immer wieder vor, dass Sie Anrufe entgegennehmen, die gar nicht für Sie bestimmt sind. Wichtig ist in solchen Fällen, dass Sie sofort den richtigen Ansprechpartner bei sich ausfindig machen und den Anrufer dorthin weiterleiten. Denken Sie auch immer daran, dass Sie das Aushängeschild Ihres Unternehmens und aller seiner Mitarbeiter sind. Der gute und zuvorkommende Umgang auch mit schwierigen Anrufern ist in diesen Fällen besonders wichtig. Dazu wieder ein Praxisbeispiel:

Anrufer: „Böller Schrauben und Nieten, Saskia Einhell, guten Morgen."

Kunde: „Hallo?"

Anrufer: *(Ungeduldig)* „Ja, bitte?"

Kunde: „Oh, Zumstein, Horst, Moin! Letzte Woche waren Sie bei mir in der Werkstatt und haben mir ein neues Schnellverbindungssystem vorgestellt. Irgendwas mit ‚Sekundas-Hopp CP' oder DP. Dazu hätte ich jetzt eine Frage."

Anrufer: „Da sollte ich bei Ihnen gewesen sein?! Das glaube ich nicht! Ich war letzte Woche bei einem Seminar in Frankfurt. Über Klebeverbindungen."

Kunde: „Ja, vielleicht ist es ja auch schon länger her?"

Anrufer: „Woher rufen Sie eigentlich an?"

Kunde: „Bremerhaven."

Anrufer: „Bremerhaven?! Nee, das ist überhaupt nicht mein Verkaufsgebiet. Da müssen Sie sich irren. Wie hat der Kollege denn ausgesehen?"

Kunde: „Das, das war so ein dunkler ... für einen Mann recht klein ..."

Anrufer: „Klein?! Ne, also klein wüsste ich jetzt echt nicht."

Dieses Telefonat kann kaum zu einem erfolgreichen Ende gebracht werden; dieses Gerede könnte wahrscheinlich noch Stunden so gehen. Dabei hätte Saskia Einhell doch wichtige Informationen erhalten und den Anrufer umgehend an den zuständigen Verkaufsberater weiterleiten können. Sie hätte effektiv und freundlich arbeiten können.

Hier unser Positivbeispiel:

Anrufer: „Böller Schrauben und Nieten, Saskia Einhell, guten Morgen."

Kunde: „Oh, Zumstein, Horst, Moin! Letzte Wochen waren Sie bei mir in der Werkstatt ..."

Anrufer: „Oh, tut mir Leid, aber ich glaube nicht, dass Sie da persönlich mit mir geredet haben. Aber sagen Sie mir bitte Ihre Postleitzahl, Herr Zumstein, dann kann ich Ihren Gesprächspartner ganz schnell für Sie heraussuchen."

Kunde: „Da muss ich selber mal überlegen. 27568."

Anrufer: „Einen kleinen Moment, bitte. Ich schaue gleich mal nach."

Kunde: „Ja, ich warte."

Anrufer: „Das war sehr wahrscheinlich unser Herr Leichtentritt. Er ist der in Ihrem Gebiet verantwortliche Kundenberater."

Kunde: „Ah, ja, stimmt genau! Jetzt erinnere ich mich. Ist er denn da?"

Anrufer: „Ja, der Herr Leichtentritt ist heute im Hause. Ich verbinde Sie gerne."

**Tipp:** Für den Fall, dass Sie auf bestimmte Informationen zwingend angewiesen sind, trauen Sie sich ruhig, auch mehrmals nachzufragen. Das zeigt dem Anrufer, dass Sie ihm auch wirklich helfen wollen.

## Telefonisch Angebote unterbreiten

In dem nachfolgenden Praxisbeispiel gehen wir davon aus, dass Sie das Verkaufsgebiet eines Vorgängers auf selbstständiger Basis übernommen haben – zum Beispiel für eine Versicherung.

Sicherlich gibt es in Ihrem Arbeitsalltag als verkaufender Unternehmer viele Situationen, bei denen ein weiterführendes telefonisches Verkaufsgespräch erfolgt, wie beispielsweise bei Erstkontakten, die auf Messen oder Ausstellungen entstanden sind und nun weitergebracht werden sollen. Dabei können Ihnen einige Formulierungen und Verhaltensweisen helfen, Ihre Zielvorstellungen schnell und zuverlässig zu erreichen. Auf ein solches Telefonat können Sie sich gut vorbereiten. Nehmen Sie sich vor dem Gespräch die Zeit, sich einige Punkte auf einem Zettel zu notieren. Dann kann Ihnen Nachfolgendes nicht passieren.

Kunde: „Up&Down Finanzen, München. Oswald Hirngiebel am Apparat, wie kann ich Ihnen helfen?“

Anrufer: „Jutta Sawatzki von der Everytime-Safe Versicherung, Frankfurt, hallo. Ich soll bei Ihnen anrufen, weil ich als Ihre zuständige Beraterin dieses Gebiet gerade von meinem Vorgänger übernommen habe. Haben Sie sich nun schon für ein Versicherungspaket entschlossen?“

Kunde: „Mh, wann war denn jemand von Ihnen hier bei uns? Wir schreiben ja zurzeit aus. Da bekommen wir viele Besucher. *(Lachend)* Sie wissen ja: Jeder Meter ein Vertreter ...“

Anrufer: „Na, ich bin kein Vertreter. Ich bin mein eigener Chef. Aber gut ... Am 13. September, glaub ich ... halt, das war ja ein Sonntag, nee, dann am Montag darauf.“

Kunde: „Also dann am 14. September? Mh, Ihr Vorgänger war der Herr Toelke?“

Anrufer: „Ja.“

Kunde: „Also, grundsätzlich haben wir uns noch nicht entschieden. Da Sie aber gerade anrufen, ich hätte eine Frage zum Angebot für die Feuerversicherung. Sind da die Prämien für die Anbauten, die nächstes Jahr erst fertig gestellt werden, schon berücksichtigt? Das wäre wichtig zu wissen."

Anrufer: „Weiß ich auch nicht. Ich glaube aber schon."

Kunde: „Diese Information ist aber schon sehr wichtig für uns. Ich hatte das auch schon den Herrn Toelke gefragt. Wie sollen wir uns denn sonst entscheiden können?"

Anrufer: „Ja, gut ..."

Kunde: „Vielleicht können Sie ja mal in der Zentrale nachfragen, wenn Sie das nicht wissen und mich dann freundlicherweise kurz zurückrufen."

Anrufer: „Mh. Mit wem habe ich jetzt bitte gesprochen?"

Kunde: *(Schon ungeduldig)* „Oswald Hirngiebel."

Anrufer: „Ähm, gut, ich frage nach und melde mich dann wieder bei Ihnen."

Kunde: „Danke."

➤ **Tipp:** Legen Sie vor dem Telefonat genau fest, welches Ziel und welchen Erfolg Sie am Ende haben möchten. Denn aus dieser Zielsetzung lassen sich leicht drei oder vier Gesichtspunkte ableiten, die Sie dann nur abzuarbeiten brauchen. Dabei fallen Ihnen womöglich noch ungeklärte Punkte auf, die Sie dann vor dem Telefonat noch klären können. Bereiten Sie sich auf das Telefonat vor: Zahlen, Daten und Fakten zu den jeweiligen Kundenprojekt müssen Ihnen vertraut sein. Notwendige Informationen, die erforderlich sein könnten, müssen Sie griffbereit haben.

Wären bei dem gezeigten Gespräch die notwendigen Informationen da gewesen, wäre es vielleicht so verlaufen:

Kunde: „Up&Down Finanzen, München. Oswald Hirngiebel am Apparat, wie kann ich Ihnen helfen?"

Anrufer: „Guten Tag, Herr Hirngiebel. Hier ist die Everytime-Safe Versicherung, Frankfurt, mein Name ist Jutta Sawatzki. Ich rufe Sie heute an, weil ich mich als Ihre neue Versicherungsberaterin vorstellen möchte. Vor wenigen Tagen habe ich das Gebiet und den Kundenstamm von Herrn Toelke übernommen. Ich glaube, er war am 14. September bei Ihnen im Haus. Stimmt das?"

Kunde: „Ja, ich erinnere mich."

Anrufer: „Er hat Ihnen dabei ein Angebot unterbreitet. Haben Sie denn noch Fragen dazu?"

Kunde: „Grundsätzlich haben wir uns noch nicht entschieden. Es ist aber gut, dass Sie anrufen. Ich habe zu dem Angebotsteil der Feuerversicherung nämlich noch eine Frage. Sind bei der Prämie die Anbauten, die ja erst nächstes Jahr fertig werden, schon berücksichtigt? Das wäre für uns wichtig zu wissen."

Anrufer: „Ich habe eben zu Ihrem Angebot noch mal mit Herrn Toelke telefoniert. Wir bieten Ihnen an, nach Fertigstellung der Gebäude die Police automatisch anzupassen. Die Prämie dafür erhöht sich für Sie allerdings erst ab der nächsten Beitragszahlung."

Kunde: „Das klingt fair."

Anrufer: „Ich kann Ihnen gerne einmal einen Vertragsentwurf zukommen lassen, in dem dieser Punkt fixiert wird."

Kunde: „Ja, gerne. Tun Sie das."

Anrufer: „Ich gebe ihn noch heute in die Post. Dann müssten Sie ihn spätestens bis übermorgen haben."

Kunde: „Schön."

Anrufer: „Und wann kann ich mich dann wieder bei Ihnen dazu melden?"

Sie haben bemerkt, dass Jutta Sawatzki hier aufgrund einer durchdachten Vorbereitung einen wichtigen Vorteil ihres Angebots herausstellen konnte und dadurch den Kundenkontakt noch besser vertieft hat. Sie konnte auf die Fragen antworten und hat die Situation genutzt, um dem Abschluss näher zu kommen.

## Nachfassaktion und Terminabsprache

Häufig werden Sie bei einem neuen Kunden den ersten Kontakt am Telefon haben. Dabei ist neben einer positiven Grundeinstellung (schließlich wollen Sie mit ihm eine gute und auf Langfristigkeit angelegte Beziehung zu beiderseitigem Nutzen aufbauen!) eine gute Kenntnis des eigenen Sortiments und Leistungsangebots notwendig. Auch bei diesem Gesprächsgegenstand ist eine gute Vorbereitung erforderlich. Überlegen Sie sich schon im Vorfeld, welche Informationen der Kunde über Ihr Unternehmen und sein Leistungsangebot bereits hat, und denken Sie dann über Antworten zu den Fragen nach, die der Kunde Ihnen am Telefon stellen könnte.

Hier wieder ein Beispiel aus der Praxis. Der Verkäufer ruft zum ersten Mal bei diesem neuen Kunden an.

Anrufer: „Pimpelmoser heißt der ... *(das murmelt er während des Wählens vor sich hin)* ... na, das ist ja vielleicht ein blöder Name!"

Kunde: „Copyshop Pimpelmoser."

Anrufer: „Markus Schnuffel, Schnuffel-Offset & Partners. Ich wollte Sie fragen, ob Sie unser Mailing erhalten haben. Vielleicht haben Sie ja die Gelegenheit schon genutzt, unsere tollen Pauschalangebote zu studieren."

Kunde: „Mailing? Moment mal, Herr Schnuffel. War von Schnuffi oder so was in der Post? Heinz? Moment noch, Herr Schnuffel..."

Anrufer: „Ja, gerne." („Na wunderbar ..." *murmelt der Verkäufer mit ironischem Ton vom Telefon weg.)*

Kunde: „Hallo?"

Anrufer: „Ja?"

Kunde: „Ja, also, ich hab's vorliegen. Sagen Sie mir bitte, welche Extrakosten da noch anfallen?"

Anrufer: „Ja ... das ist jetzt aber eine gute Frage ... hören Sie, ich habe da nicht den richtigen Einblick. Aber billig ist das für 392 Euro auf jeden Fall! Sollen wir gleich mal einen konkreten Termin machen? Ich bringe dann gleich die Verträge mit."

Kunde: „Nee ... das überlegen wir uns noch mal. Dann melden wir uns vielleicht wieder bei Ihnen. Danke.“

Anrufer: „Ja, danke. Wiederhören.

Damit hat Herr Schnuffel eine entscheidende Chance vertan, obwohl die Frage seines potenziellen neuen Kunden weder ausgefallen noch unverschämt war. Sie signalisierte sogar ein gewisses Kaufinteresse! Sie sehen: Entscheidend ist der Umgang mit Ihrem Gesprächspartner, also die Art und Weise, wie Sie eine solche Situation meistern. Entscheidend ist, wie Sie kommunizuieren. Dazu wieder ein Positivbeispiel:

Kunde: „Copyshop Pimpelmoser.“

Anrufer: „Guten Tag, Frau Pimpelmoser. Hier ist Schnuffel-Offset & Partners. Mein Name ist Markus Schnuffel. Wir haben Ihnen vor etwa zehn Tagen einen Brief geschickt. Darin ging es um unsere neuen Pauschalangebote für einen ausgewählten Kundenkreis. Ich wollte mich jetzt bei Ihnen erkundigen, ob Sie ihn bekommen haben..“

Kunde: „Moment mal, Herr Schnu ... *(offenbar hat sie den Namen nicht richtig verstanden)* Heinz, war von Schnuffi oder so was in der Post? Moment noch, bitte ...“

Anrufer: „Ja, ich kann auch gerne später nochmal anrufen, wenn es jetzt für Sie ungünstig ist.“

Kunde: „Nein, nein, das ist schon in Ordnung. Ich habe jetzt das Faltblatt vor mir liegen. Sagen Sie mir doch bitte, welche Extrakosten noch anfallen?“

Anrufer: „Mhm, das tut mir leid. Diese Frage kann ich Ihnen jetzt leider nicht beantworten, denn das ist immer von dem jeweiligen individuellen Auftrag abhängig. Aber sagen Sie doch, welches der Angebote interessiert Sie denn am meisten? Wenn Sie mir das sagen, kann ich mich mit unser Druckerei in Verbindung setzten und das alles für Sie in kurzer Zeit abklären.“

Kunde: „Das Angebot Nr. 3 scheint mir interessant. Für 392 Euro. Das klingt wirklich gut. Und wir brauchen 20 000 Stück davon.“

Anrufer: „Bis wann?“

Kunde: „Bis 25."

Anrufer: „Dann kläre ich jetzt noch die Extrakosten für Sie. Soll ich dann die Unterlagen und den Vertrag dafür persönlich bei Ihnen vorbeibringen? Ich bin ohnehin bald wieder in Ihrem Gebiet. Wann würde es Ihnen terminlich am besten passen? Ich kann Ihnen in dieser Woche den Mittwoch, 15 Uhr, oder nächste Woche Montag um 11 Uhr anbieten. Bei beiden Terminen würden wir auch den 25. noch gut schaffen."

Kunde: „Möglichst nicht diese Woche. Aber nächsten Montag wäre gut."

Anrufer: „Ja, gut, Frau Pimpelmoser, ich habe es mir jetzt so notiert. Nächste Woche, Montag um 11 Uhr, werde ich bei Ihnen vorbeikommen."

Kunde: „Danke."

Anrufer: „Vielen Dank, auf Wiederhören!"

Es ist sicherlich ein ganz klarer Unterschied zu dem ersten Telefonat erkennbar. Hier sind zwei Dinge entschieden besser: die allgemein positivere Gesamtatmosphäre, die durch ein großes Maß an Höflichkeit und Bereitschaft zur Kundenzufriedenheit geschaffen wird. Auch die Einstellung zum Kunden, die vorher durch die unangebrachte innere Kommentierung eines ausgefallenen Namens negativ beeinflusst war, fällt hier weg. Und zweitens ist der Anrufer hier konstruktiv mit seiner eigenen Wissenslücke umgegangen, die dann vom Kunden auch nicht als kaufhinderndes Defizit wahrgenommen wurde.

Diese Basis benötigen Sie, um das Vertrauen des Kunden zu gewinnen.

➤ **Tipp:** Bei der Terminabsprache mit dem Kunden sollten Sie unbedingt mehrere Terminvorschläge unterbreiten, damit er sieht, dass Sie ihn und seinen wahrscheinlich ja auch vollen Terminkalender berücksichtigen. Das ist die so genannte „Alternativtechnik". Sie können Sie nicht nur zur Terminvereinbarung einsetzen, auch für den Vorschlag von Produkten ist sie geeignet: „Wollen Sie lieber Produkt A oder Produkt B?"

## Höfliche Hartnäckigkeit

Es gibt leider keine Statistik, die belegt, wie viel Umsatz einem Unternehmen entgeht, weil der verkaufende Unternehmer am Telefon zu früh aufgegeben hat oder nicht hartnäckig genug im positiven Sinne war[2]. Dabei reicht es in den meisten Fällen aus, nach einer ersten Ablehnung einfach einen weiteren freundlichen Anruf zu starten. Wie ein solches Telefonat aussehen kann, sehen Sie wieder in unserem Beispiel:

Anrufer: „Guten Tag, Herr Hirngiebel. Hier ist die Everytime-Safe Versicherung, Frankfurt, mein Name ist Jutta Sawatzki. Wir haben vorgestern miteinander telefoniert. Nun geht mir unser Gespräch nicht aus dem Kopf. Es war für mich ein angenehmes Gespräch – das muss ich sagen. Andererseits kann ich nicht verstehen, warum Sie dabei einen Vergleich mit Ihrem bisherigen Versicherer ausschlugen.

Wahrscheinlich habe ich da wohl etwas nicht richtig rübergebracht. Wo waren meine Fehler, dass ich Sie nicht von einem persönlichen Kennenlernen und der Besprechung unseres Alternativangebots überzeugen konnte?“

Kunde: „Na gut, wir können gerne noch mal darüber sprechen.“

Versetzen Sie sich in die Lage des Kunden. Wie würden Sie reagieren, wenn mit einer solchen Selbstbezichtigung nochmals ein Gefühlsappell an Sie gerichtet würde. Würden Sie das Telefonat einfach beenden? Wahrscheinlich nicht. Achtung: Die Anruferin verwendet diese Vorgehensweise bewusst und ehrlich. Sie benutzt nicht vorrangig einen rhetorischen Kunstgriff, sondern möchte ehrlich wissen, was sie eventuell verkehrt gemacht hat. Jeder Angerufene würde eine aufgesetzte Masche sofort erkennen und entlarven und dann das Gespräch vermutlich beenden. Sagen Sie immer nur, was Sie ehrlich meinen. Lügen und Verstellungen werden erkannt.

**Tipp:** Wenn Sie etwas nicht ehrlich meinen, das Sie andererseits aber gerne sagen wollen: Arbeiten Sie daran, dass Sie es ehrlich meinen. Darin steckt die schon erwähnte Chance für ein persönliches Wachstum in der Arbeit als Unternehmer. Nutzen Sie sie!

## Schwierige Situationen und Beschwerden

Im täglichen Telefonkontakt mit Kunden kommt es auch vor, dass einmal ein Problem mit den gelieferten Produkten oder Dienstleistungen auftritt. Der Kunde nimmt dann die Rolle des Beschwerdeführers ein, und auch wenn Sie weder für die Ursache noch für die Behebung dieses Problems persönlich zuständig sind (vielleicht wurde der Fehler ja von einem Unterlieferanten verursacht?), wird sich der Kunde als erstes an Sie wenden, denn Sie sind sein Vertragspartner.

Dazu wieder ein entwicklungsbedürftiges Beispiel:

Anrufer: *Wird von seinem Kunden angerufen.* „Schnuffel-Offset & Partners. Markus Schnuffel, mein Name."

Kunde: „Hallo, Herr Schnuffel. Das ist aber ein starkes Stück!"

Anrufer: „Was ist denn los, schreien Sie mich doch nicht so an! Sagen Sie doch erst mal, was Sie von mir wollen."

Kunde: „Das will ich Ihnen sagen. Sie haben doch persönlich unsere letzte Bestellung für die Briefbögen aufgenommen. Und Sie haben mir gesagt, dass die Lieferung höchstens acht bis zehn Tage dauern würde. Jetzt fragt mich unser Kunde heute schon wieder, wo die Sachen bleiben. Was soll ich dem denn jetzt sagen?!"

Anrufer: „Ja, da kann ich doch nichts dafür! Das ist bestimmt unserem Spediteur passiert. Das ist so ein Schlamper. Ich verbinde Sie trotzdem gleich mal mit unserem Vertrieb. Ach so, Moment mal, die haben ja um 10 Uhr immer zweite Frühstückspause. Also da kann ich die jetzt wirklich nicht stören. Das mögen die gar nicht."

Kunde: „Ja und? Was soll ich jetzt tun?"

Anrufer: „Das weiß auch nicht. Jetzt warten Sie mal noch zwei Tage, und wenn die Briefbögen dann immer noch nicht da sind, dann rufen Sie halt noch mal an."

Kunde: *Der Kunde legt auf, ohne sich zu verabschieden.*

Bei einer solchen Behandlung würden Sie wohl den Auftrag sofort stornieren, oder?

Wenn ein Beschwerdetelefonat bei Ihnen landet, dann sollten Sie sich auch intensiv damit beschäftigen. Denn für den Kunden ist die interne Zuständigkeit, sind Lieferantenbeziehungen und Ihre Abläufe ein eher uninteressantes Thema. Ihn interessiert, wie er zu seiner Ware kommt.

Wie Sie aus einer solchen Situation mit ein bisschen mehr Bereitschaft und einem angenehmen Ton trotzdem noch ein erfolgreiches Telefonat machen können, zeigen wir Ihnen hier:

| | |
|---|---|
| Anrufer: | *Wird von seinem Kunden angerufen.* „Schnuffel-Offset & Partners. Mein Name ist Markus Schnuffel. Was kann ich für Sie tun?" |
| Kunde: | „Tag, Herr Schnuffel. Das ist aber ein starkes Stück! Ich warte schon zwei Wochen auf die bestellten Briefbögen!" |
| Anrufer: | „Oh, das tut mir Leid, dass Sie wegen uns solche Unannehmlichkeiten haben. Das ist nicht schön. *Pause.* Ich werde mich sofort darum kümmern, ja? Sagen Sie mir doch bitte Ihren Firmennamen, dann kann ich mich nämlich in unserer Kundendatei schnell orientieren. Dort sehe ich auch den aktuellen Status Ihres Auftrags." |
| Kunde: | „Pimpelmoser Copyshop ... Na, haben Sie ihn?" |
| Anrufer: | „Noch nicht, aber gleich. Hier ist er. Der Auftrag läuft über die Spedition Düsentrieb. Herr Müller ist dort der verantwortliche Disponent. In meinem System erscheint der Auftrag für heute in der Zustellung. Wollen Sie einen Augenblick in der Leitung bleiben, dann rufe ich gleich dort an. Oder soll ich das klären und Sie gleich noch mal anrufen?" |
| Kunde: | „Ich warte." |
| Anrufer: | „Gut. Einen Augenblick nur, ich rufe Herrn Müller auf der anderen Leitung an. Bitte bleiben Sie am Apparat." |

Eigentlich ist es doch ganz einfach, oder?

**Tipp:** Wenn Sie einmal Zweifel darüber haben, was richtig und was falsch ist, orientieren Sie sich einfach an der Behandlung, die Sie in einer solchen Situation selbst gerne erfahren würden. Und denken Sie immer daran, dass es letztendlich der Kunde ist, der durch seine Aufträge Ihr Unternehmergehalt finanziert.

## Negative Assoziationen und Killerphrasen

Negative Wörter erwecken auch negative Assoziationen. Verwenden Sie in Ihrer Kommunikation keine Formulierungen wie „das kann ja nicht schaden“ oder „das ist doch hier unerheblich“. Das menschliche Gehirn setzt diese Informationen sofort in Bilder um. Für Verneigungen existieren aber keine Bilder, sodass sich der Kunde wahrscheinlich nur an das Wort „schaden“ oder „erheblich“ erinnert, während das „nicht“ in Vergessenheit gerät; denn es kann nicht abgebildet werden.

Solche Negativformulierungen, wie eben beschrieben, werden nur noch durch die so genannten „Killerphrasen“ übertroffen. Das sind Aussagen, die den Gesprächspartner verletzen oder irritieren und Antipathie erzeugen.

Die meisten Menschen sind sich der Wirkungsweise ihrer Worte leider nicht bewusst; oft ganz einfach deshalb, weil sie noch nie darüber nachgedacht haben. Sie verwenden beispielsweise dieselbe Sprache bei ihrer Arbeit als Unternehmer wie als „Privatperson“ und erkennen die Notwendigkeit zu einer deutlichen Differenzierung nicht. Dadurch bleiben Sie sowohl hinter ihren persönlichen Möglichkeiten als auch den professionellen Erfordernissen zurück. Im Ergebnis fällt ihnen die Arbeit viel schwerer, als es sein müsste, und sie erreichen nicht den gewünschten Erfolg.

Um Ihr Gespür für die weiter oben erwähnten „Killerphrasen“ zu schärfen, hier ein paar Satzbeispiele:

- „Ich habe schon mehrmals versucht, Sie zu erreichen.“
  *Das kann verstanden werden als: „Sie treiben sich ja dauernd in der Gegend herum (anstatt für mich erreichbar zu sein).“*
- „Wie ich Ihnen schon beim letzten Telefonat gesagt habe ...“
  *Das kann verstanden werden als: „Ihnen muss man wohl wirklich alles zweimal erklären.“*
- „Dann haben Sie das missverstanden.“
  *Das kann interpretiert werden als: „Sie haben da nicht richtig aufgepasst.“*

Wenn Sie am Telefon wirklich erfolgreich sein wollen, dann sollten Sie sich mit den Prinzipien der positiven Denkweise vertraut macht. Benutzen Sie positive Formulierungen, und gehen Sie Killerphrasen aus dem Weg. Sie argumentieren und sprechen dann aus einer positiven Grundhaltung heraus.

# 3. Die Akquisition im direkten Kontakt (Face2Face)

Im folgenden Teil zeigen wir Ihnen, wie ein Verkaufsgespräch üblicherweise verläuft und auf welche Faktoren Sie dabei besonders achten müssen. Dabei spielt es keine Rolle, in welcher Branche Sie tätig sind. Vom Grundsatz her gibt es dabei keine Unterschiede.

Die folgenden Elemente können bei einem Verkaufsgespräch unterschieden werden. Innerhalb des Akquisitionsprozesses, der wiederum in bestimmte Phasen eingeteilt ist, finden sie in der so genannten „Kontaktphase“ statt.

1. Gesprächseröffnung
2. Bedarfsermittlung
3. Präsentation und Argumentation
4. Einwände richtig behandeln
5. Abschluss
6. Verabschiedung/Verbleib

➤ Einige **Tipps,** die die Zeit kurz vor dem eigentlichen Treffen mit Ihrem Kunden betreffen.

1. Sie haben den Besuch gewissenhaft vorbereitet, alles notwendige Material haben Sie dabei. Sie wissen, was Sie sagen wollen, wie Sie es sagen wollen, und freuen sich auf Ihren Gesprächspartner[3].

2. Wenn Sie auf den Hof des Kunden fahren, haben Sie nichts mehr zu tun als auszusteigen, Ihre Sachen zu nehmen und zu Ihrem Kunden zu gehen. Sie müssen nichts mehr im Kofferraum suchen oder Ihre Essenstüten auf den Rücksitz werfen.

3. Parken Sie nicht auf Kundenparkplätzen. Sie sind kein Kunde. Vielleicht gibt es Besucherparkplätze. Nehmen Sie den Kunden Ihres Kunden nicht die bevorzugte Parkmöglichkeit.

4. Wenn Sie zum Empfang kommen, geben Sie der Dame dort Ihre Visitenkarte, damit sie Sie „sauber“ anmelden kann. Seien Sie freundlich zu ihr, damit sie das auch gerne tut.

5. Wenn Sie in das Besprechungszimmer geführt werden, bleiben Sie stehen, auch dann, wenn die Dame vom Empfang Sie vielleicht aufgefordert hat, sich zu setzen. Nehmen Sie noch keinen Kaffee etc. an, auch wenn Sie dazu von Ihr schon aufgefordert wurden. Warten Sie einfach, bis Ihr Gesprächspartner kommt, dann wird sich das

mit dem richtigen Sitzplatz klären, und er wird Sie dann vielleicht sogar danach fragen, was Sie gerne trinken möchten. Wichtig: Bleiben Sie so lange stehen, bis Ihr Kunde sich gesetzt hat (Etikette).

## Die Gesprächseröffnung

Sehr viele Verkaufsgespräche im direkten Kundenkontakt finden als Einzelgespräch und meist in den Räumen des Kunden statt. Daher stellen wir hier eine solche typische Situation vor.

Ein Gespräch beginnt meist mit dem Smalltalk, auch Warming-up genannt. Das ist tatsächlich eine Aufwärmphase, in der man miteinander „warm" wird, Kontakt aufnimmt und sich „beschnuppert". Während dieser Zeit kann man ruhig darüber reden, wie das Wetter so ist und morgen wohl sein wird, über die Anfahrt und so weiter. Über einfache Dinge zu sprechen dient in dieser Phase dazu, sich einfach kennen zu lernen. Dafür eignen sich genau solche „flachen" Themen. Man tauscht Belanglosigkeiten aus, und das ist in Ordnung.

*„Guten Tag, Herr Meier! Na, wie geht es Ihnen denn? Haben Sie gut hergefunden?" – „Ja, ich bin über die Autobahn gekommen. Dank der Beschreibung Ihrer Sekretärin war das ein Kinderspiel. Und bei dem Wetter wie ein kleiner Ausflug ..."*

**Tipp:** Führen Sie den Smalltalk nie über negative Themen. Wenn Sie wissen, dass Ihr Kunde zum Jammern neigt, vermeiden Sie, ihn irgendwie dazu zu stimulieren. Das kann sich negativ auf den Gesprächsverlauf auswirken.

Wenn Sie wissen, dass es Ihrem Kunden persönlich nicht gut geht, begrüßen Sie ihn nicht mit der Frage, wie es ihm denn heute gehe. Genauso für das Geschäftliche: Wenn Sie wissen, dass das Unternehmen zurzeit Probleme hat, vermeiden Sie am Anfang die Frage, wie denn gerade die Geschäfte liefen. Also: Nutzen Sie den Smalltalk für Positives, zum Beispiel für Lob und Bestätigung. Es gibt vielleicht neue Produkte des Kunden, sein geschmackvoll eingerichtetes Büro, die neue Lagerhalle ...

Nutzen Sie also die Gelegenheit des Smalltalk, um in der Aufwärmphase eine angenehme Atmosphäre aufzubauen. Sie kennen ja den Satz von Sigmund Freud: „Gegen einen Angriff kann man sich wehren, gegen ein Lob ist man machtlos." Denken Sie aber daran (gerade bei Komplimenten), nur die Dinge zu sagen, die Sie auch wirklich so meinen; bleiben Sie authentisch!

**Hinweis:** Diese so genannte Aufwärmphase vollzieht sich also vor der eigentlichen Gesprächseröffnung. Mit der Eröffnung des Verkaufsgesprächs hat diese Aufwärmphase nichts zu tun.

Nach der Aufwärmphase, die nur ein paar Augenblicke dauern sollte, kommen viele Kunden gerne zur Sache. Heute hat niemand viel Zeit, also ist dieses zügige Vorgehen für beide gut.

*„So, Herr Unternehmer, was haben Sie mir denn Schönes zu bieten?"*

*„Also, weswegen kommen Sie her?"*

*„Gut, dann fangen wir an!"*

Das ist für Sie das hörbare Signal, dass der Kunde jetzt mit dem eigentlichen Verkaufsgespräch beginnen möchte. Er unterstreicht diese Aussage häufig noch damit, dass er an seinem Tisch Platz nimmt oder eigene Notizen zur Hand nimmt. Erst jetzt folgt die Gesprächseröffnung. Und damit beschäftigen wir uns jetzt.

Jetzt soll es also losgehen. Aber bevor Sie nun Ihre Unterlagen und Prospekte auf dem Tisch ausbreiten, machen Sie erst einmal gar nichts. Schauen Sie den Kunden freundlich an, und dann erst eröffnen Sie das Gespräch. Am besten gehen Sie dabei folgendermaßen vor:

- Nehmen Sie Bezug auf die Vorgeschichte, die zu diesem Termin geführt hat.
- Sprechen Sie Ihren Gesprächspartner dann auf generelle Bedürfnisse hin an, die sich aus seiner gegenwärtigen Position ergeben.

  Diese Ansprache sollte nicht zu tief gehen. Sie sollten auch nicht zu viele Annahmen formulieren, denn Sie wissen meist ja noch nicht sehr viel über seine Situation. Halten Sie sich also erst noch recht allgemein. Beenden Sie diesen ersten Teil am besten mit einer offenen Frage, die den Kunden stimuliert zu erzählen.

  Was sind „offene Fragen"? Offene Fragen können nicht einfach nur mit „Ja" oder „Nein" beantwortet werden oder mit präzisen Zahlennennungen. Sie erfordern etwas mehr vom Kunden und eignen sich daher gut für zwei Dinge: nämlich das Gespräch zu öffnen und es zu führen.

Offene Fragen beginnen häufig mit: „Warum“, „Wieso“, „Worüber“ etc. Beispiele: „Welche Erfahrungen haben Sie damit gemacht?“ „Warum denken Sie über den Einsatz einer solchen Maschine überhaupt nach?“ „Welche Kunden möchten Sie damit genau ansprechen?“

➤ Lassen Sie jetzt den Kunden zu Wort kommen. Er muss Platz haben, um auf das von Ihnen Gesagte und Gefragte eingehen zu können.

## Die Bedarfsermittlung

Haben Sie mit einem Kunden zum ersten Mal zu tun, versuchen Sie, durch vertiefende Fragen so viele Informationen wie möglich über seine Wünsche und Bedürfnisse zu erhalten. Ihr Verkaufsgespräch ist umso erfolgreicher, je besser Sie den konkreten Bedarf an Ihrer Dienstleistung oder Ihrem Angebot kennen.

*„Herr Müller, bevor ich Ihnen unser ganzes Angebot an Produkten und Lösungen präsentiere, brauche ich ein paar Informationen. Unser Angebot ist so vielseitig und umfassend wie die Situationen bei unseren Kunden, die nach einer Lösung suchen. Alles zu zeigen würde Ihnen nur Zeit stehlen. Ich möchte Ihnen daher lieber nur das zeigen, was Sie wirklich interessiert. Ist das so in Ordnung für Sie?“*

Der Kunde wird dies ausnahmslos bejahen. Er wird froh sein, dass Sie sich über die Zeit, die er Ihnen zur Verfügung stellt, bewusst sind und verantwortlich damit umgehen.

➤ **Tipps:** Legen Sie vor dem Treffen mit Ihrem Kunden einen Fragenkatalog an. Darin sollen diejenigen Fragen enthalten sein, die Sie unbedingt stellen müssen, um beispielsweise ein qualifiziertes Angebot abgeben zu können. Wenn Ihr Kunde erkennt, dass Sie jemand sind, der in der Lage ist, klar strukturiert vorzugehen, dann wird das sein Urteil über Sie und Ihr Unternehmen positiv bestimmen. Mit einer solch klaren Vorgehensweise erwecken Sie eben einen professionellen Eindruck. Sie können diese Frageliste zur Not auch ausdrucken und zu Ihren Unterlagen auf den Tisch legen, damit Sie nichts vergessen. Besser aber ist, Sie kennen die wichtigen Fragen auswendig. Schreiben Sie sich die Antworten Ihres Kunden in Stichworten auf, oder machen Sie Ihre Notizen mit einem Mind-Map. Wichtig hierbei ist, dass Sie erstens Ihren Gesprächspartner um Erlaubnis zur Mitschrift bitten und zweitens dann den Blickkontakt zu Ihrem Gesprächspartner aufrecht halten.

Je nach Branche kann die Bedarfsklärung fünf bis zehn Minuten oder viele Stunden dauern, bei manchen Großprojekten sind auch mehrere Sitzungen notwendig. Die Bedarfsermittlung dauert immer dann sehr lange, wenn der Kunde selbst seinen Bedarf noch nicht genau kennt oder einzuschätzen weiß, wenn Sie ihn also gemeinsam erforschen und Sie dabei die Rolle des Experten und Beraters einnehmen müssen. Schon während dieser Phase müssen Sie sich als kompetenter Berater zeigen, der sein Handwerk versteht, denn die Vertrauensbasis wird am Anfang einer Beziehung gelegt. Sie geben dem Kunden damit das sichere Gefühl, gut bei Ihnen aufgehoben zu sein: Sie stellen die richtigen Fragen, gemeinsam mit Ihrem Kunden geben Sie die richtigen Antworten.

Wer richtig fragt, sammelt die richtigen Informationen. Wer richtig fragt, führt das Gespräch.

Ihre Fragen während eines Kundengesprächs erfüllen also viele Funktionen; hier im Überblick:

- Sie zeigen dem Kunden, dass Sie ihm zuhören und ihn ernst nehmen.
- Sie aktivieren Ihren Gesprächspartner.
- Sie verbessern Ihren Informationsstand über Ihren Gesprächspartner, seine Probleme, Wünsche, Einwände und Widerstände.
- Sie können damit Ihren Gesprächspartner auf angenehme Weise korrigieren.
- Sie können bei schwierigen Gesprächen Aggressionen abbauen.
- Sie können Zeit gewinnen, um Ihre Gedanken neu zu ordnen.
- Sie vermeiden Missverständnisse.
- Sie erkennen die Motivation und Argumente Ihres Kunden schneller und besser; damit wird Ihre Argumentation treffender.

Eine Bedarfsermittlung ist dann gut, wenn Sie die Aussagen Ihres Kunden immer wieder mit eigenen Worten kurz zusammenfassen. 20 Minuten-Abstände sind dafür gut geeignet – das gilt natürlich nicht nur bei der Bedarfsermittlung. Das ist die Zeit, die bei den meisten Menschen eine Aufmerksamkeitsspanne umfasst. Danach sollten Sie zusammenfassen, strukturieren, das Wesentliche herausarbeiten, das noch Unklare benennen und zur Klärung vorbereiten.

Durch die Zusammenfassung stellen Sie zum einen sicher, dass Sie auch alles richtig verstanden haben, zum anderen zeigen Sie dem Kunden, dass Sie sich wirklich für seine Bedürfnisse und Wünsche interessieren, dass Sie sich aufmerksam mit ihm befassen.

➤ Die Bedarfsermittlung ist ein wichtiges Element im Vertriebsprozess. Hier noch ein paar **Tipps:**

1. In manchen Situationen ist es angebracht, sich die Erlaubnis einzuholen, Fragen stellen zu dürfen.
2. Benutzen Sie offene Fragen, um den Kunden zum Erzählen über seine Situation zu stimulieren und das Gespräch zu steuern.
3. Stellen Sie immer nur eine Frage.
4. Warten Sie die Antwort darauf ab.
5. Bringen Sie den Kunden nicht dazu, sich zu rechtfertigen. Um Erklärungen zu bitten ist dagegen legitim und angebracht.
6. Fragen Sie bei unklaren Antworten nach.
7. Hören Sie gut zu. Erfassen Sie Inhalte und Sinn des Gesagten.
8. Paraphrasieren Sie: Wiederholen Sie immer wieder einmal das, was der Kunde gesagt hat, mit anderen Worten: Spitzen Sie es zu – gerade bei der Zusammenfassung.
9. Halten Sie Blickkontakt.
10. Standardisieren Sie so gut es geht Ihren Fragenkatalog. Lernen Sie die wichtigsten Fragen vor dem Termin auswendig.

## Präsentation und Argumentation

Für eine erfolgreiche Präsentation Ihrer Produkte und Dienstleistungen ist es selbstverständlich, dass Ihre Unterlagen – also Prospekte, Folien, Briefe, Computerpräsentationen, E-Dokumente – in einwandfreiem Zustand sind. Natürlich müssen alle von Ihnen darin verwendeten Daten und Zahlen auf dem neuesten Stand sein.

Beschränken Sie sich bei der Vorstellung Ihres Angebots nicht auf die bloße Beschreibung der Produktvorteile, sondern schlagen Sie immer wieder die Brücke zu Ihrem Kunden und seinen Wünschen.

Das wichtigste rhetorische Element für die Präsentation ist die Nutzenargumentation. Darauf sind wir schon im Abschnitt „Merkmale, Vorteile und Nutzen" (Seite 68f.) ausgiebig eingegangen. Können Sie schon ein paar Nutzenketten für Ihre Produkte nennen?

## Mit Einwänden richtig umgehen

Während Sie präsentieren und argumentieren, wird Ihr Kunde natürlich immer wieder Fragen stellen oder auch Einwände zu dem von Ihnen Gesagten vorbringen. Freuen Sie sich darüber, und haben Sie keine Angst davor, denn: Solange der Kunde nichts sagt und nichts fragt, hat er noch zu wenig Interesse, und Sie haben Ihren Job noch nicht gut genug gemacht. Der Kunde stellt Fragen und bringt Einwände nur dann, wenn ihn eine Sache wirklich interessiert.

Es ist zwar bekannt, aber oft noch nicht verstanden und umgesetzt, dass Einwände entscheidende Kaufwiderstände sind, die zugleich aber auch das Interesse des Kunden belegen. Das ist auf den ersten Blick eine konfliktträchtige Situation, die erklärt werden muss, damit ihr das Gefährliche genommen wird.

Einwände sagen immer etwas über die Meinungen, Vorstellungen und Motive des Gesprächspartners aus. Das heißt, dass Sie hier etwas über ihn erfahren. Und Sie müssen so viel wie möglich wissen, sonst können Sie weder Ihren Gesprächspartner noch seine Anfrage einschätzen. So also ist die Aussage zu verstehen, dass Einwände im Verkaufsgespräch grundsätzlich zu begrüßen sind; sie enthalten wichtige Hinweise für Ihre weitere Argumentation. Lernen Sie, in den Einwänden zu lesen.

Wie geht man nun mit Einwänden am besten um? Grundsätzlich gibt es dafür vier brauchbare Methoden:

- **Aktives Zuhören:** Der Kunde hat ein Recht darauf, seine Einwände auszusprechen. Aufschluss über sein Befinden dabei geben seine Körpersprache und Stimme. Bleiben Sie gelassen, hören Sie gut (= aktiv) und interessiert zu, und bereiten Sie sich innerlich auf Ihre Antwort vor. Unterbrechen Sie den Kunden nicht. Der Einwand richtet sich nicht gegen Sie als Person, deshalb verteidigen Sie sich nicht, sondern sprechen bei der folgenden Gelegenheit über Ihre hoffentlich guten Gründe und Leistungen.
- **Verständnisfragen:** Prüfen Sie durch Fragen, ob Sie den Einwand auch richtig verstanden haben. Formulieren Sie ihn mit Ihren Worten, stellen

Sie Echofragen. Es hat keinen Sinn, mit dem Kunden zu streiten. Wichtig ist es, so zu formulieren, dass der Kunde sein Gesicht wahren kann.

- **Antwort:** Die Antwort auf den Einwand sollte logisch, sachlich richtig und wahr sein. Abschweifungen sind zu vermeiden, am besten begegnet man dem Einwand direkt. Wenn ein Produkt oder eine Leistung tatsächlich nicht den Erwartungen entspricht, sollten Sie dies anerkennen, aber gleichzeitig auch andere Vorteile ins Feld führen beziehungsweise den Einwand dadurch abschwächen, dass Sie den Gesamtvorteil Ihres Angebots herausstellen.

- **Akzeptanzbestätigung:** Ist der Einwand beantwortet, dann sollte er dem weiteren Gesprächsgang auch nicht mehr hinderlich sein. Das kann dadurch überprüft werden, dass man den Kunden direkt danach befragt, ob denn mit der Antwort seine Bedenken ausgeräumt seien. Beobachten Sie die Reaktion Ihres Kunden. Scheint er Ihnen nicht ganz überzeugt zu sein, dann fragen Sie lieber nochmals nach. Einwände müssen komplett beseitigt werden, damit sie sich nicht weiter ausbreiten.

> **Tipp:** Am besten ist, Sie greifen einen Einwand direkt und gleich auf. Verschieben Sie nämlich die Beantwortung von Zwischenfragen grundsätzlich auf das Ende Ihrer Präsentation, entsteht beim Kunden der Eindruck, Sie würden nur einen auswendig gelernten Vortrag herunterspulen. Außerdem können Sie durch die professionelle Beantwortung von Fragen Ihre fachliche Kompetenz eindrucksvoll unter Beweis stellen.

Und hier einige Einwandsbehandlungstechniken aus dem Repertoire der besten Verkäufer:

- **Papageientechnik:** Sie wiederholen dabei den Einwand des Kunden als Frage. Dadurch bestätigen Sie, dass Sie den Einwand für berechtigt, interessant und wichtig halten. Oft fühlt sich ein Gesprächspartner dann dazu verpflichtet, Gleiches für Ihre Widerlegung zu tun, die dadurch an Gewicht gewinnt.

- **Vorwegnahme:** Dabei ziehen Sie einen möglichen Einwand vor und entkräften ihn präventiv, indem Sie gleich Gegenargumente nennen. Die Gefahr besteht allerdings darin, dass man damit mühsam gegen Einwände anargumentiert, die dem Kunden ursprünglich gar nicht in den Sinn gekommen wären (dass „schlafende Hunde" geweckt werden). Verwenden Sie diese Technik daher nur bei allgemein bekannten Schwächen Ihres Angebots. *„Ich weiß, viele Kunden hätten gerne asiatische Küche bei ihren Grillfesten. Aber die lebt ja davon, dass das Essen frisch zubereitet wird.*

*Und dann macht man für die einen etwas, und die anderen stehen sich die Beine in den Bauch. Deshalb haben wir uns entschlossen, nur ... anzubieten. Das hat für Sie den Vorteil, dass ...*" Wenn Sie diese Technik verwenden, vergessen Sie also nie, ausgleichende Vorteile zu nennen.

- **Zurückstellung:** Sie stellen die Beantwortung eines Einwands auf einen späteren, Ihrer Aussage nach günstigeren Zeitpunkt zurück. Bei besonders heiklen Themen kann diese Technik in der Hoffnung genutzt werden, dass der genannte Einwand vergessen wird und man sich damit eine schwache, angreifbare Gegenargumentation erspart.

- **Umformulierung:** Dabei schwächen Sie den Einwand durch eine Umformulierung in mildere Worte ab. Dies kann zum Beispiel eine gute Vorgehensweise sein, wenn der Einwand nur zum Teil berechtigt ist. Oder Sie können damit auch einem schwer wiegenden Einwand etwas von seinem Gewicht nehmen.

- **Kompensation:** Sie benutzen diese Technik, indem Sie einen nicht wegzudiskutierenden Nachteil Ihres Angebots bewusst eingestehen, um dann größere Vorteile dagegenstellen zu können. Damit zeigen Sie auch, dass Sie die Situation mit einer gewissen Objektivität beurteilen.

- **Referenz:** Dabei erfolgt eine Verstärkung des argumentierten Nutzens durch Bezug auf andere Kunden oder Autoritäten. Durch eine gezeigte und bewiesene Übereinstimmung bekommen Argumente ein merklich größeres Gewicht. Hierbei sind auch Anekdoten denkbar.

- **Entlastung:** Eine etwas anspruchsvollere Technik. Sie bagatellisieren den Einwand selbst und entlasten den Kunden gleichzeitig von den mit dieser Aussage verbundenen Problemen. Setzen Sie diese Technik zurückhaltend ein, da sie leicht das Geltungsbedürfnis des Kunden verletzen kann. Deshalb sollte sie klug mit einem Lob verbunden werden und nur eingesetzt werden, wenn Sie ganz sicher sind, sie zu beherrschen.

- **Transformation:** Hier wird der Einwand des Kunden von ihm als Frage vorgebracht. Sie stellen eine Gegenfrage, mit der Sie ihn zu einer Begründung seines Einwands veranlassen, um dadurch mehr über seine Hintergründe dafür zu erfahren; gleichzeitig gewinnen Sie Zeit zur Beantwortung des Einwands. Allerdings gilt es nicht gerade als höflich, auf eine Frage mit einer Gegenfrage zu reagieren, daher ist eine Entschuldigungsformel zum Eingang angemessen.

- **Salamitechnik:** Dabei gehen Sie so vor, dass Sie einen komplexen Einwand gezielt und mit Aufmerksamkeit zergliedern; Sie arbeiten jedes Teilargument gesondert ab. So lassen sich oft bedenkenlos geäußerte

Vorurteile, denen ansonsten nur schwer oder gar nicht beizukommen ist, zersetzen und entkräften.

- **Ja-aber-Technik:** Sie bezeugen für eine Kundenaussage zunächst Einverständnis, schränken dieses dann aber so erheblich ein, dass sich das Ergebnis nahezu in sein Gegenteil verkehrt. Damit vermeiden Sie, einer Aussage offen zu widersprechen, denn: Eine gewonnene Diskussion ist fast immer ein verlorener Kunde.

- **Korkenziehertechnik:** Hier stellen Sie wiederholt bestimmte Fragen, um etwa vorhandene, aber noch nicht geäußerte Einwände Ihres Kunden hervorzulocken (z.B. mit Warum-Fragen). Dabei handelt es sich oft um Tabuthemen, die der Gesprächspartner von sich aus nicht vorzubringen wagt, die aber seine Entschlussfähigkeit blockieren.

- **Vergleichstechnik:** Hier bieten Sie Ihrem Kunden Gleichnisse zum Nutzen eines bestimmten Produkts an, um ein verlockendes oder abschreckendes Beispiel damit plastisch zu machen. Dadurch können vor allem abstrakte Angebotsvorteile anschaulich gemacht werden.

- **Umkehrung:** Mit dieser Technik widmen Sie einen angeblichen Angebotsnachteil in einen Vorteil um oder ziehen den Einwand vorsichtig in Zweifel. Dabei ist natürlich wieder zu vermeiden, dem Kunden offen zu widersprechen. Gelingt Ihnen die Umkehrung, dann ist der Einwand nachhaltig entkräftet, Sie haben echte Überzeugungsarbeit geleistet.

- **Seitliche Arabeske:** Hier geben Sie einen Nachteil stillschweigend zu, kommentieren ihn aber nicht, sondern überspringen ihn, um ihn dann sofort durch einen anderen vorteilhaften Gesichtspunkt zu ergänzen. Dadurch vermeiden Sie, sich auf einen Nachteil festlegen zu lassen. Vielmehr wird durch diese Technik dem Gespräch eine neue Wendung gegeben.

- **Isolierung:** Sie klären mit Ihrem Kunden, ob nach Auflösung des letzten Einwands dem Abschluss dann auch nichts mehr im Weg steht. Damit verhindern Sie, dass immer neue Einwände nachgeschoben werden und der Kaufabschluss sich so immer weiter unnötig hinauszögert.

- **Unbeantwortete Frage:** Sie stellen dabei „bedeutungsschwer" eine Frage in den Raum, lassen diese aber unbeantwortet; sie kann (und soll) aber von Ihrem Gesprächspartner im Kopf leicht ergänzt werden. Diese Art der Dramaturgie unterliegt allerdings raschen Abnutzungseffekten und ist daher eher sparsam einzusetzen.

## Der Abschluss

Sie haben nun alle Einwände auflösen können, und Ihr Kunde hat keine weiteren Fragen mehr zu Ihrem Produkt. Leistung und Preis stehen nicht mehr zur Diskussion, also wird er dem Kauf zustimmen. Ihr Verkaufsgespräch war ein Erfolg!

Bringen Sie in dieser Phase durch konkrete Fragen in Erfahrung, was die Wünsche des Kunden sind und wie das Geschäft genau abgewickelt werden soll.

In der Abschlussphase werden von Kunden oftmals noch Vorwände eingebracht, die häufig wegen der Angst um die Endgültigkeit des Abschlusses entstehen. Solche Vorwände müssen Sie bearbeiten und entkräften. Hierzu noch ein paar **Tipps** und **Beispiele:**

- **Vertrösten:** *„Ich rufe Sie dieser Tage wieder an."*

  Hier sollten Sie einfach hinterfragen, welche Informationen denn zur Entscheidung noch fehlen. Fassen Sie nach, lassen Sie jetzt den Kunden nicht zurückweichen. Dafür gibt es keine objektiven Gründe, wenn Sie gemeinsam mit ihm bis hierher gegangen sind.

- **Entscheidungsflucht:** *„Ich habe keine Zeit, mich damit zu beschäftigen."*

  Bieten Sie Ihrem Kunden an, gerade wegen des Zeitmangels Entscheidungshilfen zu liefern, die ihn in der Bewertung der Situation entlasten oder ihm einfach Arbeit abnehmen.

- **Desinteresse:** *„Ich habe kein Interesse."*

  Wenn Sie wissen, dass der Kunde eigentlich ein natürliches Interesse an Ihrem Angebot haben müsste, hinterfragen Sie, welche Gründe dafür ausschlaggebend sind, dass ein leistungsfähiges Angebot als „nicht interessant" qualifiziert wird. Ihre Frage danach ist legitim und zwischen möglichen Geschäftspartnern immer berechtigt.

- **Angebotseinholung:** *„Ich will erst noch andere Angebote prüfen."*

  Wenn dies die Auskunft Ihres Kunden ist, sollten Sie ihn unbedingt auf Knackpunkte hinweisen, auf die es bei diesem Angebot ankommt, damit nachher keine schiefen Vergleiche (zum eigenen Nachteil) gezogen werden.

- **Kein Entscheidungsdruck:** *„Für eine Entscheidung ist es jetzt noch zu früh."*

  Dies liegt gerade bei lang laufenden Projekten nahe, wo es auf einen Tag nicht anzukommen scheint. Daher soll man daran erinnern, dass man, je früher man agiert, später desto weniger unter Zeitdruck gerät, was ja bei größeren Projekten häufig der Fall ist.

- **Vorwand:** *„Aber ich habe doch gar kein Budget frei."*

  Geld ist immer da. Es fragt sich nur, aus welchem Topf es genommen wird. Wenn Ihr Gesprächspartner den Nutzen Ihres Angebots erkannt hat, wird er auch das Geld dafür finden. Arbeiten Sie jetzt in jedem Fall nochmals mit einer überzeugenden Nutzenargumentation. Eventuell können Sie auch auf die vorteilhaften Möglichkeiten einer Absatzfinanzierung hinweisen.

- **Ablehnung:** *„Ich habe mich für einen anderen Anbieter entschieden."*

  Zunächst sollten Sie erfragen, ob der Vertrag wirklich schon unterschrieben ist, wenn nein, kann Ihr Kunde nur gewinnen, wenn er ein weiteres Angebot zum Vergleich einholt.

  Je nachdem, wie lange die Entscheidungsphase bei einem Kunden gedauert hat, ist es eventuell ratsam, auch kein Angebot abzugeben und sich die Arbeit zu sparen. Wenn es sich um ein größeres Projekt handelt und Sie bislang keinen ausreichenden Kontakt zu dem Unternehmen hatten, sind Ihre Chancen ohnehin verschwindend gering.

- **Kompetenzmangel:** *„Ich will das Angebot erst mit meinem Controller besprechen."*

  Wirken Sie doch auf einen gemeinsamen Termin hin, um etwaige Unklarheiten bei dieser Gelegenheit sofort zu klären. Niemand verkauft Ihr Unternehmen so gut wie Sie. Auf keinen Fall sollten Sie Berührungsängste zeigen.

- **Ablehnung durch Dritte:** *„Mein Controller hat mir abgeraten."*

  Fragen Sie vorsichtig nach, welche bessere Lösung der Controller denn vorgeschlagen habe. Gegen diese Lösung können Sie dann argumentieren. Hat er nichts vorgeschlagen, sondern nur über die Kosten lamentiert, dann müssten Sie jetzt eigentlich ein leichtes Spiel haben. Setzen Sie Ihre Nutzenargumentation wieder ein und zeigen Sie Ihrem Kunden auch, worauf sein Unternehmen verzichten muss, wenn Sie nicht zusammenkommen.

- **Unsicherheit:** *„Sie sind der erste Anbieter, mit dem ich in dieser Sache gesprochen habe."*

  Es kommt nicht darauf an, das wievielte Angebot es ist, sondern nur darauf, ob das Angebot passt. Wenn es gleich das erste ist, umso besser.

Üben Sie sich in der Behandlung von Einwänden. Sie werden immer kommen, aber es werden immer dieselben sein. Und das ist gut für Sie, denn Sie können sich gezielt darauf vorbereiten. Am besten tun Sie das schriftlich und mit jemandem, der schon Vertriebserfahrung hat.

Überlegen Sie einmal ganz konkret, was Sie Ihren Kunden sagen möchten, wenn sie mit dem Argument kommen, Ihr Preis sei zu hoch, man habe schon jemand anderen etc.

## Verabschiedung und Verbleib

Nachdem Sie fertig präsentiert, Fragen beantwortet, Einwände ausgeräumt und einige Abschlussfragen gestellt haben, fassen Sie alles noch einmal kurz zusammen. Vereinbaren Sie mit Ihrem Kunden, wie Sie nun weiter vorgehen wollen.

> **Tipp:** Nutzen Sie für die letzte Phase Ihres Gesprächs doch einmal die Methode der **„Zukunftsschau"**. Ihr Kern besteht darin, dass Sie damit die Aufmerksamkeit Ihres Kunden auf die Zukunft richten. Sie zeigen ihm, in welch vorteilhafter Situation er sein wird, wenn er sich für Sie entscheidet. Sie betrachten also die jetzt zu treffende Kaufentscheidung aus einer zukünftigen Perspektive.

Die Zukunftsschau gliedert sich in drei Schritte; jeder Schritt wird mit einer bestimmten Wortwahl eingeleitet:

- **1. Schritt:** Hier richten Sie die Gedanken des Kunden in die Zukunft aus. Das geschieht durch Worte wie: *„Schon nach ..."*, oder: *„Schon nach wenigen ..."*. Durch das Wort „wenige" oder einen alternativen Begriff, der in der näheren Zukunft liegt, wird der Zeitraum, in dem er das Produkt oder die Dienstleistung genießt, verkürzt.

- **2. Schritt:** Hier skizzieren Sie eine Hypothese. Sie schauen mit dem Kunden in die Zukunft und malen ein sprachliches Bild von den Vorteilen und Nutzen seiner Entscheidung. Dies leiten Sie ein durch das Wort *„Wenn ...“*, *„Wenn Sie feststellen ...“* oder: *„Wenn Sie sehen ...“*.

  Wichtig ist, dass Sie dann nicht mit Formulierungen wie „... werden Sie“ weiterarbeiten, denn dadurch wird dem Kunden etwas unterstellt. Dagegen wehren sich aber die meisten Menschen.

  Verwenden Sie hier nur positive Bilder. Nur dann ist eine Ausnahme davon möglich, wenn Sie das Negative auf eine dritte Person oder einen Zeugen verlagern können. Die Grundregel aber verlangt positive Bilder.

- **3. Schritt:** Hier formulieren Sie mit dem Kunden ein positives Fazit. Benutzen Sie Formulierungen wie: *„Spätestens dann werden Sie ...“*, oder *„Rückblickend werden Sie ...“*. Dabei suggerieren Sie, dass Ihr Kunde die beschriebene Hypothese (Schritt 2) schon viel früher erleben wird.

Nicht immer können Sie schon beim ersten Gespräch das Geschäft machen. Oft sind mehrere Anläufe nötig, bis sich der Kunde tatsächlich zu einem Kauf entschließt. Vereinbaren Sie mit ihm den nächsten Termin, der persönlich vor Ort oder telefonisch erfolgen kann. Vereinbaren Sie auch, was jeder von Ihnen bis zu diesem Termin getan hat, damit das gemeinsame Projekt weiter voranschreitet. Nehmen Sie Ihren Kunden in die Pflicht, sich auch – und zwar frühzeitig – an dem Erfolg der Zusammenarbeit zu beteiligen.

# 4. Werbung

Stellen Sie sich vor, Sie haben ein Spitzen-Angebot, und niemand weiß davon! Sie müssen dem Markt Informationen über Ihr Unternehmen geben; Sie müssen werben. Werbung dient dazu, neue Kunden zu gewinnen sowie einmal gewonnene Kunden zu behalten und nicht an die Konkurrenz zu verlieren.

## Die 10 wichtigsten Hinweise zum Thema Werbung

1. **Werben Sie zielgruppengerecht!** Über Ihre Zielgruppe haben Sie sich schon bei der Konzeption Ihres Unternehmens Gedanken gemacht (siehe auch Teil I und II).

   - Welche Bedürfnisse und Wünsche haben Ihre Zielgruppen?
   - Wo leben Ihre potenziellen Kunden?
   - Wie und womit können Sie sie am besten ansprechen?

2. **Analysieren Sie Ihre Wettbewerber!**

   - Wer sind Ihre Wettbewerber?
   - Was bieten Ihre Wettbewerber?
   - Messen Sie sich an Ihren Mitbewerbern, und machen Sie deren Schwächen zu Ihren Stärken! Stellen Sie Ihre Stärken in Ihrer Werbung klar heraus!

3. **Schaffen Sie ein einheitliches Erscheinungsbild!**

   Sie verstärken den Effekt Ihrer Werbemaßnahmen, wenn Sie immer mit dem gleichen Erscheinungsbild auftreten (Corporate Identity). Grundlage ist ein einprägsames Firmenlogo, das einen Bezug zu Ihrer Leistung oder zu Ihrem Produkt herstellen soll.

4. **Legen Sie Ihre Werbebotschaft fest!**

   Sagen Sie darin vor allem, was Sie für Ihre Kunden sein möchten! Vermitteln Sie Ihrem Kunden einen Nutzen! Zeigen Sie ihm, warum er gerade bei Ihnen kaufen soll! Heben Sie den Vorteil Ihres Produkts oder Ihrer Leistung heraus!

5. **Kalkulieren Sie Ihren Werbeetat!**

Auch als Kleinunternehmer sollten Sie zwei bis drei Prozent Ihres Umsatzes in die Werbung investieren. In der Anfangsphase muss es sogar noch etwas mehr sein. Disponieren Sie dabei auch langfristig, und entscheiden Sie sich, wie viel Geld Sie für welches Werbemedium ausgeben wollen. Sparen Sie nicht an der Gestaltung Ihrer Werbemittel! Eine billig aufgemachte Werbung kann leicht zur Antiwerbung werden.

6. **Machen Sie sich den Rat von Experten zunutze!**

Scheuen Sie sich nicht, Profis mit Ihrer Werbung zu beauftragen. Werbe- und PR-Agenturen können Ihre Werbeausgaben effektiver ausnutzen.

7. **Bauen Sie eine Kundenkartei auf!**

Erfassen Sie außer Namen und Anschriften Ihrer Kunden auch persönliche Dinge wie Geburtstage und Hobbys. Halten Sie fest, wann Sie welche Leistungen erbracht haben! Nutzen Sie Kundenkartei und EDV für Direktwerbeaktionen!

8. **Stellen Sie einen Werbeplan auf!**

Terminieren Sie den zeitlichen Einsatz Ihrer Werbemittel! Mit der Eröffnungswerbung allein ist es nicht getan. Sorgen Sie dafür, dass der Werbeeffekt nicht sofort verpufft, und disponieren Sie Ihre Aktivitäten für die nächsten Monate.

9. **Kontrollieren Sie Ihren Werbeerfolg!**

Legen Sie für sich fest, was Sie erreichen wollen. Überprüfen Sie, welche Werbemaßnahme welchen Effekt hatte:

- Wie viele Antwortkarten Ihres Werbebriefes sind zurückgeschickt worden?
- Wann ist der Umsatz um wie viel gestiegen?
- Wie viel Geld haben Sie für Werbung ausgegeben?
- Kommt die Art und Weise, die Sprache Ihrer Werbung an? Was Sie vielleicht witzig oder schön finden, wirkt auf Außenstehende unter Umständen ganz anders. Fragen Sie also bei Freunden und Bekannten nach, was diese über Ihre Werbung denken.

**10. Wählen Sie das richtige Werbemedium!**

Wählen Sie – gegebenenfalls mithilfe einer Werbeagentur – „Ihr“ Werbemedium: Werbemittel bei großen, anonymen, überregionalen Zielgruppen:

- Telefonbuchwerbung
- Tageszeitungen
- Plakate
- Presseveröffentlichungen
- Anzeigenblätter
- Radiowerbung (vor allem in privaten Lokalsendern)
- Verkehrsmittelwerbung
- Kinowerbung
- Tag der Offenen Tür
- Internet

Werbemittel für begrenzte, regionale und gegebenenfalls genau bekannte Zielgruppen:

- Prospekte und Referenzmappen
- Werbebriefe
- Kundenzeitschrift, Newsletter, Erfahrungsbericht
- Werbegeschenke

Welche Werbemittel Sie einsetzen, ist von mehreren Faktoren abhängig:

- von Ihrer Branche und dem Verhalten der Besten in dieser Branche,
- vom Einsatzgebiet der Werbemittel und ihrer Wirksamkeit,
- von Ihrem Budget.

## Mailingaktionen

In diesem Teil befassen wir uns zentral mit dem Instrument des Mailings. Vieles, was hierzu gesagt wird, gilt in anderer Form auch für andere Wege der Werbung und das Internet.

Das Mailing wird von vielen Existenzgründern immer noch als Werbemaßnahme Nr. 1 zur Kundengewinnung eingestuft. Das entspricht aber häufig nicht der Realität im Rücklauf und bei der Generierung von Aufträgen aus solchen Aktionen. Dieser Teil soll Ihnen helfen, einen besseren Überblick zu diesem Marketinginstrument zu erhalten, um dann Ihre Entscheidungen besser treffen zu können.

### Vorteile

Mailings können ein sehr gutes Akquisitionsinstrument sein, denn sie

- bieten einen hervorragenden Gesprächsaufhänger und
- außerdem wird die Hemmschwelle, neue Kunden anzurufen, mit ihnen gesenkt.

### Nachteile

Aber es gibt auch Nachteile dieser Art der Marktbearbeitung. So erfordert die Durchführung eines Mailings eine intensive und exakte Vorbereitung, wenn es erfolgreich sein soll:

- Sie benötigen exakte Adressen und Namen der anzuschreibenden Personen, damit Sie alle persönlich ansprechen können. Briefe mit dem Adressaten „An die Geschäftsleitung" wandern garantiert sofort in den Papierkorb, vermutlich schon in der Poststelle.
- Das Anschreiben muss kreativ und interessant verfasst sein, sonst wird es nicht gelesen. Das können die wenigsten Menschen auf professionelle Weise. Manche von ihnen sehen es sogar ein und studieren das Werbetexten dann mehrere Jahre ...
- Mailings haben einen sehr geringen Rücklauf (zirka ein Prozent). Das bedeutet, dass Sie eine ziemlich große Maschinerie in Gang setzen, um nur eine sehr geringe Ausbeute zu haben. Und: ein Prozent Rücklauf heißt nicht, dass das alles Aufträge sind.
- Die Kosten können bei entsprechender Verbreitung und Ausstattung sehr hoch sein.
- Eine Nachfassaktion muss dennoch telefonisch erfolgen. Auch hier gibt es einen erheblichen Kosten- und Zeitaspekt.

### Funktion

Definieren Sie zu Beginn Ihrer Mailingaktion genau deren Funktion bzw. das Ziel, das Sie damit erreichen möchten. Grundsätzlich können Sie hierbei vier wesentliche Funktionen unterscheiden. Sie können damit:

1. Ihr Image aufbauen oder festigen,
2. für bestimmte Leistungen werben,
3. Neukunden gewinnen und
4. Neukunden binden.

## Gestaltung: Form und Inhalt

Wichtig ist, dass schon Ihr Anschreiben ein klares Bild von Ihnen ergibt. Folgende Elemente geben dem Mailing seine Struktur:

- **Briefpapier:** Verwenden Sie ausschließlich von einem Grafiker entworfenes und einem Drucker hergestelltes Briefpapier. Dasselbe gilt natürlich für Visitenkarten, Flyer etc.
- **Anschrift:** vollständig und korrekt. Schreiben Sie den Vornamen Ihres Ansprechpartners aus, und vergessen Sie seine Stellung im Unternehmen, Titel und akademischen Grad nicht.
- **Ihr Unternehmenslogo.**
- **Datum:** Verwenden Sie entweder nur Zahlen oder für die Monatsangabe auch Wörter. Schreiben Sie diese dann aber aus.
- **Betreff:** Hier kommt Ihr Interessewecker. Das Wort „Betreff" wird schon lange nicht mehr geschrieben.
- **Anrede:** Die persönliche Anrede ist wichtig. Sie machen dem Leser deutlich, dass Sie genau ihn meinen.
- **Text:** Der eigentliche Brieftext gibt klar und deutlich Auskunft über Ihr Anliegen.
- **Unterschrift:** Schreiben Sie auch Ihren Vornamen aus. Unterschreiben Sie leserlich.
- **P.S.:** Das P.S. wird oft als eine der ersten Position des Briefes wahrgenommen. Wecken Sie also auch im P.S. das Leserinteresse durch Informationen darüber, worum es in Ihrem Schreiben geht und was sich der Leser von der Lektüre Ihres Schreibens erhoffen kann.
- **Anlagen:** Führen Sie unter diesem Punkt alle Beilagen wie Prospekte oder Antwortmittel auf. Dies ist ein wichtiger Anhaltspunkt für den Leser, um die Funktion Ihres Schreibens genau beurteilen zu können.

## Ihre Checkliste: Mailing

**Tipp:** Die folgende Checkliste hilft Ihnen dabei, alles Wesentliche für ein Mailing im Auge zu behalten. Bedenken Sie: Unternehmen und Privathaushalte werden mit Mailings zugeschüttet. Sie müssen sehr professionell und originell sein, um überhaupt wahrgenommen zu werden und Ihre Zielgruppe zu erreichen.

| Checkliste<br>Persönliches Anschreiben, Mailing |
|---|
| 1. Suchen Sie sich Firmen mit möglichst interessantem Potenzial innerhalb Ihres Einzugsgebietes aus. (Eine geeignete Markt- und Kundensegmentierung sollte dem Mailing vorangegangen sein. Siehe Teil II.) |
| 2. Selektieren Sie dann die Firmen, die von den Stärken Ihres Unternehmen profitieren können. |
| 3. Denken Sie an einen guten „Aufhänger" für das Mailing oder an eine interessante Beilage. |
| 4. Zeigen Sie die erste Version Ihres Schreibens Bekannten oder Freunden, und fragen Sie nach deren Meinung. Fragen Sie danach, wie das Mailing auf sie wirkt, ob es sie stimulieren würde, aktiv zu werden. |
| 5. Starten Sie Ihre erste Mailingaktion mit nicht mehr als 20 Adressen. Das genügt völlig, um das Medium zu erproben. |
| 6. Suchen Sie sich die besten Wochentage für das Eintreffen des Mailings aus: Nach der Statistik ist die Reaktionsrate am Montag und Donnerstag am höchsten. Entsprechend sollten Sie also die Aufgabe bei der Post planen. |
| 7. Berücksichtigen Sie Urlaubs- und Feiertage. |
| 8. Rufen Sie die angeschriebenen potenziellen Kunden spätestens nach acht Tagen an und fassen Sie nach. |
| 9. Das Nachfassen muss geplant sein. Alle Inhalte und Argumente des Mailings sowie alle notwendigen Instrumente müssen Sie bereitliegen haben. |

Überlegen Sie bei jedem Marketinginstrument genau, was dabei für Sie herauskommen soll. Orientieren Sie sich dabei an dem am Ende von Teil I gegebenen Beispiel für ein Vertriebskonzept, um Ihre Zielformulierung zu gestalten und die Ergebnisse Ihrer Werbeaktion zu kontrollieren.

# 5. Networking

Dieser Begriff ist in den letzten Jahren in Mode gekommen und wird gerne als Vorgehensweise empfohlen, um als Unternehmer oder auch Angestellter Karriere zu machen.

Immer wieder verstehen Autoren darunter eine Art Strategie, um andere möglichst gut für die eigenen Ziele einzuspannen oder auch um an Top-Entscheider heranzukommen. Aber mit Aufdringlichkeit, Manipulation und Ausnutzen anderer hat Networking – jedenfalls so, wie wir es hier verstehen wollen – nichts zu tun. Vielmehr geht es um ein partnerschaftliches Geben und Nehmen. Und um den Aufbau und die Pflege von zwischenmenschlichen Beziehungen um ihrer selbst willen.

Hier erhalten Sie zehn Tipps für eine effektive Beziehungspflege. Gute Beziehungen auf lange Zeit gut, das heißt lebendig zu erhalten, ist eine Kunst, die gelernt sein will. Wie ist Ihre Erfahrung damit? Können Sie das? Haben Sie langjährige gute Beziehungen? Nicht nur mit Freunden, sondern auch mit ehemaligen Kollegen, Vorgesetzten?

Greifen Sie einmal zu Ihrem alten Telefonbuch oder Visitenkartenmäppchen: Nehmen Sie sich zehn Namen heraus und rufen Sie an! Erkundigen Sie sich nach diesen Personen, erzählen Sie ihnen von sich.

**10 Tipps für Ihr Networking:**

1. Halten Sie gute Kontakte warm: Melden Sie sich immer wieder einmal, ohne dabei aufdringlich zu werden. Sprechen Sie über Dinge, die Sie beide echt interessieren. Fordern Sie diese Personen auf, auch in Kontakt mit Ihnen zu treten. Wenn eine Person längere Zeit nicht mehr auf Sie reagiert, dann gönnen Sie ihr besser eine „Kontaktpause“.
2. Überlegen Sie genau, welchen Nutzen Sie der Person Ihrer Wahl im Gegenzug geben können, damit Sie für sie interessant bleiben. Denn „Einbahnstraßenkontakte“ gehen früher oder später zugrunde. Networking bedeutet immer ein „Geben und Nehmen“.
3. Nutzen Sie Kontakte, die Ihnen Bekannte oder Freunde vermittelt haben, so schnell wie möglich.
4. Halten Sie sich aus jeglicher Tratscherei über andere Networker Ihres Kreises heraus. Geben Sie Personen, die Sie in solche Gespräche verwickeln wollen, zu verstehen, dass sie das bitte unterlassen sollen.

5. Vertraulichkeit ist auch im Network Pflicht: Geben Sie Vier-Augen-Informationen niemals weiter.

6. Trauen Sie sich, Ihnen nicht persönlich bekannte, aber für Sie wichtige Personen anzusprechen. Wenn Sie selbstsicher, freundlich und entschlossen auftreten, werden Sie in der Regel nicht abgewiesen.

7. Verlassen Sie sich auf Ihre Intuition: Manchmal eröffnen Ihnen unerwartete neue Kontakte Perspektiven, an die Sie vorher nie gedacht hätten.

8. Wenn es über das informelle Networking hinausgeht und das Geben und Nehmen vielleicht in einer Kooperation formalisiert werden soll, dann achten Sie auf Folgendes: Kooperationen müssen vor allem Vertriebskooperationen sein, das heißt, alle Partner müssen sich gleichermaßen und mit einer gemeinsamen Verpflichtung auf den Erfolg um neue Kunden und Projekte bemühen. Aus Erfahrung ist hinlänglich bekannt, wie die meisten Menschen Kooperation verstehen: dass nämlich der andere etwas tut. Lassen Sie sich nicht ausnutzen!

9. Überlegen Sie gerade zu Anfang, ob Sie auf jeder Networking-Veranstaltung dabei sein müssen. Man kann sich bei solchen Gelegenheiten auch wunderbar verzetteln. Denken Sie daran, solche Gelegenheiten aktiv wahrzunehmen. Es sind keine After-Work-Parties, die einem unbestimmten Zweck folgen, sondern Veranstaltungen, die Sie und Ihre unternehmerischen Mitstreiter nach vorne bringen sollen.

10. Legen Sie einen Kontaktplan an, den Sie in Ihrem Kalender mitführen. Er beinhaltet kleinere Überlegungen zur Strategie für Ihren Kontaktaufbau und die Kontaktpflege, Daten und Anlässe für den Kontakt und kann Ihnen gerade zu Anfang gute Dienste leisten.

# Teil IV: Die Beherrschung von Raum und Zeit

# 1. Die Organisation Ihrer Vertriebsaktivitäten

Am Anfang Ihrer Arbeit als verkaufender Unternehmer brauchen Sie drei Dinge: Termine, Termine, Termine. Sie müssen dafür bei der Akquisition von Kunden vor allem mit den Mitteln der Direktansprache (siehe Teil III) arbeiten. Wie Sie die Vorbereitung und Durchführung dieser Arbeiten am besten angehen, haben wir bereits ausgiebig besprochen.

Nun geht es um die Organisation Ihrer Arbeit. Diese muss hochgradig effizient sein, da Sie keine Organisation im Rücken haben, die Fehler und Ineffizienz irgendwie abfedern würde. Jeder Fehler, jede Ineffizienz schlägt bei Ihnen direkt und spürbar durch. Darin besteht die Herausforderung für eine qualitativ hochwertige Organisation Ihrer Arbeit und Ihres Arbeitsumfeldes.

Die Zahl der Kunden, die Sie täglich besuchen können, hängt von ganz unterschiedlichen Faktoren ab, auch von solchen, die mit Ihrer Vertriebspolitik als Unternehmen zu tun haben. Betrachten wir aber einmal die von Ihnen zu erstellende Besuchsplanung als solche, dann kommen folgende Faktoren in den Blick, die für die zu leistende Besuchszahl relevant sind:

- Kundenstreuung (Reisewege und -zeiten)
- Zeitaufwand für die Gespräche mit dem einzelnen Kunden
- Güte der Tourenplanung
- Konsequente Einhaltung der Planung

Ihre Besuchszahl pro Tag und Woche hängt natürlich wiederum von Ihrer Jahresbesuchsplanung ab; und diese wiederum ist eng verknüpft mit der Vertriebsstrategie Ihres Unternehmens.

> **Tipp:** Beantworten Sie sich als ersten Schritt für Ihre Besuchsplanung die folgenden Fragen: Welche Kunden sollen wie, mit welchen Zielen und in welchen Abständen besucht werden? Dies ist sozusagen Ihre Grundüberlegung.

Natürlich können sich aus dem Tagesgeschäft heraus immer wieder Veränderungen ergeben, die vielleicht sogar sofortiges Handeln nötig machen. Bei der Planung sollten Sie diese Fälle mit einem gewissen Prozentsatz und einer Zeitreserve berücksichtigen. Etwa fünf Prozent Ihrer Besuchszeiten dafür einzuplanen sollte im ersten Anlauf genügen.

Die Besuchsdauer je Kunde ist von den folgenden Faktoren abhängig, auf die Sie unbedingt Einfluss nehmen sollten:

- Beratungsbedarf je Kunde
- Zeitbedarf für Ihre Leistungspräsentation
- Umfang des Leistungsprogramms
- Bekanntheit Ihres Unternehmens und seiner Produkte
- Image Ihres Unternehmens und seiner Produkte (Vertrauen muss erst erworben werden – das dauert seine Zeit)
- Wert des möglichen Geschäftsabschlusses
- Verhandlungsgewohnheiten des Kunden (Wartezeiten!)

> **Tipp:** Nehmen Sie Einfluss auf die Dauer der Kundengespräche, wo Sie nur können. Es ist ein Trugschluss zu meinen, Gespräche, die lange dauern, seien immer auch gute Gespräche. Vielleicht ist Ihr Gesprächspartner nur selbst nicht diszipliniert genug, um mit seiner und Ihrer Zeit effektiv umzugehen; oder er möchte nicht unhöflich erscheinen, indem er Sie auf seine Zeitvorstellungen aufmerksam macht. Wenn Sie vorher festlegen, wie lange Sie sich treffen wollen, haben Sie eine Struktur und eine Vereinbarung, auf die Sie immer zurückverweisen können. Auch Ihr Gesprächspartner wird zu schätzen wissen, dass Sie es schaffen, im vereinbarten Rahmen alles Notwendige zu besprechen.

Besuche finden in unterschiedlichem Rahmen statt. Es können Erstbesuche sein, Betreuungs-, Verhandlungs-, Arbeits- oder Reklamationsbesuche. So sind Arbeitsbesuche, die Sie unternehmen, weil Sie vielleicht an einer gemeinsamen Projektgruppe teilnehmen, wesentlich zeitaufwändiger als andere und daher auch anders zu planen.

Das jährliche Pensum an Besuchen und Besuchszeit lässt sich durch die Multiplikation der Reisetage im Jahr und der Kundenbesuche je Tag errechnen (Gesamtzahl der Kundenbesuche). Dabei kommt es darauf an, Klarheit über das betreffende Kundenportfolio und die vergangene Periode zu haben sowie über die Planperiode.

Um also eine tragfähige Besuchsplanung aufzubauen, müssen Sie verschiedene Faktoren berücksichtigen. Diese Faktoren stellen wir Ihnen im Folgenden vor.

### Kundenwert

Der Wert eines Kunden für Sie ergibt sich aus seiner Positionierung innerhalb Ihrer Unternehmensstrategie. Handelt es sich um einen Kunden mit

- einem hohen Marktpotenzial (gemessen als möglicher Umsatz für Ihr Unternehmen),
- einer geringen Preiselastizität,
- guten Deckungsbeiträgen oder
- einem hohen Referenzwert etc.?[1]

Die Fokussierung, für die Sie sich entscheiden müssen, hängt wesentlich zusammen mit Ihrer Unternehmensstrategie; sie legt ja indirekt auch fest, welche Kunden bevorzugt zu besuchen sind.

### Geografische Kriterien

Wesentliche Aspekte der geografischen Kriterien haben wir bereits in Teil II, 2 besprochen. Hier noch ein einige Ergänzungen.

Kunden in der Nähe Ihres Standortes sind mit geringeren Kosten und bequemer zu besuchen als Kunden, die weit weg sind. Das sollte ebenfalls ein Kriterium für Sie sein – gerade zu Beginn Ihrer Arbeit.

Aber es gibt natürlich auch interessante Kunden, die weiter weg angesiedelt sind. Planen Sie bei solchen weiteren Fahrten, eventuell noch mit Übernachtung, die Besuche möglichst dicht zu legen (unter Einhaltung der notwendigen schöpferischen Pausen, also so, dass Sie jeden Termin entspannt und mit guten Gefühlen wahrnehmen können) und intensiv zu gestalten. Das bedeutet auch, dass Sie Kunden, die weiter entfernt sind, durchaus bitten sollten, sich mehr Zeit zu nehmen für Ihren Besuch, weil dabei wichtige Themen möglichst eingehend besprochen werden sollen. Schließlich ist ein Besuch bei ihm nicht jederzeit möglich.

Zu den geografischen Kriterien gehört auch die Infrastruktur, das heißt die Verkehrsanbindung zum Kunden und zwischen den einzelnen Kunden. Planen Sie diese Zeiten gut. Häufig überschätzen auch routinierte Autofahrer die durchschnittlichen Geschwindigkeiten pro Streckentyp erheblich. Planen Sie dabei eher zu „konservativ“ als zu „sportlich“. Sollten Sie Zeit übrig haben, nutzen Sie sie zum Beispiel zur inneren Vorbereitung auf das schöne Gespräch mit Ihrem Kunden.

### Tageszeit

Ihre Besuchsplanung sollte so erfolgen, dass sie auch den Aufmerksamkeitskurven Rechnung trägt. Achten Sie also darauf, wichtige Termine für die Akquisition möglichst auf solche Zeiten zu legen, zu denen Sie „ganz da sind"; für viele ist das der spätere Vormittag. Wichtig ist, dass Sie wach und ausgeruht sind, dass Ihr Geist die nötige Spannkraft hat. Beachten Sie bei Ihrer Arbeit also auch Ihre körperliche und mentale Leistungsfähigkeit! Sie ist bei jedem ein wenig verschieden. Richten Sie einmal Ihre Aufmerksamkeit auf diese Frage: Zu welcher Tageszeit bin ich am leistungsfähigsten? Finden Sie die besten Zeiten für unterschiedliche Gesprächsarten[2] bei sich heraus.

### Ihre Vertriebsziele und -strategien

Die Vertriebsziele und Strategien Ihres Unternehmens werden zu verschiedenen Zeiten und Unternehmensphasen unterschiedlich sein; man muss hier jeweils unterscheiden, ob es darum geht,

- einen neuen Markt zu erschließen,
- den eigenen Markt auszubauen,
- den erreichten Marktanteil auszuweiten oder
- die vorhandene Marktposition zu halten.

Erfahrungsgemäß erfordert ein Erstkontaktbesuch mehr Zeit für die Vorbereitung, Durchführung und Nachbereitung als beispielsweise Wiederholungs- oder reine Betreuungsbesuche. Wie groß der für diese Aufgabe zu veranschlagende Zeiteinsatz ist, hängt außerdem wesentlich davon ab, nach welchem Grundsatz Sie die potenziellen Neukunden ausgewählt haben (siehe oben) und bearbeiten wollen. Man unterscheidet hier zwei Prinzipien:

- **Das Prinzip des intensiven Nachfassens:** Hierbei wird von der Erfahrung ausgegangen, dass ein potenzieller Kunde mehrmals besucht werden muss, bevor er den ersten Auftrag erteilt.

- **Das Prinzip minimaler Wiederholungsbesuche:** Dieser Grundsatz basiert auf der Erfahrung, dass die Wahrscheinlichkeit der Auftragserteilung äußerst gering ist, wenn der Kunde nicht sofort beim ersten Besuch einen Auftrag erteilt.

Wie sich der durchschnittliche Kunde tatsächlich verhält, ist von Markt zu Markt unterschiedlich. Einfache Massenprodukte mit einem offenen Marktzugang müssen bei ihrer Vermarktung unterschieden werden von schwierigen, sehr erklärungsbedürftigen Branchen- oder Einzellösungen.[3]

### Erhöhung der Besuchsquote

Die Optimierung der Besuchsplanung und Straffung der Verkaufsgespräche sind die wesentlichen Ansatzpunkte, um pro Tag mehr Kunden besuchen zu können. Und diese Taktfrequenz ist gerade am Anfang für Sie ein echtes Qualitätsmerkmal Ihrer Verkaufsarbeit. Später verändert sich das dann.

Halten Sie sich nicht unnötig lange beim Kunden auf. Ein gutes Beziehungsmanagement wird nicht an quantitativen Elementen festgemacht. Bei Beziehungen geht es – das wissen wir aus unserem privaten Bereich – viel eher um qualitative Merkmale.

Setzen Sie sich klare Zeitvorgaben und führen Sie Zeitkontrollen durch; sie können Ihnen helfen, wichtige Zeit für wichtige Vorhaben zu gewinnen.[4]

➤ **Tipp:** Halten Sie Reisetage möglichst von administrativen Tätigkeiten frei und konzentrieren Sie sich ausschließlich auf Ihre Kundenbesuche. Soweit es von den Kunden akzeptiert wird, sollten Sie zu Beginn des Arbeitstages bereits mit Besuchen beginnen. Es bedeutet meist einen großen Zeitverlust, wenn man am Vormittag erst ins Büro fahren oder sich zunächst mit Verwaltungsarbeiten beschäftigen muss.

## 2. So planen Sie Ihre Vertriebsaktivitäten mit System

Der französische Philosoph Montaigne meint in einem seiner Essays: „Kein Wind ist demjenigen günstig, der nicht weiß, wohin er segeln will." Im folgenden Teil möchten wir Ihnen zeigen, wie wichtig die Priorisierung Ihrer Verkaufsaktivitäten ist und wie Sie diese sinnvoll planen können.

Alle Aktivitäten Ihres Unternehmens unterliegen einer Planung nach Wichtigkeit und Dringlichkeit. Eine solche Planung entsteht ganz einfach deshalb, weil die knappen Ressourcen optimal eingesetzt werden müssen.

Sie wissen, dass die Vertriebstätigkeit die wichtigste Aufgabe für Sie als Unternehmer ist. Hier gilt dies genauso: Zeit, Mittel und Personen sind immer „zu knapp". Das kostbarste Gut dabei ist meistens die Zeit und vor allem diejenige, die für die qualifizierte Vorbereitung und die Durchführung von Kundenkontakten zur Verfügung steht. Sie ist deshalb so kostbar, weil Sie nur im Kundenkontakt direkten Einfluss auf die Entscheidungen Ihrer Geschäftspartner nehmen können.

In diesem Zusammenhang ist die Betrachtung des Zeit- und Kostenfaktors in einer Vertriebszeitanalyse sehr hilfreich. Hier ein Beispiel aus einer Vertriebsorganisation, das Sie für sich einmal durchspielen können:

➤ **Tipp:** Schauen Sie sich die folgende Berechnung zur vertriebsaktiven Zeit eines typischen Außendienstmitarbeiters im Vertrieb einmal an. Berechnen Sie dann mit Ihrer Besuchsplanung, wie viel verkaufsaktive Zeit pro Kunde Ihnen in diesem Jahr zur Verfügung steht.

| Berechnung zur verkaufsaktiven Zeit pro Kunde | |
|---|---|
| Tage pro Jahr | **365** |
| ./. Wochenenden | 104 |
| ./. Feiertage | 12 |
| ./. Urlaubstage | 25 |
| ./. Sonderurlaub (Umzug/Heirat/Todesfall etc.) | 1 |
| ./. Krankheit | 7 |
| ./. Besprechungen, Konferenzen, Weiterbildung | 21 |
| ./.Tage insgesamt | 170 |
| **= Verbleibende ganze Besuchstage im Jahr** | **195** |
| Besuchszeit im Jahr in Stunden<br>bei Reisedauer/Tag von 8 Std. | 1 560 |
| Besuchszeit am Freitag nur 4–6 Std.<br>./. Fahrzeit im Jahr in Stunden<br>bei 36.000 km/p.a. und 40 km/h | 900 |
| ./. Stunden Pause im Jahr<br>bei 1 Std. Pause/Tag (Kaffee und Mittag)<br>bei 195 Reisetagen | 195 |
| ./. Std. „Rüstzeit" im Jahr<br>bei 15 Min. Rüstzeit je Kunde<br>= Wege: PKW/Kunde, Anmeldung, Wartezeit etc.<br>bei 5–6 Besuchen/Tag = 80 Min. bzw. 1 1/3 Std./Tag<br>bei 15 Min. Rüstzeit je Kunde | 260 |
| **bei 195 Reisetagen = verkaufsaktive Zeit im Jahr in Stunden** | **205** |

Wenn Sie sich Ihre eigene Zeitanalyse zur Ermittlung der verkaufsaktiven Zeit im Jahr einmal vor Augen halten, werden Sie vermutlich erstaunt sein, mit wie wenig Zeit Sie auskommen müssen, um die Vertriebsarbeit für Ihr Unternehmen zu machen. Umso wichtiger ist, dass Sie sie kontinuierlich auf hohem Niveau halten.

An Ihrer eigenen Berechnung wird deutlich werden, warum es so wichtig ist, Ihre aktive Vertriebszeit möglichst auszudehnen und welche hohen Kosten für diese aktive Zeit im Grunde entstehen.

## Erste Schritte zur Priorisierung Ihrer Vertriebsaktivitäten

Priorisierung bedeutet, dass Sie alle anstehenden Aufgaben in eine bestimmte Rangfolge und Reihenfolge bringen. Wichtiges muss von weniger Wichtigem oder gar Nebensächlichem getrennt werden, Aufgaben höchster Priorität müssen zuerst bearbeitet werden.

Dabei gilt folgender Grundsatz:

**Priorität**

- vor Eiligkeit
- vor Perfektion
- vor schnellem Erfolg

Wichtige sind vor dringenden Aufgaben zu erledigen: Wichtigkeit geht auch vor perfekte Arbeitsausführung. Denn in erster Linie ist es wichtig, die Dinge nicht unbedingt hundertprozentig richtig zu tun, sondern die richtigen Dinge zu tun. Das heißt nun nicht, dass die abgelieferte Qualität gleichgültig sei. Selbstverständlich kommt es auch darauf an, die richtigen Dinge in einer höchstmöglichen Qualität zu tun.

Priorität kommt schließlich auch vor einem schnell zu erzielenden Erfolg. Die großen Ziele brauchen ohnehin Zeit, um verwirklicht zu werden. Bei unwichtigen Dingen kann man relativ einfach und schnell Erfolg haben; und dies genau birgt die Gefahr, dass man sich gerne und oft mit unwichtigen Aufgaben beschäftigt, anstatt die wichtigen Dinge anzugehen – eine ganz häufig zu beobachtende Ausweichbewegung im Management.

Durch das Setzen von Prioritäten gewinnen Sie in vielerlei Hinsicht:

- Sie können sich den Aufgaben ihrer Wichtigkeit gemäß widmen.
- Sie bearbeiten das Wichtige zuerst.
- Sie können funktionsgerecht arbeiten. Das heißt, Sie können sich Ihrer Funktion als Unternehmer voll und ganz widmen, ohne funktionsfremde Tätigkeiten auszuführen.
- Sie berücksichtigen dabei auch die Faktoren „Notwendigkeit" und „Dringlichkeit".
- Sie können sich besser auf eine Aufgabe konzentrieren.
- Sie können abends Ihre Tagesergebnisse vorweisen. Und das unterscheidet Sie dann schon wieder von ganz vielen Ihrer Wettbewerber. Denn die

meisten Manager haben zwar den Eindruck, sehr viel gearbeitet zu haben, können aber nicht wirklich sagen, was sie geleistet haben.

- Sie können sich mit ihren Ergebnissen bei den anderen sehen lassen, denn Sie haben tatsächlich etwas vorzuweisen.
- Sie nähern sich Ihren gesteckten Zielen konsequent. Zumindest kommen Sie ihnen – bei allen Schwierigkeiten, die es unterwegs geben kann – noch am schnellsten näher.
- Sie bearbeiten Ihre Aufgaben zeiteffektiv, das heißt, Sie können eine Aufgabe bei vernünftiger Planung in der vorgesehenen Zeit erledigen.
- Sie gewinnen durch eine gute Planung und Priorisierung Zeit, die Sie für Wichtiges einsetzen können. Sie können dadurch beispielsweise die Qualität Ihrer Ergebnisse weiter verbessern oder andere wichtige Aufgaben erledigen.
- Sie erkennen auf einfache Weise Aufgaben, die Sie delegieren oder streichen müssen.
- Sie können durch Priorisierung Ihre Leistungsfähigkeit insgesamt steigern – beruflich und privat.
- Sie steuern das Geschehen aktiv und lassen sich nicht durch das Geschehen steuern.
- Sie vermeiden unnötige Konflikte und Stress.

**Zeitmanagement**

- Trennen Sie Wesentliches von Unwesentlichem. Frage: Inwiefern bringt mich diese Tätigkeit meinem Erfolg in diesem Projekt/für mein Unternehmen näher?
- Eine gute Vorbereitung bringt Sie immer Ihrem Erfolg näher. Investieren Sie dort ausreichend Zeit; tendenziell mehr, als Sie es aus natürlichem Antrieb her tun würden.
- Arbeiten Sie mit Zielen und Teilzielen. Kontrollieren Sie deren Erreichung.
- Gute Ideen sparen Zeit. Sorgen Sie dafür, dass keine verloren geht. Speichern Sie sie an einem festen Ort; führen Sie immer ein Notizbuch/PDA dazu bei sich.
- Schotten Sie sich gegen unwesentliche Eindrücke und Störungen ab; beachten Sie sie nicht.
- Ihr Arbeitsplatz zeigt, was innerlich bei Ihnen vorgeht; sorgen Sie immer für Ordnung.

**Grundsätze beim Zeitmanagement, Teil 1**

Diese Grundregeln führen zu besseren Ergebnissen bei Ihrem Zeitmanagement:

- Nutzen Sie bei Ihrer Zeitplanung auch möglichst kleine Zeiteinheiten.
- Ihre Zeiteinteilung sollte nach Plan erfolgen, aber auch noch Raum für Unvorhergesehenes lassen.
- Lassen Sie sich nicht von der Zeit hetzen. Machen Sie nur das, was auch unter normalen Umständen realistisch ist.
- Wirklich schöpferische Pausen sind notwendig und gehören in jede vernünftige Zeitplanung hinein; gerade in der anstrengenden Gründungsphase und danach (meist die ersten beiden Jahre) brauchen Sie auch eine Zeit zum „Luftholen". Planen Sie solche Luftholzeiten in Ihren Tag ein.
- Das weiß ein Unternehmer: Zeiteinteilung lohnt sich, Zeiteinteilung ist notwendig.
- Vereinfachen Sie Routinehandlungen; dort liegen meist Zeitreserven.
- Wenn Ihnen für eine Aufgabe besonders viel Zeit zur Verfügung steht, lösen Sie diese dennoch so schnell, wie sie bei gewissenhafter Erledigung gelöst werden kann. Legen Sie die gewonnene Zeit nutzbringend an oder zu Ihrer Entspannung.

| Grundsätze beim Zeitmanagement, Teil 2 |
| --- |
| Diese Grundregeln führen zu besseren Ergebnissen bei Ihrem Zeitmanagement:<br><br>➤ Gehen Sie Leuten und Anlässen aus dem Weg, die Ihnen Zeit stehlen oder auf Ihre Kosten Zeit gewinnen wollen.<br>➤ Schieben Sie keine Arbeit auf. Machen Sie sich von Unbehagen und innerem Druck frei, indem Sie auch unangenehme, aber wichtige Aufgaben sofort erledigen.<br>➤ Niemand kann gründlicher als gründlich arbeiten. Überprüfen Sie einmal, ob bei der Aussage „Ich arbeite eben gründlich" nicht der Versuch dahinter steckt, eine gewisse Langsamkeit zu rechtfertigen.<br>➤ Legen Sie sich in bestimmten Zeitabständen Rechenschaft über Ihren Zeiteinsatz ab.<br>➤ Verwenden Sie Ihre Zeit grundsätzlich so, wie sie Ihnen persönlich (Ihren Zielen und Wünschen) am förderlichsten erscheint. Denn Ihr Zeiteinsatz ist auch eine Sache der Motivation. |

## ABC-Analyse Ihrer Aufgaben

Erstellen Sie doch einmal eine ABC-Analyse Ihrer Aufgaben. Hier ein kleines Diagramm als Hilfestellung.

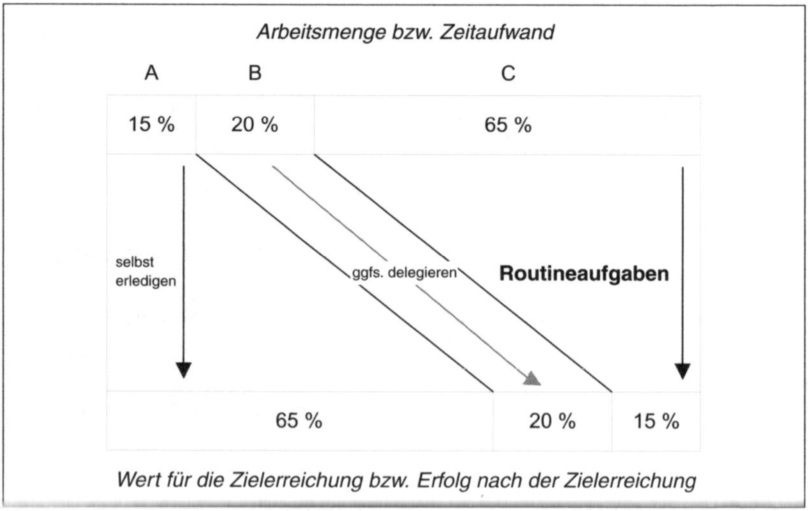


*ABC-Analyse von Aufgaben*

Sehen Sie? Die A-Aufgaben sind quantitativ die am schwächsten vertretenen, beeinflussen aber den Arbeitserfolg qualitativ am stärksten. Umgekehrt verhält es sich mit den C-Aufgaben. Die B-Aufgaben weisen im Schnitt diesbezüglich ein Verhältnis von 1:1 auf.

Wie gehen Sie nun mit dem Ergebnis Ihrer ABC-Analyse um? Am besten so, dass Sie A-Aufgaben sofort und persönlich erledigen, eventuell auch im Team. B-Aufgaben sollten Sie, wenn irgend möglich, abtreten. C-Aufgaben in jedem Fall delegieren oder nach draußen vergeben. Ein klassisches Beispiel dafür ist die Buchhaltung. Sobald Sie es sich leisten können, geben Sie diese ab.

**Tipp:** Sie können die ABC-Analyse ganz praktisch umsetzen, indem Sie drei bis vier Stunden pro Tag für ein bis zwei A-Aufgaben reservieren, eine Stunde für zwei bis drei B-Aufgaben und etwa 45 Minuten für C-Aufgaben planen. Das ergibt noch keinen vollen Arbeitstag: Planen Sie auch Zeiten für Unvorhergesehenes und Pausen ein. Die Termine, die Sie planen, sollten auch nicht zu eng beieinander liegen. Und wenn Zeit übrig bleibt, dann verteilen Sie sie wieder nach Ihrem ABC-Schema.

## Kundenanalyse und Priorisierung

Wie können Sie mit Ihrer Vertriebsarbeit gestaltend aktiv werden? Vorhandene Elemente Ihres Umfelds sind der Markt, bestehend aus Kunden und Wettbewerbern. Den Markt zu kennen ist Grundvoraussetzung jeder Vertriebsstrategie und Positionierung (siehe Teil I).

Zuerst ist es sinnvoll, eine aussagefähige Analyse der Bestandskunden nach verschiedenen, für Ihr Unternehmen bedeutsamen Kriterien durchzuführen. Dazu gehören Umsätze, Deckungsbeiträge, aber auch Ihre Verkaufs- und Werbungskosten etc.

Um den Vertrieb wirksam zu gestalten, müssen Sie dann die ertragreichen Kunden von den weniger interessanten oder gar Verlustbringern trennen. Sie müssen die mit einem aussichtsreichen Entwicklungspotenzial von denjenigen trennen, die keine Ausbaumöglichkeiten mehr haben. Dies ist die grundsätzliche Vorgehensweise und geschieht immer mit Rücksicht auf die Gesamtstrategie Ihres Unternehmens.

**Hinweis:** Nur gut ein Drittel der Unternehmen in Deutschland ist in der Lage, die Ertragspotenziale seiner Kunden zu ermitteln, und nur knapp 40 Prozent strukturieren ihre Kunden überhaupt nach Umsatz oder Deckungsbeitrag. Dabei ist die Tatsache, dass nur ein kleiner Anteil der Kunden für einen Großteil der Gewinne sorgt, doch allgemein bekannt. Entsprechend dieser Erkenntnis gilt es zu priorisieren:

- die Gewinn bringenden Kunden zu identifizieren und zu fördern (Umverteilung der Ressourcen für die Kundenbearbeitung entsprechend der Kundenbedeutung. Siehe Teil II),
- die Verbindung zu den Verlustkunden zu beenden oder diese Kundenbeziehungen so umzugestalten, dass die Beziehungen wieder ein positives Kosten/Nutzen-Ergebnis aufweisen, beispielsweise durch telefonische Betreuung oder durch eine Veränderung des Bestell- oder Servicemodus.

Führen Sie ein Kundenklassifikationssystem nach den Anregungen aus Teil II dieses Buches bei sich ein. Nach diesem System und Ihrer Unternehmensstrategie lassen sich die richtigen Kunden und richtigen Aktivitäten leicht herausfinden. Bleiben Sie konsequent in der Umsetzung der von Ihnen gefundenen Ergebnisse.

Denken Sie daran: Grundsätzlich haben bei Ihrer Vertriebsarbeit alle diejenigen Aktivitäten absoluten Vorrang, die den angestrebten Unternehmenserfolg **nachvollziehbar wahrscheinlicher** machen. Für Sie als Unternehmer gilt als oberstes Ziel, dass Sie Ihre verkäuferische Kompetenz so oft und lange wie möglich und auf hohem Niveau bei der Arbeit direkt am oder direkt für den Kunden einsetzen.

## Selbstorganisation

Als Unternehmer werden Sie mit einer Vielzahl von Anforderungen und Aufgaben konfrontiert. Deshalb müssen Sie auch die Fähigkeit entwickeln, Ihre eigene Tätigkeit, vor allem in der Fokussierung hin auf Markt und Kunden, rationell zu steuern, zielorientiert vorzugehen und Ihre Arbeitsweise an sich zu optimieren; rationell steuern heißt, dass Ihr Vorgehen klar definierten und für gut befundenen Kriterien folgt. Und zwar immer, auch dann, wenn es einmal unbequem wird. Es heißt, dass Sie alles tun, was Sie auf effizienteste Weise zu dem größten, schnellsten und besten Nutzen für alle Beteiligten bringt.

Zur Selbstorganisation eines Unternehmers gehört auch, dass er Prioritäten richtig setzt und Projekte in Abhängigkeit der Realisierungschance mit einer sinnvollen Aufwandsabstufung bearbeitet. Es heißt beispielsweise auch, dass er mit Lieferanten im erforderlichen Umfang und partnerschaftlich kooperiert und, ganz allgemein, alle vorhandenen Hilfsmittel, die seine Arbeit erleichtern und noch erfolgreicher machen, vorurteilsfrei nutzt.

**Ihre Effizienz, Teil 1**

- Setzen Sie sich gewohnheitsmäßig Prioritäten.
- Erledigen Sie eine Aufgabe nach der anderen, nicht mehrere gleichzeitig.
- Ordnen Sie alle Papiere/Dokumente auf dem PC so, dass Sie sie ohne suchen zu müssen leicht wieder finden.
- Prüfen Sie, welche Informationen für Ihr Unternehmen/in einem bestimmten Projekt wirklich wichtig sind. (Wichtig ist, was Sie Ihrem Erfolg auf direkte Weise näher bringt!)
- Nehmen Sie nur wichtige Termine persönlich wahr. Alle anderen möglichst telefonisch.
- Kommunizieren Sie so klar mit anderen, dass keine Rückfragen entstehen.
- Sagen Sie „Nein", wenn Sie nein sagen wollen.
- Machen Sie sich zu Beginn einer Woche deutlich, was Sie in dieser Periode erreichen wollen.
- Lagern Sie unangenehme aber wichtige Aufgaben nicht; erledigen Sie sie genauso wie die angenehmen, wichtigen.
- Fragen Sie sich bei Ihrem Tun immer wieder einmal, ob es für Sie wirklich von existenzieller Bedeutung ist und: ob es Ihnen Spaß macht.
- Prüfen Sie Ihre Aufgaben daraufhin, ob sie wirklich von Ihnen erledigt werden müssen oder auch von anderen erledigt werden können.

| Ihre Effizienz, Teil 2 |
| --- |
| Eine Woche hat 168 Stunden. Beantworten Sie doch einmal die folgenden Fragen in Stunden und Minuten:<br>➤ Wie viele Wochenstunden setze ich für meine Arbeit ein?<br>➤ Welche Wegzeiten muss ich wöchentlich einsetzen, um zu meinem Arbeitsplatz zu kommen?<br>➤ Wie viel Zeit brauche ich pro Woche, um meine Mahlzeiten einzunehmen?<br>➤ Wie viel Zeit brauche ich in der Woche für meine Körperpflege?<br>➤ Wie viel Zeit brauche ich in der Woche zum An- und Auskleiden?<br>➤ Wie viel Zeit brauche ich in der Woche zum Schlafen?<br>➤ Wie viel Zeit brauche ich in der Woche für meine Hobbys?<br>➤ Wie viel Zeit brauche ich in der Woche für bestimmte Dauerverpflichtungen? |

## Der Aktionsplan – Priorisierung Ihrer Tätigkeiten

Um Ihre Vertriebsarbeit noch sinnvoller und erfolgreicher zu machen, bedarf es eines Plans, wie diese überhaupt erfolgen soll.

Kunden werden oft nach einem Routineprogramm bearbeitet; es erfolgt meist keine kundenspezifische Planung. Dies hat zur Folge, dass Kundenansprachen und -bearbeitungen nicht optimal erfolgen und Verkaufschancen verloren gehen. Ein Kunde, der so angesprochen wird, fühlt sich vermutlich auch nicht in seiner Individualität bestätigt. Besonders im Key Account Management, also bei der Bearbeitung von Großkunden, ist aber eine maßgeschneiderte Ziel- und Aktionsplanung unerlässlich. Das gilt für alle Phasen des Vertriebsprozesses.

Das Kundenportfolio dient Ihnen dazu als Planungsgrundlage: Zur Vorbereitung der Aktionsplanung sind die Kunden nach ihrer Wertigkeit in einem Kundenportfolio zu positionieren. Bestimmungsgrößen sind

- die Kundenattraktivität, wie beispielsweise Bedarfsvolumen, Wachstum, Konditionserwartungen,
- die Wettbewerbsposition des Unternehmens, an der sich die Kaufwahrscheinlichkeit ableiten lässt.

Die Positionierung ist aufgrund der bisherigen Geschäftsbeziehungen und der Einschätzung künftiger Entwicklungsmöglichkeiten vorzunehmen. Bei

Zielkunden, zu denen noch gar keine Geschäftsbeziehungen bestehen, kommt Ihrer Einschätzung natürlich ein besonderes Gewicht zu. Die Kundenwertigkeit ist außerdem nach Ihrer strategischen Planung festzulegen. Hierbei geht es um die Grundsatzentscheidungen darüber, welche Geschäfte (Produkt- und Kundengruppen) künftig verstärkt bearbeitet werden sollen.

## Das Planungsverfahren

Die Erstellung einer Aktionsplanung fällt in die Kernverantwortung Ihrer Arbeit. Die Planungsschritte sind die folgenden:

- Analyse der bisherigen Geschäftsaktivitäten (Situation und Ursachen)
- Zielplanung
- Maßnahmenplanung
- Kostenplanung
- Umsatz und Ergebnisplanung

Hier ein kleines Beispiel, wie Sie vorgehen können, um eine kundenindividuelle Planung Ihrer Vertriebsaktivitäten zu leisten:

**Situation bei Kunde X:** Artikel A wird nicht bezogen

- *Ursache:* Kunde kauft bei Konkurrenz oder Kunde führt den Artikel nicht usw.
- *Ziel:* Kunde soll veranlasst werden, den Artikel A zu kaufen
- *Maßnahmen* (hier erstellen Sie eine Übersicht Ihrer Einzelmaßnahmen und arbeiten diese in einen Zeitplan ein):
  - Direct Mail
  - Kundenbesuch
  - Telefon (Nachfassen)

  Hinweis: Es ist sehr vorteilhaft, wenn Sie Aktivierungsketten aus mehreren Aktionen bilden. Dabei sind die einzelnen Maßnahmen natürlich inhaltlich und zeitlich aufeinander abzustimmen.
- *Budgetplanung*
- *Umsatz- und Ergebnisplanung:* Sie können nach dem folgenden Schema leicht eine Umsatzplanung für einzelne Kunden erstellen.

| Umsatzplanung für den Kunden X | | | | | |
|---|---|---|---|---|---|
| Produkte | Umsatz in Euro | | | Kundenpotenzial Euro | Unser Marktanteil in % |
| | Lfd. Jahr | Planjahr | Diff. in % | | |

| Ergebnisplanung für den Kunden X | | | | | |
|---|---|---|---|---|---|
| Produkte | DB 1 in Euro | | | Kunden-Einzelkosten (Planjahr) Euro, % DB 1 | DB 2 (Planjahr) Euro, % Umsatz |
| | Lfd. Jahr | Planjahr | Diff. in % | | |

Werten Sie nach Vollzug der geplanten Aktionen das Ergebnis aus. Beim Soll/Ist-Vergleich sind nicht nur kurzfristige und quantitative Ergebnisse zu bewerten.

## Priorisierung mit einem Tender-Management

Unter einem Tender-Management versteht man die Art und Weise eines Unternehmens, mit den Ausschreibungen seiner Kunden umzugehen. So ein Tender-Management ist für alle diejenigen Gründer relevant, die im B2B-Bereich arbeiten und ihre Kunden über Ausschreibungsprozesse gewinnen.

### Qualifizierung

Jeder Tender, den Sie bekommen, muss zunächst qualifiziert werden. Die Qualifizierung soll feststellen, von welchem Wert dieser Tender zum jetzigen Zeitpunkt für Ihr Unternehmen ist und ob es Sinn macht, in seine positive Beantwortung überhaupt Zeit zu investieren.

Wenn Sie schon erfahren sind, liefert eine Grobeinschätzung schon relativ schnell ein gutes Bild. Sie sehen dann, ob er in seiner Leistungsnachfrage für Ihr Unternehmen geeignet ist oder nicht. In einem weiteren Beurteilungsschritt werden die Leistungsanforderungen im Einzelnen geprüft.

Bei der Beurteilung eines Tenders ist es ratsam, im Team zu arbeiten. Wenn Sie alleine sind, lassen Sie vielleicht eine Person Ihres Vertrauens darüber schauen, die zu einer fachlichen Beurteilung in der Lage ist.

Die Bewertung aus den Einschätzungen des Tenders entscheidet darüber, ob und – wenn ja – mit welcher Priorität ein Tender bearbeitet wird. Liegen gleichzeitig mehrere Tender vor und ist eine Priorisierung durch die Bewertung (gut eignet sich das Schulnotensystem) erfolgt, so müssen Sie eine Priorisierung nach verfügbaren Ressourcen, Zeitkriterien und Abschlusswahrscheinlichkeiten vornehmen.

Grundsätzlich gilt, dass lukrative Geschäfte Vorrang vor anderen haben. Die Lukrativität hängt auch mit Ihrer gegenwärtigen Vertriebspolitik zusammen. Umsatz- und Ertragsziele müssen gegeneinander abgewogen werden, Neukundengeschäft gegen Bestandskundenerweiterung etc. Letztlich müssen eine nachvollziehbare Vorgehensweise und ein klarer Kriterienkatalog zur Ausschreibungsbewertung erstellt und immer angewandt werden.

# 3. Das Vertriebs-Informations-System (= VIS)

## Grundlagen

Unter einem VIS soll hier nicht nur eine Software verstanden werden, die in der Lage ist, relevante Verkaufsinformationen zusammenzuführen, zu verarbeiten und zur Verfügung zu stellen, die nur installiert zu werden braucht, um die gewünschten Ergebnisse zu liefern. Im Folgenden soll unter dem Begriff VIS dieses verstanden werden:

> Ein **VIS** ist ein System von einzelnen Instrumenten, die Ihnen helfen, alle für Sie wichtigen vertriebs-, marketing- und servicerelevanten Informationen zu generieren und zu verwalten.

Der Automatisierungsgrad hängt von den Wünschen und letztlich den finanziellen Möglichkeiten Ihres Unternehmens ab. Wobei hier gleich gesagt sein soll, dass man sehr gute VIS für nur wenige hundert Euro kaufen kann. Wir empfehlen Ihnen unbedingt, dies auch zu tun. Die folgenden Ausführungen sollen Ihnen auch als Grundlage für die Auswahl eines solchen Systems dienen.

Wenn Sie ein solches System bei sich einführen, werden Sie sehen, dass es Ihnen auch dabei helfen wird, eine neue ganzheitliche Betrachtungsweise zum Vertrieb und seinen Anforderungen an Sie zu erhalten. Es handelt sich dann, wenn es mit dem Konzept einer eindeutigen Kundenorientierung verbunden wird, um eine wirksame Weise, Kundenbeziehungen nach innen und außen zu betrachten und vor allem zu gestalten.

Menschen, Prozesse, Technologien und Inhalte stehen im Vordergrund einer solchen Betrachtungsweise von Geschäftsbeziehungen.

Um fundierte Entscheidungen treffen zu können, werden aktuelle, sachbezogene Informationen benötigt. Diese sind manchmal schwierig zu beschaffen. Und Informationen können oftmals auch unterschiedlich interpretiert werden. Die echte Entscheidung wird immer in der Situation einer gewissen Unsicherheit getroffen (dabei zeigt sich die Qualität Ihres Managements). Die Entscheidungssicherheit zu erhöhen, ist Zweck des VIS.

**Für eilige Leser**
**Das Kunden- und Kontaktmanagement**

Die Kontakte zu Ihren bestehenden und potenziellen Kunden sind bares Geld wert. Entsprechend sollten Sie dafür sorgen, dass Ihr Kontakt- und Kundenmanagement auf hohem Niveau erfolgt.

Bauen Sie Ihr Kundenverwaltungssystem nach denjenigen Kriterien logisch auf, die für Ihren Verkaufserfolg, die Verkaufswahrscheinlichkeit, die Verkaufskosten und natürlich die Kundenwertigkeit bedeutsam sind.

**Beispiel:** Telefonische Akquisition. Ziel: Terminvereinbarung zur Präsentation Ihres Unternehmens und seinen Leistungen.

Sie haben sich entschieden, Ihr Verkaufsgebiet geografisch einzuteilen. Das bedeutet unter anderem, Sie haben Entfernungsradien um Ihren Firmensitz gelegt. Innerhalb dieser Radien berücksichtigen Sie dann Ihre Marktsegmente (also homogene Kundengruppen) und auch die logistische Infrastruktur (wie schnell erreichen Sie Ihre Kunden?). Nun beginnen Sie mit der Bearbeitung Ihrer Kunden. Sie haben Telefonnummern und Ansprechpartner parat. Sie beginnen mit denjenigen Kunden, bei denen Sie sich aufgrund Ihrer Erfahrung den schnellsten und größten Verkaufserfolg mit dem geringsten Mitteleinsatz versprechen.

Die Ergebnisse Ihrer Bemühungen erfassen Sie in Ihrem VIS. Beispielsweise: „Gesprächspartner X will zuerst Unterlagen. Versenden!". Oder: „Termin am 22.05. erhalten. Unterlagen dafür am 17.05. vorbereiten; Agenda ausarbeiten und zuschicken."

Eine Klassifizierung Ihrer bestehenden Kunden nach Umsatz- und Ertragsgröße ist ebenso wichtig wie die Klassifizierung Ihrer potenziellen Kunden nach deren potenziellen Umsätzen und Erträgen. Sie benötigen diese Angaben und Raster für Ihre Verkaufs- und Umsatzplanung.

Im Folgenden ein paar grundlegend wichtige Funktionen, die Ihr VIS haben sollte:

**Wiedervorlage:** Ein gutes VIS verfügt über ein ausgefeiltes Wiedervorlagesystem, das Sie davor bewahrt, wichtige Termine zu verpassen. Die Wiedervorlage wird auch automatisch aktualisiert, das heißt, alle unerledigten Termine werden automatisch bis zu ihrer Erledigung weitergezogen.

**Kontaktartenverwaltung:** Sie können darin unterschiedliche Aktivitäten (Telefonanrufe, Besprechungen, Kundentermine etc.) verwalten, sie beispielsweise nach Prioritäten anzeigen lassen und abarbeiten.

**Dokumentenverwaltung:** Um immer einen aktuellen Überblick pro Kunde und Gesprächspartner zu haben, ist es wichtig, dass Ihr VIS auch über eine Dokumentenverwaltung verfügt. In der Regel funktioniert sie so, dass aus dem VIS heraus ein Link zu Ihren Dokumenten angelegt wird. Damit können Sie vor jedem Telefonat und Termin abfragen, welchen Informationsaustausch Sie mit Ihrem Kunden hatten, welche Angebote und Unterlagen er erhalten hat. So planen Sie Ihre Kontaktaufnahmen und Gespräche mit allen notwendigen Dokumenten.

**Anpassungsfähigkeit:** Ein gutes VIS muss sich den verändernden Anforderungen seiner Nutzer anpassen können. Achten Sie darauf, dass Ihr Verkaufssystem diese „Wachstumsmöglichkeiten" besitzt. Diese müssen sowohl quantitativ, aber vor allem auch qualitativ gegeben sein, im Sinne einer für die Verkaufszwecke optimierten Kundenverwaltung und -analyse.

Manchmal sind die konkreten Erfordernisse zu Beginn nicht abzusehen. Lassen Sie sich deshalb eingehend beraten, schauen Sie sich verschiedene Systeme an, bevor Sie eines anschaffen. Meist ist „klein, aber ausreichend und flexibel" besser als „groß und wenig anpassungsfähig beziehungsweise schwierig in der Bedienung".

## Der Aufbau eines VIS

Das VIS bildet einen Teilbereich Ihres Informationssystems. Es ist deshalb eng mit Ihren anderen Informationssystemen zu koordinieren (Buchhaltung, Steuer, Terminplanung etc.).

Für Sie als verkaufenden Unternehmer ist es besonders wichtig, über ein VIS zu verfügen, in dem die folgenden Daten ausgewertet und konzentriert vorliegen; diese Daten beziehen sich in der Regel auf Kunden, Gebiete und Branchen. Es sind Umsatz-, Ergebnis- und Auftragsdaten. Das System sollte es ermöglichen, diese Daten nach unterschiedlichen Kriterien zusammenzustellen und sowohl Ex-post- als auch Ex-ante-Analysen damit zu fahren. Die Güte eines VIS hängt nicht allein vom Umfang der Daten, sondern wesentlich von deren Verarbeitung und Präsentation ab.

Informationen werden für die Planung Ihrer künftigen Aktivitäten und die Kontrolle während und nach deren Durchführung benötigt. Ein rationelles Informationssystem vermeidet sowohl die Unter- als auch die Überinformation. Im Zeitalter der neuen Kommunikationsmedien, die immer leistungsfähiger werden, wird die Gefahr der Überflutung mit Informationen immer größer und damit die Informationsselektion und -verarbeitung immer wichtiger. Schon bei der Erfassung Ihrer Daten sollten wirksame Gestaltungskriterien gelten.

Grundsätzlich gilt, dass alle Daten so aufzubereiten sind, dass ihre Bedeutung leicht erfasst werden kann. Eine sinnvolle Strukturierung und anschauliche Darstellung der Daten gibt bereits erste Interpretationshinweise. Besonders aussagefähig für Sie sind zum Beispiel Perioden-, Kunden- und Produktvergleichswerte, die Veränderungen und Abstufungen aufzeigen.

**Tipp:** Schauen Sie sich die folgende Merkmalsammlung an. Sie gibt Ihnen Hinweise darauf, welche Anforderungen Sie an ein Vertriebsinformationssystem stellen sollten.

**Für eilige Leser**
**Anforderungen an ein VIS**

■ **Aussagefähigkeit:** Alle wesentlichen Daten müssen jederzeit verfügbar sein. ■ **Zuverlässigkeit:** Die Informationen müssen stimmen. ■ **Aktualität:** Die Informationen dürfen nicht veraltet sein. ■ **Konzentration:** Überflüssige Informationen sind zu vermeiden. ■ **Übersichtlichkeit/Anschaulichkeit:** Die Daten sind so darzustellen, dass ihre Aussage leicht erfasst werden kann. ■ **Benutzerfreundlichkeit:** Auf die Informationen muss leicht zugegriffen werden können. ■ **Wirtschaftlichkeit:** Der Aufwand der Datenerfassung und -verarbeitung muss in einem angemessenen Verhältnis zum Nutzen des Informationssystems stehen. ■ **Eindeutigkeit:** Alle müssen von den erfassten und verarbeiteten Daten das gleiche Verständnis haben.

Achten Sie darauf, dass Sie Informationen nicht nur sammeln und verarbeiten, sondern auch aktiv für den Entscheidungsprozess verwenden. Im Lauf der Zeit werden Sie dann Routinen (Standardabfragen) entwickeln, die Ihnen sowohl bei der erfolgreichen Bewältigung der Tagesarbeit helfen, als auch für Ihre strategische Entwicklung von Bedeutung sind.

**Tipp:** Schauen Sie sich die folgende Merkmalsammlung an. Sie gibt Ihnen Hinweise darauf, wie ein Vertriebsinformationssystem aufgebaut sein sollte.

**Für eilige Leser**
**Aufbau eines VIS**

■ Welche Daten werden von Ihnen und wofür tatsächlich benötigt? (Erfassung – Bewertung – Selektion) ■ Welche Daten sind beschaffbar? (Ermittlung der Informationsquellen: Zugang, Relevanz, Aktualität, Aufwand) ■ Wer erfasst die Daten? Wer gibt sie in das System ein? ■ Aufbereitung (auch Prognose) und Darstellung der Daten (Grafiken!).

Hier ein Beispiel für ein Vertriebsinformationssystem, das auch für Existenzgründer erschwinglich ist.

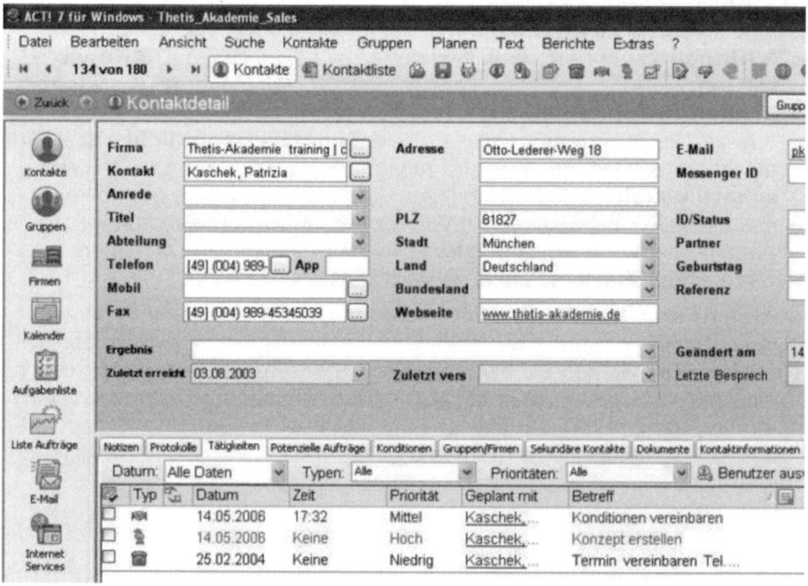

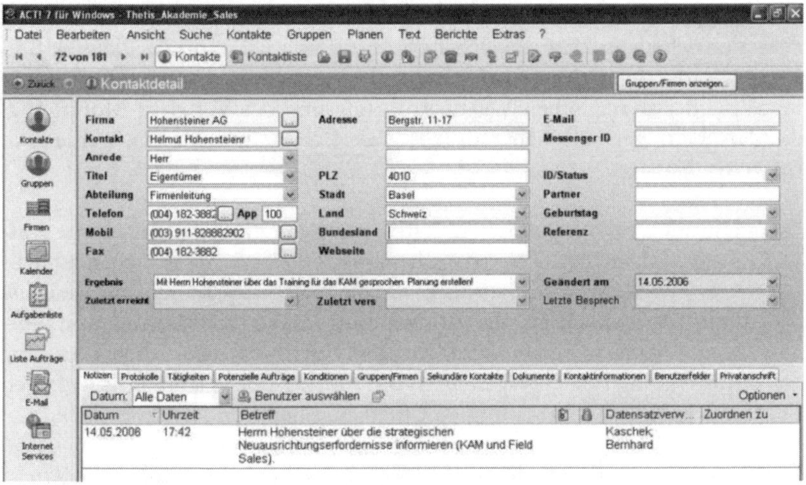


*Screenshot VIS*

## Die Daten des VIS

In das VIS sind all jene Daten aufzunehmen, die für Ihre verkaufspolitischen und -taktischen Überlegungen und Entscheidungen erforderlich sind. Nicht entscheidungsrelevante Daten sind rigoros wegzulassen. Welche Daten in das VIS gehören, ist einfach aus Ihrer Sicht als verkaufender Unternehmer zu prüfen. In diese Arbeit der Datendefinition sollten Sie eine Menge geistige Entwicklungsarbeit stecken. Gerade weil es Systeme gibt, die angeblich alles können, müssen Sie hier immer wieder die Frage klären, was solch ein System für Sie an tatsächlichen Kernbedürfnissen abdecken kann.

Betrachtet man die unternehmerischen Informationsbedürfnisse, so können hier etwa folgende Aufgabenbereiche definiert werden:

- Strategische Vertriebsplanung (Vertriebscontrolling)
- Planung und Kontrolle des operativen Verkaufsgeschäfts (Steuerung der Verkaufsaktivitäten)
- Weiterentwicklung der Organisation des Verkaufs selbst („Monitoring", Aufspüren von Schwachstellen)
- Entscheidungen im Tagesgeschäft; hierfür muss ein VIS klare und gut strukturierte Informationen liefern können

Viele Unternehmensgründer neigen, weil Sie noch keine echte Beziehung zum Vertriebsthema entwickelt haben, dazu, sich eher auf die Planung und Kontrolle des operativen Geschäfts zu konzentrieren. Controlling-Aspekte im Sinne der strategischen Vertriebsplanung und des Vertriebs-Monitoring, das dazu beitragen soll, näher an Ihre Zielerfüllung zu kommen, werden dabei vernachlässigt.

➤ **Hinweis:** Hier kann Sie ein VIS gut unterstützen, indem es Ihre Aufmerksamkeit auf die Vertriebsthematik fokussiert. Sie brauchen schließlich jeden Tag Informationen für die Verkaufsplanung, die Besuchs- und Tourenplanung, die Vorbereitung und Durchführung von Verhandlungen mit den Kunden, die Erstellung von Angeboten, die Abwicklung des Tagesgeschäfts, die Auftragsüberwachung, Rückfragen von Kunden, Bearbeitung von Reklamationen und anderes mehr.

Die Entscheidungsdaten, die Sie benötigen, lassen sich wie folgt gliedern:

- Rentabilität (Ertragskraft)
- Wachstum des Unternehmens
- Marktposition des Unternehmens
- Produktivität und Wirtschaftlichkeit
- Risiken (z.B. Abhängigkeit von Großkunden)
- Marktchancen und -ausschöpfung
- Marktanforderungen
- Marktentwicklungen
- Leistungsfähigkeit des Unternehmens

➤ **Tipp**: Schauen Sie sich die folgende Merkmalsammlung an. Sie gibt Ihnen Hinweise darauf, welche Informationen ein Vertriebsinformationssystem grundsätzlich bereitstellen können sollte. Sie sollten daraus diejenigen Kriterien auswählen, die Ihnen nach der Lektüre des Buches bis hierher wichtig/richtig erscheinen.

**Für eilige Leser**
**Informationen aus einem VIS**

■ Unternehmensergebnisse und Erfolgsstrukturen (Situation und Entwicklung). ■ Gesamtergebnis (Umsatz, Kosten, Gewinn/Verlust). ■ Umsätze und Deckungsbeiträge der einzelnen Absatzsegmente. ■ Ergebnisse von Aktionen. ■ Kostenstruktur. ■ Marktposition des Unternehmens (Marktanteil, Käuferreichweite). ■ Bekanntheitsgrad. ■ Kundenzufriedenheit. ■ Geschäftsfelder: Portfolio (Kunden, Absatzgebiete, Produkte). ■ Marktverhältnisse (Situation und Entwicklungen) ■ Marktgröße, -strukturen, -anforderungen, -phase (Sättigungsgrad), -trends (Indikatoren!). ■ Verwender. ■ Absatzpotenzial, Branchenumsatz, Absatzreserven. ■ Zahl und Art der Kunden: potenzielle und bestehende Kunden. ■ Kundenerwartungen, -wünsche, -probleme, Kaufmotive. ■ Kundenverhalten (Verwendung, Beschaffung, Information; Kaufentscheidung: Ablauf, Entscheider, Beeinflusser etc.). ■ Wettbewerb: Wettbewerber und ihre Marktbedeutung (Marktanteil). ■ Ziele, Strategien und Verhalten der Wettbewerber. ■ Entwicklungen: Werbeausgaben der Anbieter, Preisentwicklung. ■ Tätigkeits- und Organisationsdaten. ■ Leistungskennziffern. ■ Zahl der Besuche je Tag/Woche/Monat (Intensität der Marktbearbeitung). ■ Abschlussquote (Qualität der Marktbearbeitung). ■ Gefahrene Kilometer, Ergebnisse aus Zeitanalysen.

Grundsätzlich wäre es wünschenswert, alle für diese Auswertungen erforderlichen Daten in einem VIS zu erfassen. In der Praxis wird unter diesen Daten jedoch ausgewählt werden müssen, da sie zum Teil überhaupt nicht, nicht zuverlässig oder nur mit unvertretbar hohem Aufwand erhoben werden können und ihre Aussagekraft als Entscheidungs- bzw. Bewertungsgrundlage für die engere Vertriebsarbeit im Vordergrund stehen muss.

Problemlos ist die exakte Erfassung von Daten wie Umsätze und Kosten, da sie Inhalt Ihrer Buchungsvorgänge sind. Um Marktpotenziale und Marktanteile zu ermitteln sind aber zusätzliche Erhebungen erforderlich. Die größten Erfassungsprobleme bereiten dabei Informationen, die auf Prognosen beruhen, also auf Schätzungen und Annahmen künftiger Entwicklungen mit einer oft hohen Irrtumswahrscheinlichkeit.

Grundlage des VIS ist die Kundendatenbank. In dieser werden, nach Kunden getrennt, die Daten für die folgenden Sachverhalte gespeichert:

- Allgemeine Informationen über den Kunden (Bedarfsvolumen)
- Geschäftsergebnisse (Umsätze, Deckungsbeiträge)
- Laufende Geschäfte (Angebote, Aufträge)

- Planergebnisse
- Bisherige Bearbeitungshistorie des Kunden
- Geplante Kundenbearbeitung

Das ist der Kern, der die für Sie zunächst wichtigsten Daten enthält. Aus organisatorischen und Gründen der besseren Darstellung sind diese Einzeldaten zum Beispiel nach Kundengruppen, Produktgruppen und Verkaufsgebieten zu verdichten. Außerdem lassen sich aufgrund dieser Daten zahlreiche Kennziffern (Zahl der Besuche, durchschnittlicher Umsatz je Kunde, Reklamationsquote usw.) ermitteln – Daten, die Sie aktiv im Verkaufsprozess bei den einzelnen Kunden nutzen müssen.

Die Informationen der Kunden-Datenbank können um Angaben

- aus Marktberichten (Marktanteil, Markttrends usw.) und
- innerbetrieblichen Berichten (z.B. Produktneuheiten)

ergänzt werden.

> **Tipp:** Schauen Sie sich die folgende Merkmalsammlung an. Sie gibt Ihnen Hinweise darauf, welche Informationen die Kundendatenbank in einem VIS bereitstellen können sollte. Auch hier sollten Sie daraus wieder diejenigen Kriterien wählen, die Ihnen nach der Lektüre des Buches bis hierher wichtig/richtig erscheinen.

**Für eilige Leser**
**Informationen aus der Kundendatenbank**

■ Kunden-Stammdaten wie Branche, Betriebsart, -größe, -struktur, Adresse, Telefon, Telefax, Bankverbindungen, Liefervorschriften und Lieferanschriften, Bezugsmodalitäten, Rechnungsanschrift, Besuchszeiten, Entfernungszone. ■ Potenzieller Kunde – Interessent – bestehender Kunde – Stammkunde – ehemaliger Kunde. ■ Kundenwertigkeit (A/B/C-Kunde). ■ Zukunftsperspektiven und Sollbearbeitung. ■ Vereinbarte Preise und Konditionen (z.B. Rabatte, Zahlungsziel). ■ Besondere Kundenanforderungen und -wünsche. ■ Kontaktpersonen und Entscheider mit persönlichen Daten (Datenschutz beachten!). ■ Bedarfsvolumen. ■ Bisher erzielte Umsätze und Deckungsbeiträge, differenziert nach Produkten (-gruppen). ■ Vorliegende Angebote und Aufträge. ■ Auftragserwartungen mit Kaufwahrscheinlichkeit. ■ Durchgeführte und geplante Kundenkontakte (letzter Besuch) differenziert nach Kontaktart (Besuch, Telefon, Brief). ■ Durchgeführte Verkaufsförderungsaktivitäten wie Werbegeschenke, Prospekte, Einladung zur Messe usw. ■ Reklamationen. ■ Serviceleistungen. ■ Mahnungen. ■ Wettbewerber ...

## Beispiel: Aufträge

Für eine wirklich funktionierende Vertriebssteuerung ist es vor allem wichtig zu wissen, wie sich die Auftragslage mit den Hauptkunden entwickeln und in welchem Umfang und bei welchen Produkten Aufträge von Neukunden mit hoher Wahrscheinlichkeit erteilt werden, die beispielsweise in einer Testphase sind oder diese schon erfolgreich abgeschlossen haben. Es ist meist ausreichend, die Datenbasis auf diese beiden Kundengruppen zu beschränken, denn auf diese Weise ist eine wesentliche Datenreduktion möglich. Im Regelfall umfassen A-Kunden und wichtige Neukunden zahlenmäßig ja nur etwa zehn bis höchstens 20 Prozent aller Einzelkunden.

Nach der ABC-Analyse sind A-Kunden diejenigen, welche zusammen etwa 80 bis 90 Prozent des Vorjahres-Umsatzes (bzw. des Auftragsvolumens) bewirkt haben. Wichtige Neukunden sind diejenigen, mit welchen eine realistische Aussicht besteht, dass sie mittelfristig zu A-Kunden werden, da sie ein entsprechendes Volumen (Absatzpotenzial) aufweisen. Eine Beschränkung auf diese beiden Kundengruppen verringert den Arbeitsaufwand zur Pflege des VIS erheblich. Und Zeit haben Sie sowieso immer zu wenig.

Es ist im Regelfall für Sie völlig ausreichend, das übrige Volumen mit B- und C-Kunden kumuliert, beispielsweise nach Verkaufsgebieten beziehungsweise Branchen oder geografischen Gesichtspunkten, auszuweisen.

Die Steuerung der Vertriebsarbeit erfordert eine monatliche, manchmal wöchentliche Analyse des Auftragsvolumens: Für jeden A-Kunden und wichtigen Neukunden muss regelmäßig eine Gegenüberstellung der realisierten mit den geplanten Aufträgen (das ist bei den bestehenden Kunden auch wichtig für die saisonbezogene Planung) erfolgen. Bei Neukunden bringt dies wichtige Aufschlüsse über das in Aussicht gestellte, preislich verhandelte und das tatsächlich abgewickelte Auftragsvolumen und bildet die Gesprächsbasis für eventuelle Konditionsanpassungen.[5] Eine der aussagefähigsten Informationen für Ihre Vertriebssteuerung ist diese prozentuale Erfüllung des Plan-Auftragseingangs durch den Ist-Auftragseingang bei jedem einzelnen dieser Kunden (eine Erreichung der Planung würde hier 100 Prozent entsprechen).

Jeder Kunde weist aufgrund der Eigenheiten seines Geschäfts und seiner Beschaffungspolitik ein bestimmtes Auftragsverhalten auf. Das lässt sich als die bereits erwähnte Saisonfigur erfassen und kann beispielsweise einen Faktor für die Grundlage der Besuchsplanung bilden. Zeigen sich bei der Gegenüberstellung von tatsächlichen und erwarteten Auftragseingängen eines A-

Kunden größere Lücken, so ist das ein Hinweis, schnell zu reagieren, um die Situation beim Kunden zu klären.

Es ist hierbei eine wichtige Hilfestellung, wenn das VIS selbstständig Einzelkunden mit wesentlichen Abweichungen zwischen geplantem und tatsächlichem Auftragseingang auswirft: Wöchentlich oder monatlich werden diejenigen Kunden mit wesentlichen Abweichungen aufgelistet und bilden einen wichtigen Teil für Ihren Aktivitätenplan.

Das Ergebnis einer solchen Analyse ist eine Rangfolge der „Problemfälle“. Um auch hier eine Datenreduktion zu erreichen, ist es notwendig, einen bzw. mehrere Schwellenwerte für die Planabweichung festzulegen, bei welchem das System einen Kunden auswirft. Dieses kann, je nach Geschäftsart, beispielsweise der fakturierte Umsatz/Zeiteinheit sein.

## Beispiel: Zahlungen

So, wie die Auftragssituation der einzelnen Kunden überwacht werden muss, müssen es auch die Zahlungseingänge. Dazu ist am besten eine entsprechende Anbindung des VIS an Ihre Buchhaltung zu schaffen.

Es ist eine Ihrer wichtigsten kommerziellen Aufgaben, Ihre Kunden auch in dieser Hinsicht regelmäßig zu prüfen. Sie sollten auf jeden Fall vermeiden, dass Kunden in Mahnverfahren einlaufen – was passieren könnte, wenn Sie solche Mahnleistungen/die Buchhaltung outgesourced haben –, ohne dass Sie vorher informiert und sich um Abhilfe der Zahlungsverzögerung bemüht haben.

## Beispiel: Anfragen

Die Anfragen von Kunden können auf verschiedene Art bei Ihnen eingehen. Es gibt Kunden, die zu einer bestimmten Leistung immer verschiedene Anbieter anfragen (beispielsweise per Rundfax), um den besten Preis herauszufinden. Es gibt Anfragen umfänglicher Art in Form von Ausschreibungen, solche per Fax, Telefon oder E-Mail. Im Zusammenhang mit dem VIS ist aber weniger die Art der Anfrage wichtig, sondern von Bedeutung ist, dass am besten alle Kundenanfragen, jedenfalls aber diejenigen, die beantwortet wurden, in irgendeiner Weise in das VIS einfließen, damit man Transparenz über die Nachfrage- und Angebotssituation zu bestimmten Kunden, Gebieten oder Relationen bekommt.

## Beispiel: Ausschreibungen

Einen besonderen Fall der Anfrage stellt die Ausschreibung dar. Es wird nur in den seltensten Fällen möglich sein, die kompletten Ausschreibungsunterlagen in ein VIS einzupflegen; das wäre viel zu aufwändig. Dennoch sollten ein paar der nachgefragten Leistungsparameter einheitlich erfasst werden. Handelt es sich um eine Ausschreibung zu Standardleistungen, zu welchen Produkten, mit welchem Gesamtwert etc.?

Alle eingehenden Ausschreibungen werden gesammelt und einheitlich archiviert. Heute ist es Praxis, Ausschreibungsunterlagen auf Datenträgern oder sogar per E-Mail zu versenden. Diese werden dann ebenso archiviert wie die Papierformen. Am besten zieht man sie auf Disketten/CDs und legt diese in entsprechenden Sammelsystemen (z.B. Einsteckfolien) im Ordner „Ausschreibungen" mit allen anderen ab.

## Die Datenquellen des VIS

Sofern das VIS nicht computerisiert ist, müssen die Vertriebsdaten aus einer Vielzahl von Quellen entnommen werden.

**Tipp:** Schauen Sie sich die folgende Merkmalsammlung an. Sie gibt Ihnen Hinweise darauf, welche Datenquellen Sie für Ihr Vertriebsinformationssystem grundsätzlich nutzen können.

**Für eilige Leser**
**Datenquellen des VIS**

■ Auflistungen aus Ihrer Buchhaltung und dem Controlling über Umsätze und Deckungsbeiträge nach Produkten, Kunden, Regionen. ■ Vertriebsstatistik: Kennziffern. ■ Kundenkartei: Kundendaten, wie getätigte Geschäfte, durchgeführte Besuche, vereinbarte Konditionen usw. ■ Besuchsberichte. ■ Reklamationsstatistik. ■ Kundenanschriften von Adressverlagen. ■ Wenn Sie im Team arbeiten: Protokolle von Verkaufsbesprechungen. ■ Ablage von Angeboten. ■ Berichte von Marktforschungsinstituten. ■ Preislisten. ■ Kapazitätsmeldungen. ■ Wettbewerbsinformationen (mündlich, schriftlich/Wettbewerbskollegen/Kunden, Verbände etc.

## Die Vertriebsergebnisrechnung

Die Steuerung Ihrer Verkaufsarbeit muss selbstverständlich erfolgsorientiert erfolgen. Dazu benötigen Sie Ergebniszahlen, die aufzeigen, in welcher Weise Sie durch Ihre Aktivitäten den Gesamterfolg Ihres Unternehmens pro Periode vorantreiben. Zu diesem Zweck genügt weder der Umsatz, der aus der Sicht der Gewinnorientierung sogar in die falsche Richtung führen kann, noch der Gesamtgewinn, der nichts über das Zustandekommen des Erfolgs aussagt.

**Hinweis:** Hier brauchen Sie gleich ein wenig Wissen aus der Betriebswirtschaft. Scheuen Sie nicht vor den Begriffen zurück. Sie werden Ihnen immer wieder in der Literatur begegnen, wenn es um die Ergebnisrechnung geht. Und das Ergebnis Ihres Unternehmens berechnen zu können, gehört zu Ihren Kernkompetenzen als Unternehmer.

Sie benötigen zur Erfolgsmessung Ihres Unternehmens eine Vertriebsergebnisrechnung, die als Absatzsegmentrechnung auf der Grundlage der Deckungsbeitragsrechnung aufgebaut ist: Die Deckungsbeitragsrechnung ist eine Bruttogewinnrechnung. Sie rechnet den Ergebnisbereichen nur solche Kosten zu, bei denen ein erkennbarer Verursachungszusammenhang besteht („direkte Kosten"). Durch die Absatzsegmentrechnung können die Bruttoerfolge (Deckungsbeiträge) für die verschiedenen absatzpolitischen Teilbereiche, wie beispielsweise Produkte, Verkaufsgebiete, Aufträge, Branchen und Kunden, ermittelt werden. Auf diese Weise wird die Erfolgsstruktur Ihres Unternehmens in einer für Ihre vertriebspolitischen Planungen aussagefähigen Weise erkennbar. Durch die Ergebnisrechnung wird schnell deutlich, welche Ihre gewinnstarken Bereiche/Produkte sind, in welchen Bereichen weniger verdient wird und wo möglicherweise sogar Verlustquellen sind, die abgeschafft werden müssen.

Die Vertriebsergebnisrechnung wird im Rahmen Ihrer Planung und Kontrolle eingesetzt. Im ersten Fall werden Planergebnisse zur Vorgabe für den Verkauf festgelegt, im zweiten Fall wird über die Ist-Ergebnisse kontrolliert, ob die Planziele auch erreicht worden sind.

➤ **Tipp:** Schauen Sie sich die folgende Merkmalsammlung an. Sie gibt Ihnen Hinweise darauf, wie Sie Ihre Vertriebsergebnisse analysieren können.

**Für eilige Leser**
**Analyse der Vertriebsergebnisse**

■ Welche Bereiche sind wirklich gewinnstark und sollten daher verstärkt bearbeitet werden? ■ Welche Bereiche sind erfolgsschwach und sollten mit geringerer Intensität bearbeitet werden? ■ Welche Bereiche arbeiten mit Verlust, und welche Rationalisierungsmaßsnahmen können dort eventuell ergriffen werden? ■ Welche Bereiche sollten wegen des unbefriedigenden Ergebnisses endgültig aufgegeben werden? ■ Welche preispolitischen Änderungen sind in Betracht zu ziehen?

Bei Auswertung der über die Deckungsbeitragsrechnung ermittelten Vertriebsergebnisse ist zu beachten, dass die Ergebnisse (Deckungsbeiträge) weder über möglicherweise vorhandene Rationalisierungsreserven noch über unerschlossene Absatzpotenziale Auskunft geben. Dazu sind zusätzliche eigene Analysen erforderlich.

Im Rahmen der Vertriebsergebnisrechnung werden auch die Vertriebskosten erfasst. Um die Kostenanalyse zu erleichtern, sind die Kosten zu strukturieren. Sinnvoll ist hierbei eine Untergliederung nach

- Kosten der Auftragserzielung oder Kundenbearbeitung,
- Kosten der Auftragsabwicklung,
- Kosten der Verkaufsleitung (also Sie) und der allgemeinen Verwaltung (Overhead).

Diese Aufteilung ermöglicht eine prozessorientierte Kostenkontrolle. Die Kosten der Auftragserzielung und der Auftragsabwicklung zu erfassen, ist deshalb bedeutsam, weil man damit erkennen kann, welche Mindestgröße ein Kunde oder ein Auftrag haben muss, um einen angemessenen Deckungsbeitrag im Gesamtgeschehen zu erbringen. Das gibt Ihnen wiederum wichtige Aufschlüsse für die Zielkundenbestimmung und den Akquisitionsmix für Ihre Verkaufsarbeit.

# Anmerkungen

## Anmerkungen zu Teil I

1 Künftig wird fast nur von „Produkten“ gesprochen; gemeint sind aber immer Produkte und/oder Dienstleistungen.

2 Hinzu kommen noch Zeitanteile für administrative Tätigkeiten, die delegiert oder auch noch vom Gründer erledigt werden sollen. Sie arbeiten also am Anfang sicherlich mehr als nur acht bis neun Stunden, auf die die o. g. Berechnung der Zeitanteile angelegt ist.

3 Aus: „Vahlens Großes Wirtschaftslexikon“.

4 Mit „Vertrieb“ sind hier alle Tätigkeiten gemeint, die mit Marketing und im Speziellen mit Verkauf zu tun haben. Logistische Funktionen etc. sind hier nicht angesprochen.

5 Mit Verkaufstechniken sind im Wesentlichen rhetorische und systematisch-methodische Techniken gemeint. Zum Beispiel: Bedarfsermittlungstechniken, Fragetechniken, Einwandbehandlung, Nutzenargumentation, Abschlusstechniken etc.

6 Nachfragepotenzial: Die gesamte Menge der nachgefragten Leistungen und Produkte eines Unternehmens, die im besten Falle erzielt werden kann.

7 Ein sehr gut geeignetes Mittel dazu ist im B2B-Bereich (=Business to Business, hier reden Sie mit Geschäfts-, nicht mit Privatkunden.) das regelmäßige Studium von Branchen-Fachzeitschriften.

8 Marketing-Mix: Alle Maßnahmen, die Sie ergreifen, um Ihr Angebot zu vermarkten. Ihr persönlicher Marketing-Mix ergibt sich aus Ihrer Strategie und Ihren finanziellen Möglichkeiten. *Ergänzende Erläuterung: Der Marketing-Mix beinhaltet eine inhaltliche (Art der Instrumente), intensitätsmäßige (Aktivitätsniveau), zeitliche (Verteilung der Aktivitäten über einen Zeitraum)* sowie *eine ausrichtungsspezifische (Marktsegment) Dimension.*

9 Punkt, an dem der Durchbruch (Wirksamkeit einer Maßnahme, Amortisierung etc.) erreicht wird.

10 Dieser Zusammenhang zwischen Umsatz und Preis ist nur ein möglicher. Es wäre durchaus auch ein anderer denkbar. Denken Sie daran, dass in einigen Branchen ein hoher Preis von den Kunden als Qualitätsausweis verstanden wird.

11 Achtung: Halten Sie Ihre Seiten aber von überflüssigem Schnickschnack frei. Nicht alle Kunden haben z. B. DSL-Anschlüsse. Viele haben auch nicht den neuesten Browser. Ihre Internet-Präsenz sollte sich auch nach den technischen Möglichkeiten Ihrer Kunden richten.

12 Wie würden Sie kaufen? Der Wettbewerber bietet offenbar zu einem Preis an, der den Vorstellungen des Kunden ganz entspricht. Dennoch, der Nutzwert seines Angebots ist sehr gering. Und die Attraktivität seines Angebots wird auch durch offenbare Schwächen im Service noch geschmälert. Wer hat also die besseren Aussichten? Richtig, Sie! Jedenfalls, wenn es Ihnen gelingt, den Kunden vom hohen Nutzwert Ihres Angebots zu überzeugen.

13 Künftig wird dieser Begriff einfach als **UMP** wiedergegeben (engl.: „Unusual/unique Marketing Proposition“).

14 Dies geschieht am Anfang Ihrer Unternehmertätigkeit am besten schriftlich für jedes Gespräch. Bei den wichtigen Gesprächen und Verhandlungen werden Sie es auch als Routinier immer machen; das verlangt Ihre Professionalität. Um improvisieren zu können, muss man schon sehr erfahren sein, sollte sich aber nie auf sein Improvisationsgeschick verlassen.

## Anmerkungen zu Teil II

1 Regelmäßig heißt ganz konkret: 1. In der Gründungsphase. 2. Spätestens vier bis sechs Monate nach dem Start. 3. Dann wieder nach einem Jahr. 4. Dann alle zwei Jahre. In diesen Abständen sollten Sie sich Rechenschaft darüber ablegen, ob Sie mit Ihrem Unternehmen schon bzw. noch auf dem richtigen Weg sind. Entscheidungen über Änderungen der Vertriebs- und Sortimentspolitik sollten Sie nach gründlichen Überlegungen aber zügig treffen.

2 Bernhard Kaschek: Aus einem Vortrag anlässlich der „Systems 2004" in München: „Gründen, aber nur mit Kunden."

3 Eine SWOT-Analyse umfasst eine Stärken-Schwächen-Analyse (Strength-Weakness) und eine Chancen-Risiko-Analyse (Opportunities-Threats).

4 Sensibilität und Reaktionsfreudigkeit.

5 Mehr als drei Viertel aller Industriegüterunternehmen setzen diese quantitative Methode zur Segmentierung ihrer Kunden ein. Aus zahlreichen Studien und Projekten ist bekannt, dass etwa 20 Prozent der Kunden für 80 Prozent des Gesamtumsatzes verantwortlich zeichnen. Heute ist sogar oftmals eine starke Tendenz zu einem 90/10 Verhältnis gegeben.

6 So berichtete ein deutscher Hausgeräte-Hersteller, dass B-Kunden die höchste Profitabilität aufwiesen, während die meisten A-Kunden eindeutige Verlustbringer wären.

7 Qualitative Segmentierungen erfreuen sich trotz dieser Willkür-Problematik großer Beliebtheit: So zeigte eine 1996 im Industriegütersektor durchgeführte Erhebung, dass jedes sechste Unternehmen nach dem Innovationsbeitrag von Kunden (Lead User) segmentiert, und 42,5 Prozent nannten strategische Partnerschaften als qualitatives Kriterium der Segmentierung.

8 Dies wird in der bereits erwähnten Industriegüter-Studie bestätigt: 58,9 Prozent der befragten Unternehmen gaben an, eine KDBR für ausgewählte Kunden aufzustellen.

9 Es ist aber nur schwer abschätzbar, wie lange potenzielle oder aktuelle Kundenbeziehungen andauern werden, und noch schwieriger, die zu erwartenden Ein- und Auszahlungen dieser individuellen Kundenlebenszeit zu prognostizieren. Daher kann man leicht nachvollziehen, dass selbst im Investitionsgüterbereich nicht einmal jedes zwölfte Unternehmen eine CLV-Rechnung einsetzt, obwohl es dort um langfristige Geschäftsbeziehungen mit hohen Ein- und Auszahlungen geht und auch ungefähr die Zeiträume für zu tätigende Neuinvestitionen bekannt sind.

10 Die Kürzel bedeuten: „Recency of last purchase", „Frequency of purchase" und „Monetary Value". Also: „Datum des letzten Kaufs", „Häufigkeit von Käufen" und „Finanzieller Wert (hier: Umsatz)". Insbesondere im Versandhandelsbereich hat sich diese Methode über Jahrzehnte bewährt, denn zwischen diesen drei Größen und dem Bestell- bzw. Kaufverhalten von Kunden besteht ein enger Zusammenhang: Versandhandelskunden ordern häufiger und in höheren Bestellwerten, je näher der letzte Bestellvorgang liegt (recency), je häufiger der Kunde in einem festgelegten Zeitraum bestellt hat (frequency) und je mehr Umsatz in der bisherigen Geschäftsbeziehung oder den letzten Jahren zu verzeichnen war (monetary value). Aus diesem Grund werden im RFM-Verfahren die drei Größen mit Punkten ge-

wichtet, sodass die Gesamtpunktzahl der Merkmale ihrem Beitrag zur Ertragskraft von Kundenbeziehungen entspricht.

11 Mit „Wettbewerbsposition“ ist hier gemeint, wie zugänglich ein Kunde für Wettbewerber ist.

12 Die Kundenattraktivität bezieht sich darauf, wie viele, wie häufig und welche Produkte ein Kunde kauft.

13 Allerdings sind Portfolios mit äußerster Vorsicht einzusetzen: Eine einseitige und mechanistische Anwendung von Portfolio-Ansätzen bringt Ihnen nicht die gewünschten Ergebnisse. Beispielsweise wäre es möglich, durch eine geschickte Auswahl oder Nichtberücksichtigung von Kriterien und deren Gewichtung einzelne Kunden auf eine beliebige Portfolio-Position zu bringen – Sie können sich also Ihre Kunden „schönrechnen“. Unsere Projekterfahrungen zeigen dabei, dass die an einer Kundensegmentierung Beteiligten fast immer dazu tendieren, viele Kunden im Fadenkreuz des Portfolios zu positionieren. Netzwerke zwischen Kunden und ähnliche Verbundbeziehungen werden zudem vernachlässigt, was bei voreiliger Elimination eines Kunden verheerende Wirkungen nach sich ziehen kann.

14 In einer Studie des VDI zeigte sich beispielsweise, dass 44,3 Prozent der befragten Industriegüterunternehmen Kunden-Portfolios einsetzen.

15 VIS = Vertriebsinformationssystem

## Anmerkungen zu Teil III

1 „Konstruktiv“ heißt: Sie erhalten ein Feedback, das auf Veränderbarkeit hin angelegt ist. Der Feedback-Geber konzentriert sich also ausschließlich auf diejenigen Aspekte Ihrer Handlungen (und Ihrer Person), die Sie tatsächlich auch verändern können.

2 Die Statistik zu einer verwandten Frage kann Ihnen aber auch einen Einblick geben, wie wichtig das persönliche Verhalten als Faktor der Kundenbindung bzw. Kundengewinnung ist. 68 Prozent der Kunden wechseln den Lieferanten, weil sie mit dem Verhalten des Personals nicht zufrieden sind. Nur neun Prozent, weil sie mit dem Preis nicht zufrieden sind und 14 Prozent, weil sie mit der Produktqualität nicht zufrieden sind (9 Prozent sonstige Gründe). Vgl. Meister, 1996.

3 Wenn Sie sich nicht wirklich auf ihn freuen, hier ein guter Tipp: Arbeiten Sie daran, sich mit einer gewissen Neugierde und Vorfreude zu Ihren Kunden zu begeben. Und: Fragen Sie nicht, wie das geht. Tun Sie es einfach.

## Anmerkungen zu Teil IV

1 Schauen Sie noch einmal in Teil II, 2 nach. Dort haben wir über sinnvolle Markt- und Kundensegmentierungsansätze gesprochen.

2 Unter „Gesprächsarten“ ist hier Folgendes zu verstehen: Preisverhandlungen, Erstkontaktgespräche, Reklamationsgespräche, Arbeitsgespräche etc.

3 Es ist nicht ungewöhnlich, dass größere Kunden über mehrere Monate häufig kontaktiert (besucht) werden müssen, bis sie abschließen. Das erfordert eine genaue Planung, weil Sie diese Akquisitionszeiten in Beziehung setzen müssen zu Ihren Umsatz- und Ertragszielen.

4 Es hilft hier beispielsweise schon sehr, einmal eine Arbeitszeitanalyse zu machen, um die einzelnen Tätigkeitsanteile zu quantifizieren. Man sieht dann sehr schnell, dass die echte Verkaufszeit bei Kundenbesuchen nur einen sehr geringen Teil ausmacht. Oft kommen

zum Beispiel Außendienstorganisationen nicht über 20 Prozent. Mit der Zeit, als einer der kostbarsten Ressourcen, muss also planvoll und immer bewusst umgegangen werden.

5 Dafür muss natürlich in Ihren Verträgen vorgebaut worden sein. Es empfiehlt sich unbedingt, so zu verhandeln, dass Staffelkonditionen für den Fall von Abweichungen von der angekündigten Auftragsmenge wirksam werden. Dann sind für alle die Bedingungen von vornherein klar, und man erspart sich Verärgerungen auf beiden Seiten.

# Wichtige Adressen und Bezugsquellen für Gründer

**Bundesministerium für Wirtschaft und Arbeit**
**Dienstbereich Berlin,** Scharnhorststr. 34–37, 10115 Berlin, Tel.: 0 18 88/6 15–0, Fax: 0 18 88/6 15–70 10
**Dienstbereich Bonn,** Villemombler Straße 76 53123 Bonn Tel.: 0 18 88/6 15–0 Fax: 0 18 88/6 15–44 34 Internet: *www.bmwa.bund.de*

**BMWA-Infotelefone**
Das BMWA-Infotelefon steht Ihnen von Montag bis Donnerstag von 08:00 bis 20:00 Uhr und Freitag von 08:00 bis 12:00 Uhr zur Verfügung. (0,12 Euro/Min. vom Festnetz)

**1. Zu Mittelstand und Existenzgründung,** Rufnummer 0180 5 615 001
Informationen u.a. zu: ▪ Förderung von Existenzgründern und Kleinunternehmen ▪ Ausbildungsinitiative ▪ Sicherung der Finanzierung des Mittelstandes

**2. Zur Arbeitsmarktpolitik und -förderung,** Rufnummer 0180 5 615 002
Informationen u.a. zu: ▪ Hilfen für Selbstständige und Existenzgründer: Überbrückungsgeld ▪ Ich-AG Existenzgründungszuschuss ▪ Beschäftigungshilfen für Langzeitarbeitslose und andere

**3. Zum Arbeitsrecht Rufnummer,** 0180 5 615 003
Informationen u.a. zu: ▪ Rechte und Pflichten im Arbeitsverhältnis ▪ Zulässige bzw. vorgeschriebene Inhalte des Arbeitsvertrages ▪ Kündigungsfristengesetz

**4. Zu Teilzeit/Altersteilzeit/Mini-Jobs Rufnummer,** 0180 5 615 004
Informationen u.a. zu: ▪ Altersteilzeit ab 55 ▪ Mini-Jobs und niedrig entlohnte Beschäftigungen ▪ Formen und Organisation von Teilzeit.

**Alt hilft Jung e. V. Bundesarbeitsgemeinschaft der Senior-Experten**
Kennedyallee 62–70 (DSL-Gebäude), 53175 Bonn, Tel.: 02 28/377 1257, Fax: 02 28/377 1258, Internet: *www.althilftjung.de*

**Arbeitsgemeinschaft Selbständiger Unternehmer e. V. (ASU)**
Reichsstr. 17, 14052 Berlin, Tel.: 0 30/30 06 5–0, Fax: 0 30/30 06 5–390, Internet: *www.asu.de*

**Bundesverband der Selbständigen Deutscher Gewerbeverband e. V.**
Platz vor dem Neuen Tor 4 10115 Berlin Tel.: 0 30/2 80 491–0 Fax: 0 30/2 80 491–11 Internet: *www.bds-dgv.de*

**Bundesnotarkammer**
Mohrenstr. 34, 10117 Berlin, Tel.: 0 30/38 38 66 –0, Fax: 0 30/38 38 66 66 Internet: *www.bnotk.de*
Kronprinzendamm 1, 10711 Berlin Tel.: 0 30/89 31 070, Fax: 0 30/89 34 746, Internet: www.bdu.de

**Bundesverband der Freien Berufe**
Reinhardtstr. 34, 10117 Berlin, Tel.: 0 30/28 44 44–0 Fax: 0 30/28 44 44–40, Internet: *www.freie-berufe.de*

**Bundesverband der Wirtschaftsberater e.V.**
Lerchenweg 14, 53909 Zülpich Tel.: 0 22 52/8 13 61 Fax: 0 22 52/28 10
Internet: *www.bvw-ev.de*

**Bundesverband Junger Unternehmen der ASU e. V. (BJU)**
Reichsstr. 17, 14052 Berlin Tel.: 0 30/30 065–0 Fax: 0 30/30 065–490 Internet: *www.bju.de*

**Bundesverband mittelständische Wirtschaft, Unternehmerverband Deutschlands e.V.**
Leipziger Platz 15, 10117 Berlin Tel.: 0 30/53 32 06–0 Fax: 0 30/53 32 06–50
Internet: *www.bvmwonline.de*

**Bundesverband der Wirtschaftsberater BVW e. V.**
Lerchenweg 14, 53909 Zülpich, Tel.: 0 22 52/8 13 61, Fax: 0 22 52/29 10,
Internet: *www.bvw-ev.de*

**Business Angels Netzwerk Deutschland e.V. (BAND)**
Semperstr. 51, 45138 Essen, Tel.: 02 01/89 415–60, Fax: 02 01/89 415–10
Internet: *www.business-angels.de*

**Europaverband der Selbständigen Bundesverband Deutschland e. V.**
Hüttenbergstr. 38–40, 66538 Neunkirchen, Tel.: 0 68 21/30 62 40, Fax: 0 68 21/30 62 41
Internet: *www.bvd-cedi.de*

**Senior Experten Service (SES)**
Buschstr. 2, 53113 Bonn Tel.: 02 28/2 60 90–0 Fax: 02 28/2 60 90–77
Internet: *www.ses-bonn.de*

**Unternehmerverband mittelständische Wirtschaft e. V.**
Rizzastr. 41, 56068 Koblenz, Tel.: 02 61/1 71 64, Fax: 02 61/1 76 89 Internet: *www.umw.org*

**Vereinigung beratender Betriebs- und Volkswirte e. V.**
Holstenstr. 15, 25335 Elmshorn Tel.: 0 41 21/2 52 52 Fax: 0 41 21/2 58 67
Internet: *www.vbv.de*

**Wirtschaftsjunioren Deutschland e. V. (WJD)**
Breite Straße 29, 10178 Berlin Tel.: 0 30/20 308 15 15 Fax: 0 30/20 308 15 22
Internet: *www.wjd.de*

**Wirtschaftsprüferkammer (KdöR)**
Rauchstraße 26, 10787 Berlin, Tel.: 0 30/726 161–0, Fax: 0 30/726 161–212
Internet: *www.wpk.de*

**Industrie- und Handelskammern (IHK)**
Die Adresse Ihrer zuständigen Industrie- und Handelskammer finden Sie u. a. im örtlichen Telefonverzeichnis. Eine Übersicht/Zusammenstellung aller IHK erhalten Sie beim: **Deutschen Industrie- und Handelskammertag (DIHK)** Breite Straße 29, 10178 Berlin
Tel.: 0 30/20 30 8–0 Fax: 0 30/20 30 8–10 00 Internet: *www.dihk.de*

**Handwerkskammern (HWK)**
Die Adresse Ihrer zuständigen Handwerkskammer finden Sie u. a. im örtlichen Telefonverzeichnis. Eine Übersicht/Zusammenstellung aller HWK'n erhalten Sie beim: **Zentralverband des Deutschen Handwerks (ZDH)**, Mohrenstr. 20/21, 10117 Berlin, Tel.: 0 30/2 06 19–0, Fax: 0 30/2 06 19–4 60 Internet: *www.zdh.de*

**Rationalisierungs- und Innovationszentren der Deutschen Wirtschaft e. V. (RKW)**
Die RKW-Adresse in Ihrem Bundesland erhalten Sie beim: **Rationalisierungs- und Innovationszentrum der Deutschen Wirtschaft e. V. (RKW)**, Düsseldorfer Straße 40, 65760 Eschborn, Tel.: 0 61 96/4 95–1, Fax: 0 61 96/4 95–304, Internet: *www.rkw.de*

**Beratungszentren der KfW Mittelstandsbank**
Unterlagen bei: KfW Mittelstandsbank – Infocenter. Servicetelefon-Nummer: 01801–241124
E-Mail: *infocenter@kfw-mittelstandsbank.de*

**Bundesagentur für Außenwirtschaft (bfai)**
Agrippastr. 87–93, 50676 Köln, Postfach 10 05 22, 50445 Köln, Tel.: 02 21/20 57–0, Fax: 02 21/20 57–2 12 Internet: *www.bfai.com*

**Auslandshandelskammern (AHK)**
Verzeichnis erhältlich beim: **Deutschen Industrie- und Handelskammertag (DIHK)**, Breite Straße 29, 10178 Berlin, Tel.: 0 30/20 30 8–0, Fax: 0 30/20 30 8–10 00
Internet: *www.dihk.de* bzw. *www.ahk.de*

**Institut für Handelsforschung an der Universität zu Köln (IfH)**
Säckinger Straße 5, 50935 Köln, Tel.: 02 21/94 36 07–0, Fax: 02 21/94 36 07–99
Internet: *www.ifhkoeln.de*

**Landes-Gewerbeförderungsstelle des nordrhein-westfälischen Handwerks e. V. (LGH)**
Auf'm Tetelberg 7, 40221 Düsseldorf, Tel.: 02 11/30 10 8–0, Fax: 02 11/30 10 8–11
Internet: *www.lgh.de*

Fragen Sie Ihren Steuerberater nach den Betriebsvergleichen der DATEV.

**DATEV e. G.**
Paumgartnerstr. 6–14, 90429 Nürnberg, Tel.: 09 11/276–0, Fax: 09 11/276–31 96
Internet: *www.datev.de*

## ■ Ausland

**Bundesagentur für Außenwirtschaft (bfai)**, Agrippastr. 87–93, 50676 Köln, Postfach 10 05 22, 50445 Köln, Tel.: 02 21/20 57–0, Fax: 02 21/20 57–212 Internet: *www.bfai.com*

## ■ Franchising

**Deutscher Franchise-Verband e.V. (DFV)**, Luisenstr. 41, 10117 Berlin, Tel.: 030/27 89 02–0, Fax: 030/27 89 02–15 Internet: *www.dfv-franchise.de*

**Deutscher Franchise Nehmer Verband e.V.**
Celsiusstr. 43, 53125 Bonn, Tel.: 02 28/25 03 00, Fax: 02 28/25 05 86 Internet: *www.dfnv.de*

**Franchise-Institut für die deutsche Wirtschaft GmbH (FIW)**
Im Seefeld 9, 31552 Rodenberg, Tel.: 0 57 23/94 44–74, Fax: 0 57 23/94 44–77
Internet: *www.franchise-world.de*

## ■ Gründerinnen

**bundesweite gründerinnenagentur (bga)**, Tel.: 0180522 90 22 (0,12 N/Minute), Montag bis Donnerstag von 9.00–18.00 Uhr, Freitag von 9.00–16.00 Uhr,
E-Mail: *hotline@gruenderinnenagentur.de*, Internet: *www.gruenderinnenagentur.de*

**Deutsches Gründerinnen Forum e. V. (DGF)**
Bundesgeschäftsstelle, c/o AN-Consult, Anke Nägele, Ittertalstr. 105, 42719 Solingen, Tel.: 02 12/231 10 21 Fax: 02 12/231 10 22 Internet: *www.dgfev.de*

**B.F.B.M. – Bundesverband der Frau im freien Beruf und Management e. V.**
Monheimsallee 21, 52062 Aachen, Tel.: 02 41/40 18 458, Fax: 02 41/40 18 463
Internet: *www.bfbm.de*

**Expertinnen-Beratungsnetz/Mentoring Arbeitsstelle der Universität Hamburg**
Brucknerstr. 1, 22083 Hamburg, Tel.: 0 40/29 10 26, Fax: 0 40/29 24 89
Internet: *www.expertinnenberatungsnetz.de*

**Gründerinnen-Consult Hannover**
Hohe Straße 11, 30449 Hannover, Tel.: 05 11/92 40 01–20, Fax: 05 11/92 40 01–21
Internet: *www.gruenderinnen-consult.de*

## ■ Hightech-Gründer

**Arbeitsgemeinschaft Deutscher Technologie- und Gründerzentren e. V.**
Rudower Chaussee 29,12489 Berlin, Tel.: 0 30/63 92 62 21, Fax: 0 30/63 92 62 22
Internet: *www.adt-online.de*

**Deutsches Patent- und Markenamt**
Zweibrückenstr.12, 80331 München, Tel.: 0 89/21 95–0, Fax: 0 89/21 95–22 21
Internet: *www.dpma.de*

**Deutschland innovativ Institut der deutschen Wirtschaft Köln**
Gustav-Heinemann-Ufer 84–88, 50968 Köln, Tel.: 02 21/49 81–1, Fax: 02 21/49 81–533
Internet: *www.deutschland-innovativ.de, www.iwkoeln.de*

**INSTI-Projektmanagement Institut der deutschen Wirtschaft Köln**
Gustav-Heinemann-Ufer 84–88, 50968 Köln, Tel.: 02 21/49 81–832, Fax: 02 21/49 81–856
Internet: *www.insti.de*

## ■ Kooperationen

**Business Angels Netzwerk Deutschland e.V. (BAND)**
Semperstr. 51, 45138 Essen, Tel.: 02 01/894 15–60, Fax: 02 01/894 15–10
Internet: *www.business-angels.de*

**BC-Net (Business Cooperation Network) Vertretung der Europäischen Kommission in Deutschland**
Unter den Linden 78, 10117 Berlin, Tel.: 0 30/22 80 20 00, Fax: 0 30/22 80 22 22,
Fax: 00 32 2/296 25 72 Internet: *www.eu-kommission.de*

**Kooperationsbüro der Deutschen Wirtschaft**
Breite Straße 29, 10178 Berlin, Tel.: 0 30/20 28–14 52, Fax: 0 30/20 28–24 52
Internet: *www.ost-ausschuss.de*

**IHK-Gesellschaft zur Förderung der Außenwirtschaft und der Unternehmensführung mbH**
Breite Straße 29, 10178 Berlin, Tel.: 0 30/20 30 8–23 51, Fax: 0 30/20 30 8–23 66
Internet: *www.ihk-gmbh.de*

**Kooperationsbörse des Deutschen Industrie- und Handelskammertages (DIHK)**
Breite Straße 29, 10178 Berlin, Tel.: 0 30/203 08–0, Fax: 0 30/203 08–10 00
Internet: *www.dihk.de*

**Kooperationsbörse des Rationalisierungs- und Innovationszentrums der Deutschen Wirtschaft e. V. (RKW) e. V. Abt. Internationale Beziehungen**
Düsseldorfer Str. 40, 65760 Eschborn, Tel.: 0 61 96/4 95–1, Fax: 0 61 96/4 95–304
Internet: *www.rkw.de*

# Die Autoren

**Bernhard Kaschek,** Jahrgang 1962, ist Gründer, Inhaber und Trainer der Thetis-Akademie training | coaching | consulting.

Er studierte an der Wirtschaftsuniversität Mannheim die Fächer Betriebswirtschaftslehre, Englisch, Literaturwissenschaft und Philosophie. Danach arbeitete er als Regional Sales Manager, absolvierte aus Interesse für die Logistik gleichzeitig eine Lehre zum Speditionskaufmann und vertiefte sein Marketingwissen in einem Studienprogramm der Römischen Handelskammer. Sein Buch „Vertrieb für Logistikdienstleister" ist 2002 beim Gabler Verlag erschienen.

**Patrizia Kaschek,** Jahrgang 1964, ist Gründerin, Inhaberin und Trainerin der Thetis-Akademie training | coaching | consulting.

Bevor Sie die Thetis-Akademie gründete, war sie Vertriebsleiterin und Regionalleiterin drei verschiedener Unternehmen. Sie hat dabei für diese Unternehmen über 15 Jahre lang neue und bestehende Absatzmärkte strategisch und ergebnisverantwortlich entwickelt, tragfähige Vertriebsnetzwerke aufgebaut und ihre Sales-Teams im Innen- und Außendienst zu herausragenden Leistungen und langfristigem Erfolg geführt. Danach studierte Sie Sozialpädagogik mit den Schwerpunkten Erwachsenenbildung und Psychologie. Seit 1994 ist sie Business- und Persönlichkeitstrainerin.

Bernhard und Patrizia Kaschek haben viele hundert Existenzgründer auf ihrem erfolgreichen Weg in die Selbstständigkeit begleitet; sie haben etliche Start-ups als Coach und Berater in eine stabile und auf Wachstum angelegte Unternehmenssituation gebracht. In diesem Buch versammeln die beiden Autoren ihr in vielen Jahren gesammeltes Wissen, um es einem noch breiteren Publikum zugänglich zu machen.

Kontakt:
Tel. 089/453 450 40; E-Mail: office@thetis-akademie.de